새로운 도서, 다양한 자료 동양북스 홈페이지에서 만나보세요!

www.dongyangbooks.com
m.dongyangbooks.com

홈페이지 도서 자료실에서 학습자료 및 MP3 무료 다운로드

PC

❶ 홈페이지 접속 후 **도서 자료실** 클릭
❷ 하단 검색 창에 검색어 입력
❸ MP3, 정답과 해설, 부가자료 등 첨부파일 다운로드
 * 원하는 자료가 없는 경우 '요청하기' 클릭!

MOBILE

* 반드시 '인터넷, Safari, Chrome' App을 이용하여 홈페이지에 접속해주세요. (네이버, 다음 App 이용 시 첨부파일의 확장자명이 변경되어 저장되는 오류가 발생할 수 있습니다.)

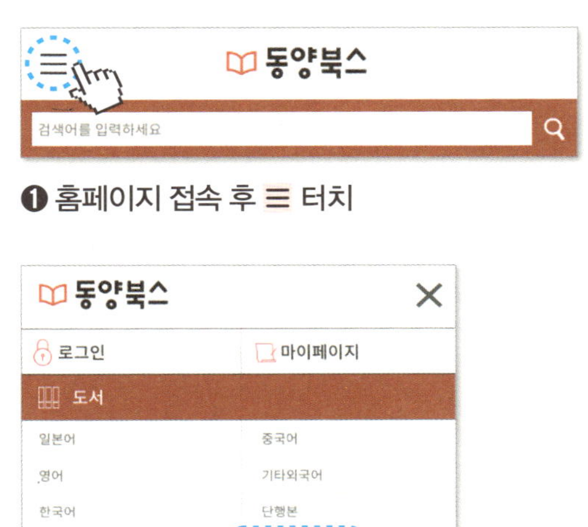

❶ 홈페이지 접속 후 ☰ 터치
❷ **도서 자료실** 터치

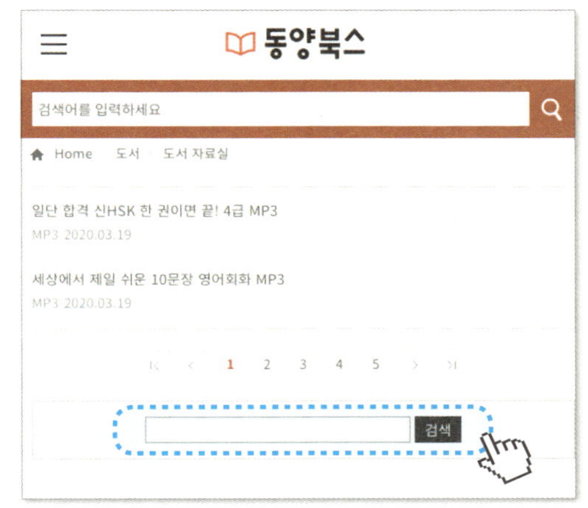

❸ **하단 검색창**에 검색어 입력
❹ MP3, 정답과 해설, 부가자료 등 첨부파일 다운로드
 * 압축 해제 방법은 '다운로드 Tip' 참고

미래와 통하는 책

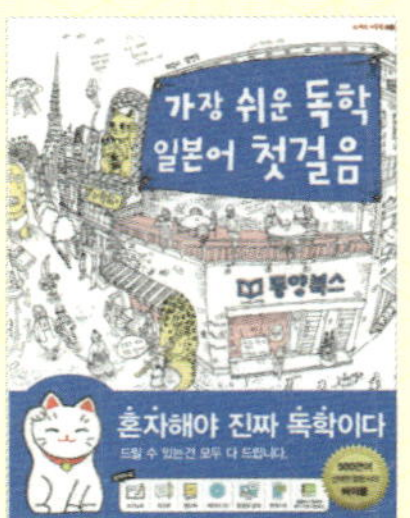

가장 쉬운 독학
일본어 첫걸음
14,000원

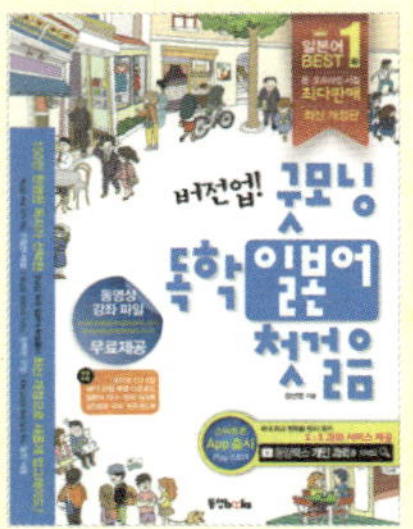

버전업! 굿모닝
독학 일본어 첫걸음
14,500원

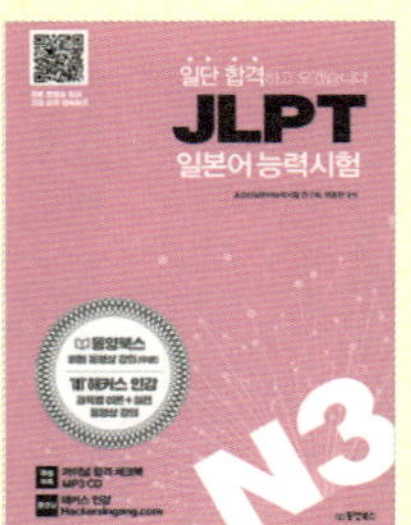

일단 합격하고 오겠습니다
JLPT 일본어능력시험 N3
26,000원

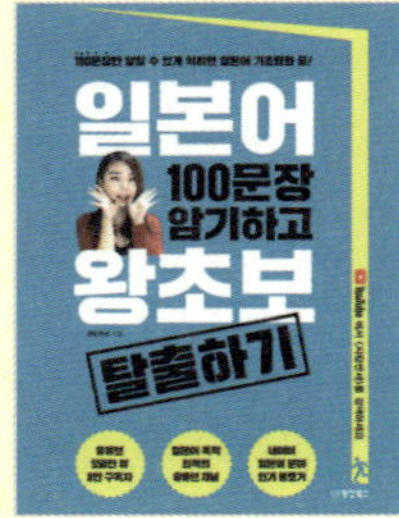

일본어 100문장 암기하고
왕초보 탈출하기
13,500원

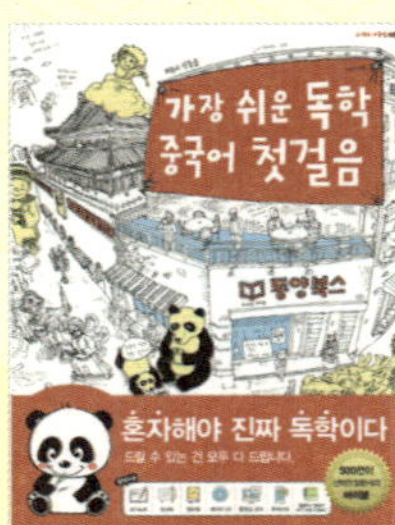

가장 쉬운 독학
중국어 첫걸음
14,000원

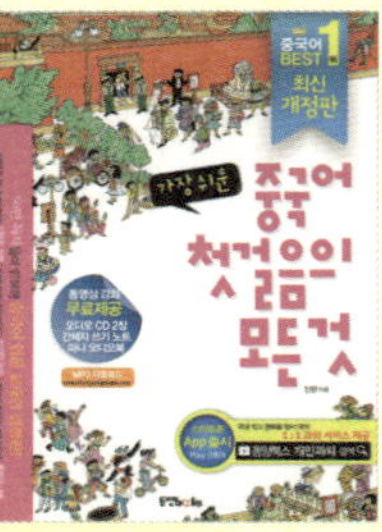

가장 쉬운 중국어
첫걸음의 모든 것
14,500원

일단 합격 新HSK
한 권이면 끝! 4급
24,000원

중국어
지금 시작해
14,500원

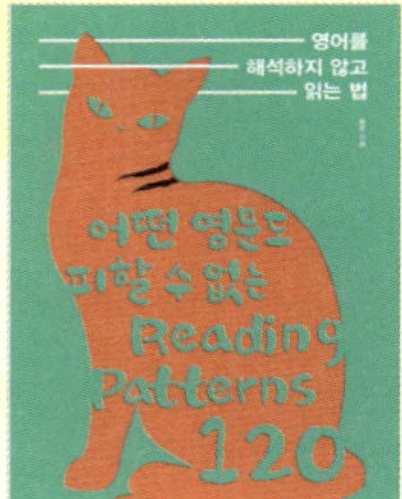

영어를 해석하지 않고
읽는 법
15,500원

미국식
영작문 수업
14,500원

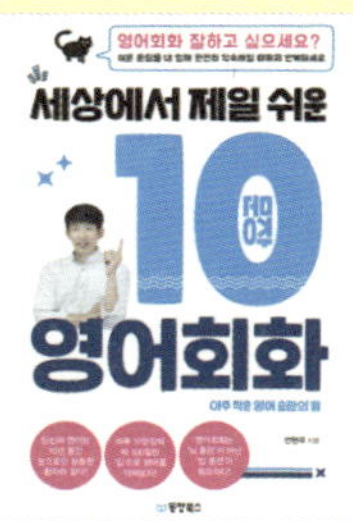

세상에서 제일 쉬운
10문장 영어회화
13,500원

영어회화
순간패턴 200
14,500원

가장 쉬운 독학
베트남어 첫걸음
15,000원

가장 쉬운 독학
프랑스어 첫걸음
16,500원

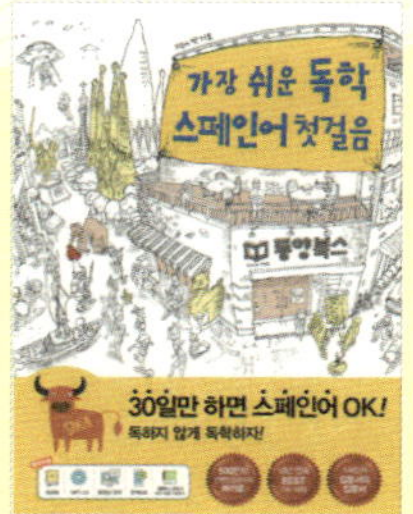

가장 쉬운 독학
스페인어 첫걸음
15,000원

가장 쉬운 독학
독일어 첫걸음
17,000원

동양북스 베스트 도서

THE
GOAL 1
22,000원

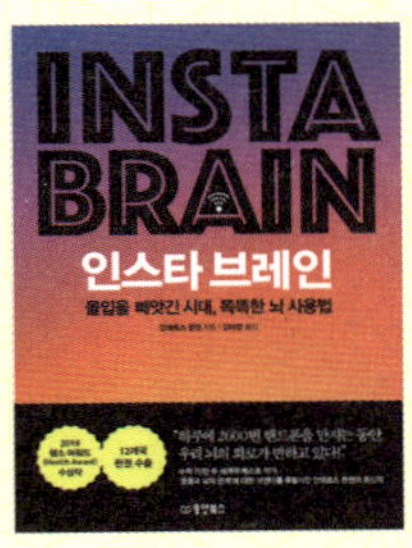

인스타
브레인
15,000원

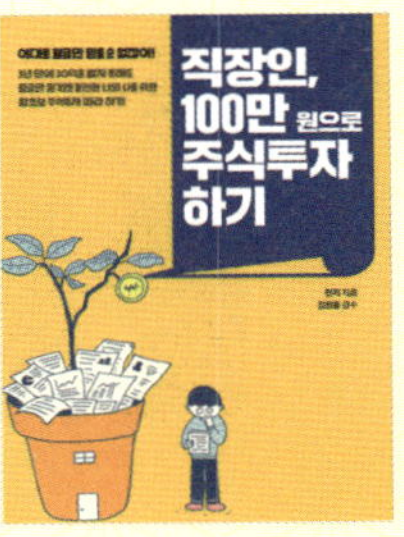

직장인, 100만 원으로
주식투자 하기
17,500원

당신의 어린 시절이
울고 있다
13,800원

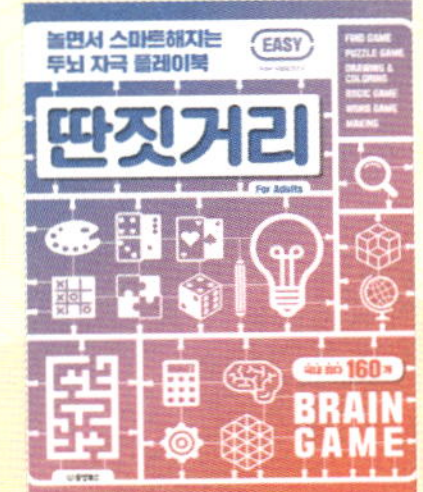

놀면서 스마트해지는 두뇌 자극
플레이북 딴짓거리 EASY
12,500원

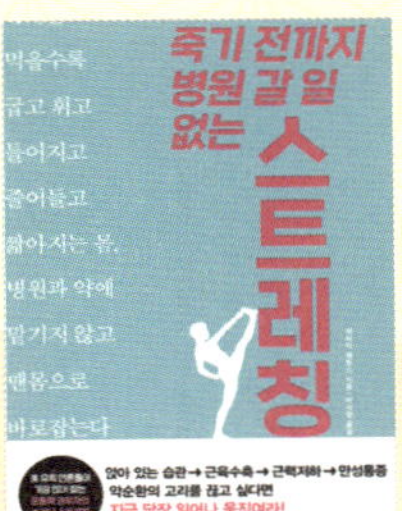

죽기 전까지
병원 갈 일 없는 스트레칭
13,500원

가장 쉬운 독학
이세돌 바둑 첫걸음
16,500원

누가 봐도 괜찮은 손글씨 쓰는
법을 하나씩 하나씩 알기 쉽게
13,500원

가장 쉬운 초등 필수 파닉스
하루 한 장의 기적
14,000원

가장 쉬운 알파벳 쓰기
하루 한 장의 기적
12,000원

가장 쉬운 영어 발음기호
하루 한 장의 기적
12,500원

가장 쉬운 초등한자 따라쓰기
하루 한 장의 기적
9,500원

세상에서 제일 쉬운
엄마표 생활영어
12,500원

세상에서 제일 쉬운
엄마표 영어놀이
13,500원

창의쑥쑥 환이맘의
엄마표 놀이육아
14,500원

동양북스
www.dongyangbooks.com
m.dongyangbooks.com

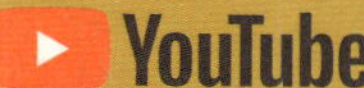  **YouTube** 동양북스 🔍 **를 검색하세요**

https://www.youtube.com/channel/UC3VPg0Hbtxz7squ78S16i1g

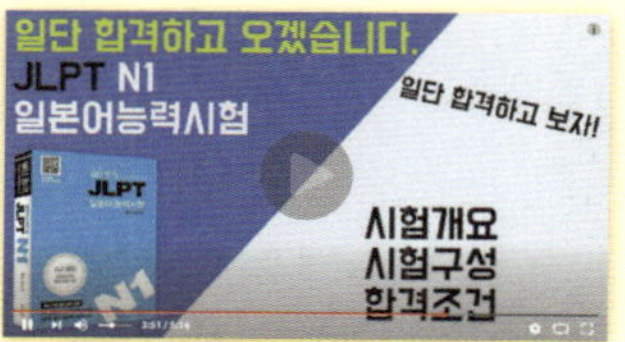

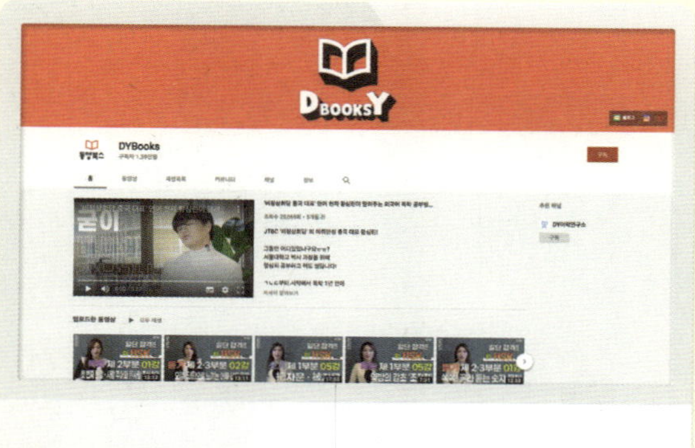

JLPT

HSK

제2 외국어

  구독

동양북스는 모든 외국어 강의영상을 무료로 제공하고 있습니다.
동양북스를 구독하시고 여러가지 강의 영상 혜택을 받으세요.

https://m.post.naver.com/my.nhn?memberNo=856655

NAVER 동양북스 포스트 
를 팔로잉하세요

동양북스 포스트에서 다양한 도서 이벤트와
흥미로운 콘텐츠를 독자분들에게 제공합니다.

동양북스

중국어

통번역 대공략

중한번역 편

가광위 · 송화영 · 이정민 저

동양북스

중국어

통번역 대공략 중한번역 편

초판 3쇄 | 2022년 11월 5일

지 은 이 | 가광위·송화영·이정민
발 행 인 | 김태웅
편   집 | 신효정, 김수연
디 자 인 | 남은혜, 신효선
마 케 팅 | 나재승
제   작 | 현대순

발 행 처 | (주)동양북스
등   록 | 제2014-000055호
주   소 | 서울시 마포구 동교로22길 14 (04030)
구입문의 | 전화 (02)337-1737   팩스 (02)334-6624
내용문의 | 전화 (02)337-1762   dybooks2@gmail.com

ISBN 979-11-5768-258-4 14720
      979-11-5768-257-7 14720(세트)

ⓒ 가광위·송화영·이정민, 2017

이 도서의 국립중앙도서관 출판예정도서목록(CIP)은 서지정보유통지원시스템 홈페이지(http://seoji.nl.go.kr)와
국가자료공동목록시스템(http://www.nl.go.kr/ kolisnet)에서 이용하실 수 있습니다.
(CIP제어번호:CIP2017012265)

중국어

통번역 대공략

중한번역 편

가광위 · 송화영 · 이정민 저

동양북스

머리말

I

    나의 첫 강의는 1989년 경기도 이천에 있는 중국어학원에서 시작했다. 6개월 뒤 대한민국의 최고 강사가 되겠다는 청운의 꿈을 품고 서울로 올라와 학원 두 곳에 이력서를 제출했으나 아무런 연락이 없었다. 한 달 후에야 모 학원에서 "개인 교습이 있는데 할 의향이 있느냐?"는 전화가 와서 학생을 만나보니 한국외대 통역번역대학원 입시를 준비하려는 학생이었다. 그 당시만 해도 내 처지가 처지인지라 통역번역대학원이 뭔지도 모른 채 입에 풀칠이라도 하기 위해 가르치기 시작했고 그것이 통역번역대학원 준비반의 시작이 되었다.

    그때는 한중 수교가 맺어지기 전이어서 중국어는 실용성이 없는 언어였고 당시 일반인에게 동시통역은 생소한 분야였다. 1990년 8월 2일 이라크가 쿠웨이트를 침공하면서 걸프전의 서막이 올랐고 이로써 한국 동시통역 시장이 본격적으로 성장하게 되었다. 급박하게 돌아가는 전황을 CNN은 동시통역으로 실시간 중계했고 이를 접한 시청자들은 신기해했다. 동시통역사들의 몸값은 방송사들이 이라크 전쟁 소식을 경쟁적으로 전하면서 '금값'이 되었다. 1990년과 1991년에 내가 가르친 수강생들의 한국외대 통역번역대학원의 합격률은 80%를 넘었고 1992년 한중 수교가 이루어지며 전국의 중국어 고수들이 내 교실로 몰려들어 앉을 자리가 없을 정도였다. 그 후 나는 종로 외국어학원에서 중국어 팀을 구성해 '발음부터 동시통역까지'라는 중국어 회화 전 과정 강의를 개설했다.

    1999년 7월, 꿈에 그리던 중국어 전문학원인 '차이나로 중국어학원'을 설립했다. 하지만 학원 행정과 교재작업에 전념하다 보니 통대반과 멀어질 수밖에 없었다. 중국속담에 '船到桥头自然直'라는 말이 있듯이 때마침 통대반을 맡을 제자가 눈에 띄었다. 그 후부터 통대반은 문은희 선생님이 메인 자리를 맡고 내가 서포트를 하며 운영되었다. 2002년 나는 물러나고 문은희 선생님과 김남희 선생님이 통대반 강의를 전담했다. 하지만 '没有不散的筵席'란 말처럼 2005년에 김남희 선생님은 중국으로 국비 유학을 떠났고 문은희 선생님도 2007년에 중국으로 떠나 통역사로 활동하게 되었다. 그리고 2008년 한솔교육에 학원을 매각했다. '一代新人换旧人'이라고 2007년부터는 송화영 선생님이 메인 자리를 맡고 내가 서포트를 하는 통대반이 지금까지 운영돼 왔다.

    이런 역사를 거쳐온 통대반은 33년 동안 한국외대·이화여대·중앙대·서울외대·선문대의 입학생 70%를 배출해 냈다. 물론 그동안 통대반을 강의하며 수많은 시도와 시행착오를 거친 것은 말할 나위가 없다. 나는 진리에 이르는 가장 좋은 방법은 '실수와 착오의 위험을 감수하면서 추측과 반박이라는 시행착오를 거치는 것'이라고 믿는다. 지금의 이 책은 이런 시행착오를 통해 얻어진 소기의 성과이다. 이 책을 읽는 이들이 불필요한 시행착오를 거치지 않고 '거인의 어깨에 올라서서 더 넓은 세상을 바라보기'를 희망한다.

    그동안 이런 과정들을 함께한 선생님과 수강생들에게 감사의 뜻을 표하며 이 책을 출간한다.

가광위 드림

II

올해로 한중 양국이 수교를 맺은 지 30주년이 된다. 이 짧은 30년 동안 '죽의 장막'으로 불리던 중국은 미국과 어깨를 나란히 하는 G2로 부상했다. 이에 따라 중국으로 유학을 가는 학생은 물론 '중국통'으로 불리는 전문가의 수요도 나날이 늘어나고 있다. 그만큼 중국어에 대한 열기가 점점 뜨거워지고 학습자의 수준도 많이 향상되었다.

외국어 학습자라면 누구든지 학습 단계의 최고봉이라 할 수 있는 통·번역에 대해 관심을 가질 것이다. 실제로 빈번한 중국과의 교류와 왕래로 인해 통·번역에 대한 수요가 증가하면서 통·번역 학습자도 예전에 비해 많아지고 전문적으로 통·번역을 전공하고자 통역번역대학원 진학을 준비하는 학생도 많다.

필자 역시 통역번역대학원 입학을 준비하기 시작한 2001년부터 통대준비반&고급시사반 강의를 하고 있는 지금까지 중국에 대한 꿈과 중국어에 대한 열정으로 한 길을 걸어왔다. 2001년 당시만 해도 인터넷이 막 발전하기 시작한 단계라 중국어 관련 기사나 새로운 단어를 찾는 것이 지금처럼 쉽지 않았다. 그에 비해 '정보의 홍수' 시대에 사는 지금은 중국어를 접할 수 있는 환경이 정말 다양하다. 그동안 중국어 통·번역을 하고 관련 강의를 하면서 느낀 점은 매끄럽고 수준 높은 통·번역을 위해서는 체계적이고 올바른 학습법이 반드시 필요하다는 것이다. 하지만 아쉽게도 시중에는 통·번역에 관한 학습서가 많지 않을뿐더러 트렌드에 동떨어지는 것이 대부분이다. 전문 통·번역사가 되기 전까지 필자는 외골수답게 '외국어 학습은 두꺼운 사전을 들고 다니며 종이가 해질 때까지 외워야 하며 지름길은 없다'고 고집해 왔다. 하지만 강의를 한 지 12년째 접어드는 시점부터 생각이 달라졌다. 일각을 다투는 수험생들이 가능한 짧은 시간에 정확하고 더 많은 지식을 제대로 알게 하는 것이 중요하다는 것을 깨닫게 되었다. 따라서 그동안의 강의 내용을 토대로 한 교재 편찬의 필요성을 느끼게 되었다.

언어는 시대적 흐름과 함께 생성과 소멸의 과정을 거친다. 따라서 외국어 학습자는 신조어의 생성과 새로운 정보 습득에 빠르게 적응해야 진정한 '통(通)'이 될 수 있다. 이 책은 최신 내용을 바탕으로 3명의 저자가 현장에서 다년간 쌓아온 통·번역 노하우와 학습법을 집대성한 것으로 통역번역대학원 입시준비생, 통·번역 입문자, 중국어를 공부하는 중·고급 학습자들에게 큰 도움이 되리라 생각한다.

이 책이 출간되기까지 많은 시행착오를 겪으면서 물심양면으로 도움 주신 가광위 선생님과 수고해 주신 모든 분께 깊은 감사를 드린다.

송화영 · 이정민 드림

차례

이 책의 구성

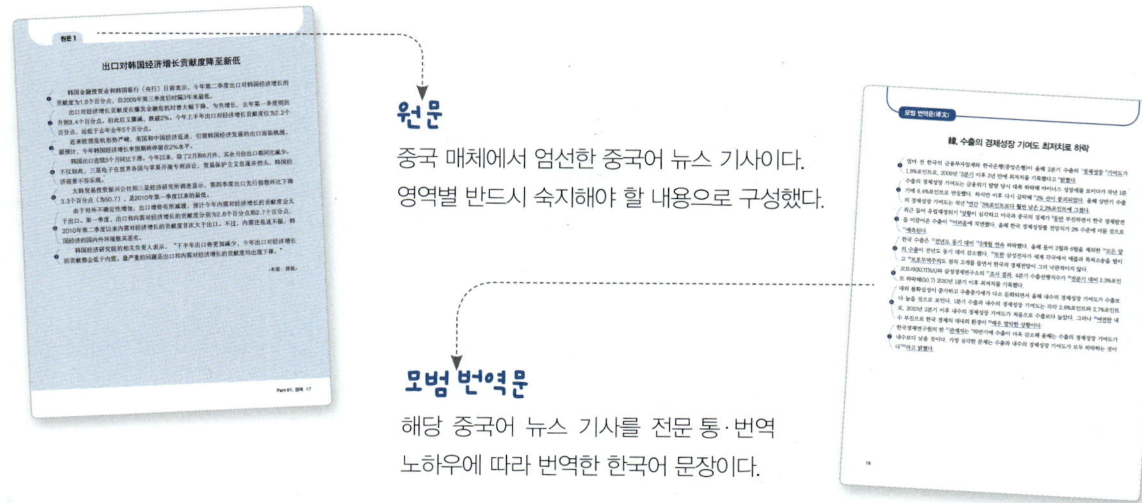

원문

중국 매체에서 엄선한 중국어 뉴스 기사이다.
영역별 반드시 숙지해야 할 내용으로 구성했다.

모범 번역문

해당 중국어 뉴스 기사를 전문 통·번역
노하우에 따라 번역한 한국어 문장이다.

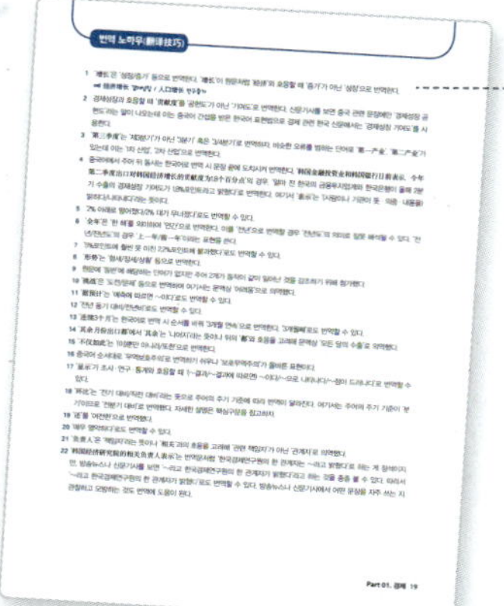

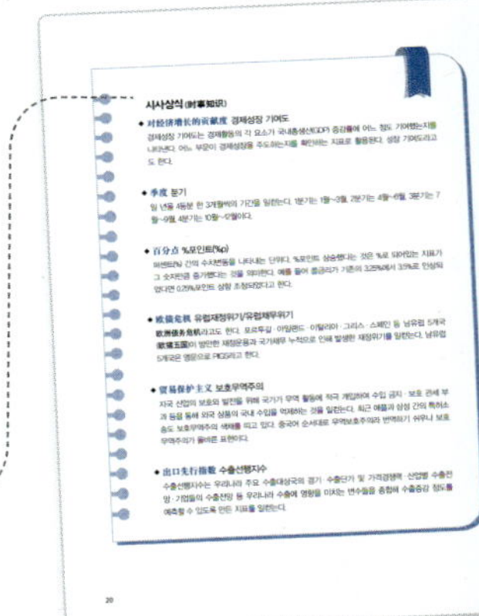

번역 노하우

번역문을 토대로 통·번역 입문자가 흔히 범할
수 있는 오류나 부자연스러운 직역에 대한
명쾌한 해법을 제시했다.

시사상식

원문에서 반드시 알아야 하는
최신 시사용어를 알기 쉽게 정리했다.

◆ 이 책의 활용법

1. 원문이 녹음된 파일을 들으며 노트테이킹한 후 통역한다. 학습자의 수준에 맞춰 듣기와 통역 분량을 조절한다.
   노트테이킹(Note-Taking)이란 화자의 말 중 필요한 내용만 약자 또는 기호로 간략히 적는 통역의 테크닉이다.

2. 단어 및 핵심구문을 확인한다. 그리고 다시 녹음 파일을 들으며 놓친 부분을 기존 노트테이킹에 보충한 후 통역한다.

3. 원문을 보면서 번역 혹은 문장구역(시역)을 한다. 문장구역(Sight Translation)이란 원고를 보면서 통역하는 방법을
   말한다.

4 학습자 본인의 번역문과 모범 번역문을 비교하면서 틀린 부분을 체크한다.

5. 번역 노하우를 보면서 틀린 부분에 대한 문제점을 해결한다. 그리고 실전에서 쓰이는 번역 테크닉을 숙지한다.

6. 시사상식을 보면서 통·번역에 필요한 배경 지식을 넓힌다.

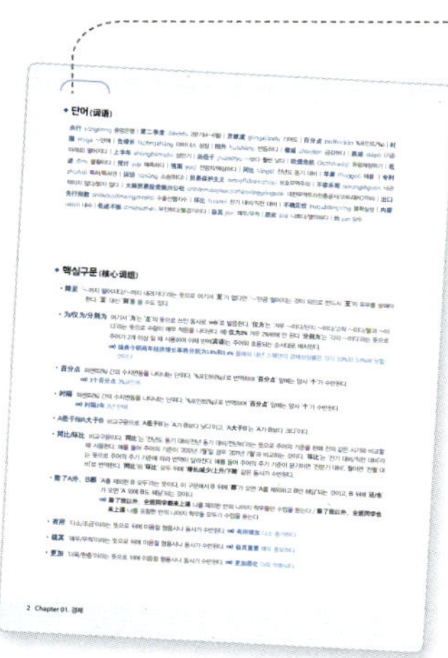

단어

원문에 나온 난이도 중급 이상의 단어를 정리했다. 전문 용어의 경우
사전적 의미보다 문맥에 맞는 대응어를 제시했다.

핵심구문

원문에서 반드시 알아야 할 어법과 구문을 정리했다.
예문을 통해 올바른 사용법을 제시했다.

번역노트

스스로 번역해 볼 수 있는 공간을 제공했다.

◆ 일러두기

1. 단어(词语)에서 '不', '一'처럼 성조 변화가 있는 발음은 원래 성조대로 표시했다.

2. 핵심구문의 중국어 예시는 필요한 경우에만 한국어 번역문을 첨가했다.

3. 번역노하우와 핵심구문 설명에서 유사어는 띄어쓰기 없이 '/'로 나열했고 예시는 띄어쓰기 후 '/'로 나열했다.

   예) '干预'는 '간섭하다/개입하다'라는 뜻이다 (유사어)

   예) 区域合作 역내협력 / 区域贸易 역내무역 / 区域主义 지역주의 (예시)

4 통 · 번역에서 출발어란 연사의 말이나 원문(모국어)을 의미하고 도착어란 전환되는 언어나 번역문(외국어)을 의미
한다. 따라서 본 교재 중한번역 편에서 출발어란 중국어, 도착어란 한국어를 일컫는다.

통역번역대학원 학교별 입시유형

◆ **한국외대 통역번역대학원 석사학위과정 시험과목 및 배점**

	2개 언어(A-B)과정	시간(분)	배점
1차	1. 전공외국어 2. 작문(한국어&중국어)	60분 60분	60점 40점
	소계		100점
2차	면접(전공외국어 구술)		100점
	소계		100점
	총계(2차 전형 합계)		100점

1차

① 전공외국어

5~6분 정도 길이의 두 문장이 출제되며 들은 문장을 요약해서 쓰는 시험이다.

- 한국어 문장낭독 → 중국어로 요약해서 쓰기
- 중국어 문장낭독 → 한국어로 요약해서 쓰기

② 작문(한국어&중국어)

주제에 관한 글이 제시되고 이에 대한 본인의 견해를 쓰는 시험이다.

2차

전공언어 구술시험으로 지원자 1인에 대하여 3명의 한국인 및 중국인 교수가 평가한다. 시험 유형은 매년 변동이 있으나 기본적으로 한국어와 중국어 문장을 통역이나 문장구역하는 방식을 통해 통·번역 실력을 평가한다. 그 밖에 시사적인 문제에 대한 지식과 견해를 평가하기 위해 다양한 주제로 돌발적인 질문을 하여 응시생의 모국어와 전공외국어 구사능력과 임기응변 능력, 순발력 등을 테스트한다.

◆ **이화여대 통역번역대학원 석사학위과정 시험과목 및 배점**

2개 언어(A-B)과정	시험과목	시간(분)
통역학과	구술(한국어 ↔ 중국어) 번역(한국어 ↔ 중국어)	1분 가량의 문장 A4 1/2 분량(문항당 30분)
번역학과	번역(한국어 ↔ 중국어)	100분

통역학과

지원자 1인에 대하여 3명의 한국인 및 중국인 교수가 평가한다. 이틀에 걸쳐 한중통역과 중한통역 시험이 진행된다. 언어 방향별로 두 문장이 출제된다. 1분 가량의 한국어 문장을 듣고 메모리하여 중국어로 핵심 내용을 요약해 말한다. 중국어 문장은 한국어로 핵심 내용을 요약해 말한다.

번역학과

100분 동안 중한번역과 한중번역 시험이 함께 진행된다. 문장 길이가 긴 편이며 본인의 역량에 따라 시간 조절을 하면서 번역한다.

※ 통역학과의 번역 시험은 유동성이 있으니 매년 입시요강을 확인하세요.

통역번역대학원 학교별 입시유형

◆ 중앙대 국제대학원 전문통번역학과 시험과목 및 배점

	2개 언어(A-B)과정		시간(분)	배점
일반전형	1차	번역	60분	100점
	2차	청취시험 및 전공면접		
	총계(1차+2차)			200점

[특별전형]

특별전형은 한영과만 진행한다.

[일반전형]

1차

번역시험은 원문 텍스트를 정확하게 이해하여 도착어 텍스트로 자연스럽고 유려하게 표현하는 능력을 평가한다. 중한, 한중 각 2문항씩 출제된다. 문항 당 텍스트의 길이는 중한이 400~420자이며, 한중이 120~130자이다.

2차

청취 및 전공구술시험은 중국어와 한국어 청취 능력, 논리적 의사표현 능력, 통역 능력 및 적성을 평가하며 총 3개 Part로 구성된다.

- Part1 2분 주제 발표

  ① 한국어 원어민은 중국어로, 중국어 원어민은 한국어로 발표한다.

  ② 발표 주제는 시험 시작 20분 전 최종 대기실 입실 시 제공한다.

- Part2 순차통역

  ① 중한 통역 1문제, 한중 통역 1문제가 출제된다.

  ② 음성 텍스트 청취 시 노트 테이킹을 할 수 있다.

- Part3 심층면접

  ① 집단 면접 방식으로 진행된다.

  ② 개인 적성 및 시사 관련 질문에 대해 논리적이고 간명하게 답변한다.

◆ 서울외대 통역번역대학원 석사학위과정 시험과목 및 배점

	2개 언어(A—B)과정		시간(분)	배점
특별전형	1차	서류전형		P/F
	2차	면접(구술)		100점
	총계(2차 전형 합계)			100점
일반전형	1차	전공외국어	60분	100점
	소계			100점
	2차	면접(구술)		100점
	총계(2차 전형 합계)			100점

[특별전형]

1차

서류전형으로 진행한다. 다음의 자격을 만족하기만 하면 성적 등에 상관없이 통과된다.

① 해당 전공외국어 국가의 외국인, 즉 중국인으로서 학사학위 소지자

② 외국에서 해당 전공외국어를 사용하는 초·중·고·대학(학부) 정규과정을 3년 이상 수학한 자, 즉
  내국인으로서 학사학위 소지자

2차

면접(구술): 전공언어 구술시험으로 지원자 1인에 대하여 2~3명의 교수가 평가한다. 평가방식은
  응시생의 상황에 따라 탄력적으로 적용되나 일반적으로 한국어와 중국어 문장을 통역이나
  문장구역하는 방식을 통해 통·번역 실력을 평가한다. 그 밖에 전공언어 숙달도 및
  시사상식을 평가하기 위해 다양한 주제로 돌발적인 질문을 하여 응시생의 전공외국어
  구사능력과 통·번역사의 자질을 테스트한다.

[일반전형]

1차

5~6분 길이의 세 문장이 출제되며 들은 문장을 요약해서 쓰는 시험이다.

- 한국어 문장낭독 → 중국어로 요약해서 쓰기
- 중국어 문장낭독 → 한국어로 요약해서 쓰기
- 중국어 문장낭독 → 중국어로 요약해서 쓰기

2차

특별전형 2차 시험 유형과 동일하다.

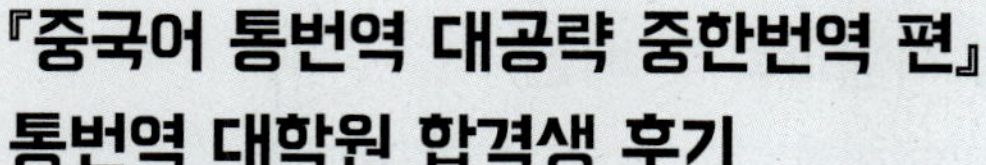

『중국어 통번역 대공략 중한번역 편』
통번역 대학원 합격생 후기

『통번역 대공략 중한번역 편』강추합니다. 선별된 글들이 주제별로 보기 좋게 정리되어 있을 뿐 아니라 친절한 해설과 함께 완벽한 번역본이 실려 있어 분야별 단골 표현을 익히는 데 정말 유용합니다! 또 정확한 발음과 적절한 속도로 녹음된 MP3 파일이 있어 초반에 테이킹 연습할 때 많은 도움이 되었습니다. – 한국외대&중앙대 합격생 이O영

저의 첫 통번역 교재는 『통번역 대공략 중한번역 편』이었습니다. 통역에 대한 기초 지식이 전혀 없던 저는 이 교재 부록에 수록된 각 분야별 필수 단어를 외우며 어휘의 범위를 확장해 나갔고, 상세한 해설과 핵심 구문을 통해 기초를 다질 수 있었습니다. 교재 MP3파일을 반복해서 들으며 섀도잉을 한 것도 회화에 큰 도움이 되었습니다. 저와 같은 분이 또 계시다면 이 교재를 적극 활용하실 것을 추천합니다. – 한국외대 합격생 홍O아

처음 통번역 공부를 시작할 때는 그저 어렵게만 느껴지고 모르는 내용 투성이라 너무 힘들었지만, 책 속의 각 분야 텍스트들을 하나하나 공부하면서 부족한 부분을 채울 수 있었습니다. 모범 답안이 있어서 세련된 한국어 표현을 배울 수 있었고, 분야별로 단어들이 잘 정리되어 있어 많은 도움을 받을 수 있었습니다. 처음 통번역 공부를 시작하는 사람들에게 다방면으로 유익한 책이 될 것이라 보장합니다. – 한국외대 합격생 남O

공부를 시작할 때 가장 중요한 건 기본기를 쌓는 일인 것 같습니다. 통번역 공부도 기본기가 필요합니다. 기초부터 탄탄하게 쌓고 싶으신 분들은 기초반부터 수강하시는 걸 추천해 드립니다. 기초반에선 『중국어 통번역 대공략 중한번역 편』 교재로 수업을 진행하는데 통번역 기본기를 쌓는 데 정말 큰 도움이 됐습니다. 처음부터 너무 어려운 문장만 다루는 것보다 내용이 간단하더라도 주제별로 다양한 문장을 보시는 걸 추천합니다. – 한국외대 합격생 양O리

※ 더 자세한 합격 수기는 다음 카페(http://cafe.daum.net/chinese-interpreter)에서 보실 수 있습니다.

出口对韩国经济增长贡献度降至新低

① 韩国金融投资业和韩国银行（央行）日前表示，今年第二季度出口对韩国经济增长的贡献度为1.8个百分点，自2009年第三季度后时隔3年来最低。

② 出口对经济增长贡献度在爆发金融危机时曾大幅下降，为负增长，去年第一季度则回升到8.4个百分点。但此后又骤减，跌破2%。今年上半年出口对经济增长贡献度仅为2.2个百分点，远低于去年全年5个百分点。

③ 近来欧债危机形势严峻，美国和中国经济低迷，引领韩国经济发展的出口面临挑战。据预计，今年韩国经济增长率预期将停留在2%水平。

④ 韩国出口连续3个月同比下滑。今年以来，除了2月和6月外，其余月份出口都同比减少。不仅如此，三星电子在世界各国与苹果开展专利诉讼，贸易保护主义也逐步抬头，韩国经济前景不容乐观。

⑤ 大韩贸易投资振兴公社和三星经济研究所调查显示，第四季度出口先行指数环比下降3.3个百分点（为50.7），是2010年第一季度以来的最低。

⑥ 由于对外不确定性增加，出口增势有所减缓，预计今年内需对经济增长的贡献度会大于出口。第一季度，出口和内需对经济增长的贡献度分别为2.6个百分点和2.7个百分点，2010年第二季度以来内需对经济增长的贡献度首次大于出口。不过，内需还低迷不振，韩国经济的国内外环境极其恶劣。

⑦ 韩国经济研究院的相关负责人表示，"下半年出口将更加减少，今年出口对经济增长的贡献都会低于内需。最严重的问题是出口和内需对经济增长的贡献度均出现下降。"

<来源：搜狐>

韓, 수출의 경제성장 기여도 최저치로 하락

❶ 얼마 전 한국의 금융투자업계와 한국은행(중앙은행)이 올해 2분기 수출의 [1]경제성장 [2]기여도가 1.8%포인트로, 2009년 [3]3분기 이후 3년 만에 최저치를 기록했다고 [4]밝혔다.

❷ 수출의 경제성장 기여도는 금융위기 발발 당시 대폭 하락해 마이너스 성장세를 보이다가 작년 1분기에 8.4%포인트로 반등했다. 하지만 이후 다시 급락해 [5]2% 선이 붕괴되었다. 올해 상반기 수출의 경제성장 기여도는 작년 [6]연간 [7]5%포인트보다 훨씬 낮은 2.2%포인트에 그쳤다.

❸ 최근 들어 유럽재정위기 [8]상황이 심각하고 미국과 중국의 경제가 [9]동반 부진하면서 한국 경제발전을 이끌어온 수출이 [10]어려움에 직면했다. 올해 한국 경제성장률 전망치가 2% 수준에 머물 것으로 [11]예측된다.

❹ 한국 수출은 [12]전년도 동기 대비 [13]3개월 연속 하락했다. 올해 들어 2월과 6월을 제외한 [14]모든 달의 수출이 전년도 동기 대비 감소했다. [15]또한 삼성전자가 세계 각국에서 애플과 특허소송을 벌이고 [16]보호무역주의도 점차 고개를 들면서 한국의 경제전망이 그리 낙관적이지 않다.

❺ 코트라(KOTRA)와 삼성경제연구소의 [17]조사 결과, 4분기 수출선행지수가 [18]전분기 대비 3.3%포인트 하락해(50.7) 2010년 1분기 이후 최저치를 기록했다.

❻ 대외 불확실성이 증가하고 수출증가세가 다소 둔화되면서 올해 내수의 경제성장 기여도가 수출보다 높을 것으로 보인다. 1분기 수출과 내수의 경제성장 기여도는 각각 2.6%포인트와 2.7%포인트로, 2010년 2분기 이후 내수의 경제성장 기여도가 처음으로 수출보다 높았다. 그러나 [19]여전한 내수 부진으로 한국 경제의 대내외 환경이 [20]매우 열악한 상황이다.

❼ 한국경제연구원의 한 [21]관계자는 "하반기에 수출이 더욱 감소해 올해는 수출의 경제성장 기여도가 내수보다 낮을 것이다. 가장 심각한 문제는 수출과 내수의 경제성장 기여도가 모두 하락하는 것이다"[22]라고 밝혔다.

1 '增长'은 '성장/증가' 등으로 번역한다. '增长'이 원문처럼 '经济'와 호응할 대 '증가'가 아닌 '성장'으로 번역한다.

    예) 经济增长 경제성장 / 人口增长 인구증가

2 경제성장과 호응할 때 '贡献度'를 '공헌도'가 아닌 '기여도'로 번역한다. 신문기사를 보면 중국 관련 문장에만 '경제성장 공헌도'라는 말이 나오는데 이는 중국어 간섭을 받은 한국어 표현법으로 경제 관련 한국 신문에서는 '경제성장 기여도'를 사용한다.

3 '第三季度'는 '제3분기'가 아닌 '3분기' 혹은 '3/4분기'로 번역하자. 비슷한 오류를 범하는 단어로 '第一产业', '第二产业'가 있는데 이는 '1차 산업', '2차 산업'으로 번역한다.

4 중국어에서 주어 뒤 동사는 한국어로 번역 시 문장 끝에 도치시켜 번역한다. '韩国金融投资业和韩国银行日前表示，今年第二季度出口对韩国经济增长的贡献度为1.8个百分点'의 경우, '얼마 전 한국의 금융투자업계와 한국은행이 올해 2분기 수출의 경제성장 기여도가 1.8%포인트라고 밝혔다'로 번역한다. 여기서 '表示'는 '(사람이나 기관이 뜻·의중·내용을) 밝히다/나타내다'라는 뜻이다.

5 '2% 아래로 떨어졌다/2% 대가 무너졌다'로도 번역할 수 있다.

6 '全年'은 '한 해'를 의미하며 '연간'으로 번역한다. 이를 '전년'으로 번역할 경우 '전년도'의 의미로 잘못 해석될 수 있다. '전년/전년도'의 경우 '上一年/前一年'이라는 표현을 쓴다.

7 '5%포인트에 훨씬 못 미친 2.2%포인트에 불과했다'로도 번역할 수 있다.

8 '形势'는 '형세/정세/상황' 등으로 번역한다.

9 원문에 '동반'에 해당하는 단어가 없지만 주어 2개가 동작이 같이 일어난 것을 강조하기 위해 첨가했다.

10 '挑战'은 '도전/문제' 등으로 번역하며 여기서는 문맥상 '어려움'으로 의역했다.

11 '据预计'는 '예측에 따르면 ～이다'로도 번역할 수 있다.

12 '전년 동기 대비/전년비'로도 번역할 수 있다.

13 '连续3个月'는 한국어로 번역 시 순서를 바꿔 '3개월 연속'으로 번역한다. '3개월째'로도 번역할 수 있다.

14 '其余月份出口都'에서 '其余'는 '나머지'라는 뜻이나 뒤의 '都'와 호응을 고려해 문맥상 '모든 달의 수출'로 의역했다.

15 '不仅如此'는 '(이)뿐만 아니라/또한'으로 번역한다.

16 중국어 순서대로 '무역보호주의'로 번역하기 쉬우나 '보호무역주의'가 올바른 표현이다.

17 '显示'가 조사·연구·통계와 호응할 때 '(～결과/～결과에 따르면) ～이다/～으로 나타나다/～점이 드러나다'로 번역할 수 있다.

18 '环比'는 '전기 대비/직전 대비'라는 뜻으로 주어의 주기 기준에 따라 번역이 달라진다. 여기서는 주어의 주기 기준이 '분기'이므로 '전분기 대비'로 번역했다. 자세한 설명은 핵심구문을 참고하자.

19 '还'를 '여전한'으로 번역했다.

20 '매우 열악하다'로도 번역할 수 있다.

21 '负责人'은 '책임자'라는 뜻이나 '相关'과의 호응을 고려해 '관련 책임자'가 아닌 '관계자'로 의역했다.

22 '韩国经济研究院的相关负责人表示'는 번역문처럼 '한국경제연구원의 한 관계자는 ～라고 밝혔다'로 하는 게 정석이지만, 방송뉴스나 신문기사를 보면 '～라고 한국경제연구원의 한 관계자가 밝혔다'라고 하는 것을 종종 볼 수 있다. 따라서 '～라고 한국경제연구원의 한 관계자가 밝혔다'로도 번역할 수 있다. 방송뉴스나 신문기사에서 어떤 문장을 자주 쓰는지 관찰하고 모방하는 것도 번역에 도움이 된다.

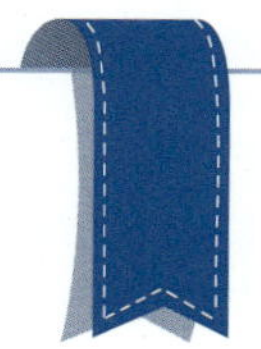

시사상식 (时事知识)

◆ **对经济增长的贡献度** 경제성장 기여도

경제성장 기여도는 경제활동의 각 요소가 국내총생산(GDP) 증감률에 어느 정도 기여했는지를 나타낸다. 어느 부문이 경제성장을 주도하는지를 확인하는 지표로 활용된다. 성장 기여도라고도 한다.

◆ **季度** 분기

일 년을 4등분 한 3개월씩의 기간을 일컫는다. 1분기는 1월~3월, 2분기는 4월~6월, 3분기는 7월~9월, 4분기는 10월~12월이다.

◆ **百分点** %포인트(%p)

퍼센트(%) 간의 수치변동을 나타내는 단위다. %포인트 상승했다는 것은 %로 되어있는 지표가 그 숫자만큼 증가했다는 것을 의미한다. 예를 들어 콜금리가 기존의 3.25%에서 3.5%로 인상되었다면 0.25%포인트 상향 조정되었다고 한다.

◆ **欧债危机** 유럽재정위기/유럽채무위기

欧洲债务危机라고도 한다. 포르투갈·아일랜드·이탈리아·그리스·스페인 등 남유럽 5개국(**欧猪五国**)이 방만한 재정운용과 국가채무 누적으로 인해 발생한 재정위기를 일컫는다. 남유럽 5개국은 영문으로 PIIGS라고 한다.

◆ **贸易保护主义** 보호무역주의

자국 산업의 보호와 발전을 위해 국가가 무역 활동에 적극 개입하여 수입 금지·보호 관세 부과 등을 통해 외국 상품의 국내 수입을 억제하는 것을 일컫는다. 최근 애플과 삼성 간의 특허소송도 보호무역주의 색채를 띠고 있다. 중국어 순서대로 무역보호주의라 번역하기 쉬우나 보호무역주의가 올바른 표현이다.

◆ **出口先行指数** 수출선행지수

수출선행지수는 우리나라 주요 수출대상국의 경기·수출단가 및 가격경쟁력·산업별 수출전망·기업들의 수출전망 등 우리나라 수출에 영향을 미치는 변수들을 종합해 수출증감 정도를 예측할 수 있도록 만든 지표를 일컫는다.

美国再开印钞机

市场预期的美联储第四轮量化宽松政策如约而至。美联储联邦公开市场委员会日前宣布，在失业率高于6.5%且未来一两年内预期通胀率不超过2.5%情况下，将继续维持0~0.25%超低利率将保持不变，同时推出第四轮量化宽松（QE4），以每月采购450亿美元国债替代扭曲操作（OT）。

至此，美联储每月资产采购额达到850亿美元。第四轮量化宽松政策的推出，引发市场的广泛关注。分析人士认为，此举意味着美联储将继续向全球释放流动性，将给市场带来一定影响。

所谓量化宽松政策，主要指中央银行在实行零利率或近似零利率政策后，通过购买国债等中长期债券，增加基础货币供给，向市场注入大量流动性的经济干预方式。此政策最早发端于日本央行，本世纪初为解决经济长期停滞问题，日本央行在低利率政策失效后，首度使用了量化宽松政策。2008年国际金融危机爆发后，美联储为提振本国经济，先后三次实施了量化宽松政策，意在通过大量注入流动性，压低融资成本，以鼓励企业和居民的开支和借贷行为，达到刺激经济的目的。

美联储推出QE4在市场预期之中。在美国经济增速较慢及财政悬崖拖而未决的背景下，这是美国唯一能采取的经济刺激措施。对于新一轮量化宽松政策的效应，分析家认为，在不解决财政悬崖问题前，仅靠印钞解决不了问题。

由于私人部门对经济前景的看淡，通过降低借贷成本以鼓励借贷的前三轮量化宽松政策，目前对美国就业和消费的提振并未起到明显效果，相反，印钞机的持续开启，加重了全球流动性泛滥的程度。量化宽松将带来流动性的进一步泛滥。发展中国家无疑会受到美元泛滥的冲击，造成本币升值、出口走弱的结果。

量化宽松所导致的印钞行为，加大了美元继续贬值的可能。数据显示，在美联储宣布推出QE4之后，美元指数出现一定程度的下挫，80关口失手，美元兑主要货币普遍走软。

<来源：环球网>

미국, 윤전기 재가동 돌입

① 시장의 예측대로 [1]미국 연방준비제도(이하 미 Fed)의 4차 [2]양적완화정책이 [3]어김없이 나왔다. 며칠 전 미 Fed의 연방공개시장위원회(FOMC)는 실업률이 6.5%를 넘고 향후 1~2년 동안 기대인플레이션율이 2.5%를 초과하지 않을 경우 0~0.25%의 [4]초저금리 기조를 유지할 것이며 [5]4차 양적완화(QE4)를 통해 매달 450억 달러의 국채를 매입해 오퍼레이션 트위스트(OT)를 대체할 것이라고 발표했다.

② 이로써 미 Fed의 매달 자산 매입액은 850억 달러가 되었다. 4차 양적완화정책 발표는 시장의 큰 관심을 불러모았다. 분석가들은 [6]이번 조치를 통해 미 Fed가 전 세계에 유동성을 계속 [7]공급해 시장에 어느 정도 영향을 줄 것으로 보고 있다.

③ 양적완화정책이란 중앙은행이 제로 금리나 제로에 가까운 금리 정책을 시행한 이후 국채 등의 중장기 채권 매입을 통해 본원통화 공급을 늘려 시장에 대량의 유동성을 불어넣는 [8]경제개입방식을 일컫는다. 이 정책은 일본 중앙은행으로부터 시작되었다. [9]2000년대 초 일본 중앙은행은 장기적인 경제침체에서 벗어나고자 저금리 정책 실패 후 처음으로 양적완화정책을 시행했다. 2008년 글로벌 금융위기 발발 후 미 [10]Fed도 자국 경제 부양을 위해 세 차례에 걸쳐 양적완화정책을 시행했다. 이를 통해 대량의 유동성을 풀고 융자비용을 낮춰 기업과 [11]국민의 [12]소비와 대출을 장려하여 경제를 살리려는 것이다.

④ 미 Fed의 4차 양적완화정책 발표는 시장이 이미 예상했던 바이다. 미국 경제의 성장속도가 더디고 재정절벽 문제 해결이 지체되는 상황에서 이는 미국이 취할 수 있는 유일한 경기부양책이기 [13]때문이다. [14]4차 양적완화정책의 효과에 대해 분석가들은 재정절벽 문제가 해결되기 전에 화폐 발행에만 의존해서는 문제 해결이 어려울 것으로 보고 있다.

⑤ [15]민간부문의 비관적 경제전망으로 인해 대출비용을 낮춰 대출을 장려했던 세 차례의 양적완화정책은 현재 미국 고용시장 및 소비 진작에 별 효과를 주지 못했다. 오히려 지속적인 화폐 발행으로 전 세계 유동성 범람을 가중시켰다. 양적완화는 유동성 범람을 더욱 심화시킬 것이다. 개도국의 경우 미 달러 남발의 충격으로 자국 화폐가 평가절상되어 수출 부진으로 이어질 것이 [16]틀림없다.

⑥ 양적완화에 따른 화폐 발행은 미 달러의 지속적인 [17]평가절하 가능성을 확대시켰다. 데이터에 따르면 미 Fed가 4차 양적완화정책 시행을 발표한 후 달러인덱스가 하락해 80 대가 무너졌고 주요 통화에 대한 미 달러 가치가 [18]전반적인 약세를 보였다.

1 '미국 연방준비제도'는 간략하게 '미 Fed'라고 한다. 예전에는 '미국 연방준비제도이사회/미 FRB'로 표기했으나 요즘에는 '미국 연방준비제도/미 Fed'로 많이 표기한다. 여기서는 '美联储'를 '미국 연방준비제도'로 풀어서 번역한 후 '(이하 미 Fed)'란 표기를 첨가해 뒤에 나오는 '美联储'를 '미 Fed'로 번역하는 방식을 사용했다.

2 단어의 사전적 뜻에만 근거해서 번역하지 말자. 중국어 문장을 보다가 1대1로 대응되는 용어를 사전에서 찾을 경우 석연치 않거나 이상할 때가 있다. 그럴 때는 관련 한국어 문장을 검색해보면 찾을 수 있다. 고유명사나 전문용어가 잘 찾아지지 않을 경우, 중국어 단어를 영어 단어로 찾고 이를 한국어로 찾는 방법도 있다. 예를 들어 먼저 중국어 단어를 爱词霸(http://www.iciba.com/) 같은 온라인 중영 사전을 이용해 영어로 찾은 후 한국의 네이버 같은 포털사이트에서 이 영어 단어를 검색하면 해당 한국어 용어를 찾을 수 있다.

3 직역하면 어색하므로 문맥상 '어김없이 나왔다'로 의역했다. '어김없이 발표되었다'로도 번역할 수 있다.

4 '초저리'로도 번역할 수 있다.

5 QE3은 3차 양적완화정책을, QE4는 4차 양적완화정책을 일컫는다.

6 무조건 '이 조치는 ～을 의미한다'로 번역하면 어색하므로 '이번 조치를 통해 미 Fed가 전 세계에 유동성을 계속 공급해 시장에 어느 정도 영향을 줄 것으로 보고 있다'로 의역했다. 번역 입문자는 모든 단어를 다 번역하려는 경향이 있는데 이는 지양하도록 한다.

7 '제공해/주입해'로도 번역할 수 있다. '释放'은 '방출하다/석방하다'라는 뜻으로 여기서는 '유동성을 시장에 방출하다'의 의미로 쓰여 '공급해'로 번역했다.

　　예) 释放能量 에너지 방출 / 释放人质 인질석방

8 '干预'는 '간섭하다/개입하다'라는 뜻인데 '간섭하다'와 '개입하다'는 뉘앙스의 차이가 있다. '간섭하다'는 '직접 관계가 없는 남의 일에 부당하게 참견하다'의 뉘앙스가 강한 반면, '개입하다'는 '관여하다'의 뉘앙스가 강하다. 따라서 여기서는 문맥상 '개입하다'가 더 적합하다.

9 '本世纪'를 '본 세기'가 아닌 '2000년대'로 번역하자. 그 밖에 '20世纪'는 '1900년대', '19世纪'는 '1800년대', '18世纪'는 '1700년대'로 번역할 수 있다. 물론 문맥에 따라 '20세기', '19세기', '18세기'로도 번역할 수 있다.

10 원문에는 '也'가 없지만 앞 문장과의 연결성을 위해 '도'를 첨가해 번역했다.

11 '居民'은 '주민'이라는 뜻이지만 여기서 '주민'으로 번역하면 대상 범위가 좁아진다. 따라서 '국민'으로 번역했다.

12 '开支'는 '지출/소비하다'의 뜻으로 '장려하다'와의 호응을 고려해 '소비'로 번역했다. 그리고 '行为'가 있다고 무조건 '행위'로 번역하지 않는다. 여기서 '소비 및 대출 행위'로 번역하면 적합하지 않다. 번역에서 가장 중요한 것은 원문의 정확한 의미 전달이다. 원문을 잘 파악했어도 번역 과정에서 도착어로 전달이 제대로 안 되는 경우가 많다. 이러한 실수를 피하기 위해서는 가장 적합한 용어로 간단명료하게 번역한다. 한국어에서 '행위'는 '의식적·의도적으로 행하는 인간의 언행'을 일컬으며 좋지 못한 행동거지를 말할 때 주로 쓰인다.

　　예) 挑衅行为 도발행위

13 원문에는 '때문이다'에 해당하는 단어가 없지만 문장의 연결성을 고려해 '때문이다'를 첨가해 번역했다.

14 '轮'은 양사로 순환하는 사물이나 동작을 세는 단위다. '第～轮'은 '(제)～차'로 번역하며 '新一轮'은 '새로운/또 다른'으로 번역한다. 여기서는 이번 양적완화정책을 말하므로 '4차'로 의역했다.

15 '由于私人部门对经济前景的看淡'을 직역하면 '민간부문의 경제전망에 대한 밝지 않은 견해 때문에'이다. 이를 명사형으로 함축시켜 '민간부문의 비관적 경제전망으로 인해'로 번역하면 문장이 한결 간결해진다.

16 많은 번역 입문자가 '无疑'를 '의심할 바 없이'로 번역한다. '～이 틀림없다/～이 분명하다'로 번역하면 더 간결하다.

17 '贬值'는 '평가절하되다/가치가 하락하다'라는 뜻으로 화폐와 호응될 때는 '평가절하되다'로 번역한다.

　　예) 人民币贬值 위안화 평가절하 / 房屋贬值 집값 하락

18 '普遍'은 '보편적으로'라는 뜻으로 여기서는 문맥상 '전반적인'으로 번역했다.

시사상식(时事知识)

◆ 美联储 미국 연방준비제도

미 Fed라고 하며 1913년 연방준비법에 의해 설립된 미국의 중앙은행이다.

◆ 量化宽松政策 양적완화정책

초저금리 상태에서 경기부양을 위해 중앙은행이 시중에 돈을 푸는 정책으로, 정부의 국채나 다양한 금융자산의 매입을 통해 시장에 유동성을 공급하는 통화정책이다. 자국의 통화가치를 하락시켜 수출경쟁력을 높이는 것이 주된 목적이다.

◆ 扭曲操作 오퍼레이션 트위스트

중앙은행이 장기 국채를 사고 단기 국채를 팔아 장기 금리 인하를 유도하는 공개시장조작의 일종이다.

◆ 流动性 유동성

유동성이란 기업·금융기관 등 경제주체가 갖고 있는 자산을 현금으로 바꿀 수 있는 능력을 일컫는다.

◆ 基础货币 본원통화

본원통화는 중앙은행이 지폐와 동전 등 화폐발행의 독점적 권한을 통하여 공급한 통화를 일컫는다.

◆ 财政悬崖 재정절벽

세금감면 혜택 종료와 연방정부예산 자동삭감(시퀘스터)이 동시에 시행되면서 경기가 급격히 위축되는 현상을 일컫는다.

◆ 汇率贬值与出口 평가절하와 수출

각국이 경쟁적으로 양적완화정책을 시행하려는 이유를 알기 위해서는 먼저 평가절하와 수출의 관계에 대해 이해해야 한다. 평가절하(贬值)는 자국 통화 가치가 떨어지는 것을 일컬으며 환율인상을 의미한다. 반대로 평가절상(升值)은 자국 통화 가치가 올라가는 것을 일컬으며 환율하락을 의미한다. 예를 들어 1달러가 1000원이라고 가정하자. 만약 1달러가 2000원이 되었다면 원화가 평가절하된 것이다. 원화 가치가 떨어져서 더 많은 돈을 주고 달러를 사야 하기 때문이다. 이런 상황에서 한국 수출업체가 미국 시장에서 1달러로 팔던 양말 한 켤레를 0.5달러로 가격을 낮춰 판매하더라도 똑같은 이윤을 얻게 되어 다른 나라와의 경쟁에서 가격 우위를 지니게 되는 것이다. 만약 같은 1달러로 계속 판매를 하면 환율인상으로 2배의 이윤을 얻게 된다. 따라서 자국 통화의 평가절하가 수출업체에 긍정적인 영향을 끼치는 것이다.

◆ 美元指数 달러인덱스

세계 주요 6개국 통화 대비 달러화의 평균적인 가치를 나타내는 지표다.

穆迪上调韩国主权评级

❶ 　国际信用评级机构穆迪27日发布报告称，将韩国主权信用评级由A1上升一档至Aa3，评级展望为稳定。

❷ 　穆迪表示，上调韩国主权信用评级主要基于以下因素：强劲的财政基本面状况；经济实力和竞争力高；银行业的外部脆弱性降低。

❸ 　具体而言，第一，韩国政府资产负债表状况未受到全球金融危机和欧元区危机的太大冲击，自2010年以来，该国一直保持财政盈余，且政府负债水平保持在温和的水平。另外，韩国国内资本市场较大，通胀水平较低，政府债券溢价水平较低，该国经济增长的长期前景相对较好。

❹ 　第二，韩国经济被证实能够有效抵御外部冲击，这表现在其在2009年避免衰退，2010年实现强劲反弹。从长期而言，该国劳动生产率的持续提高将能支撑该国经济的竞争力及其4%的潜在经济增速。

❺ 　第三，韩国在削减银行系统脆弱性的宏观审慎监管举措和风险管理水平的提高被证明是有效的。该国外汇储备规模自去年4月份以来一直维持在3000亿美元上方。

❻ 　不过，穆迪还提出几个担忧因素，这包括：欧元区经济疲软和中国经济增速放缓将削弱韩国出口，进而削弱其经济增速前景；韩国非金融公共部门负债水平在上升；公共企业和家庭的债务水平也有所上升，这将拖累居民消费。

<来源：中国证券报>

무디스, 한국신용등급 상향 조정

❶ 27일 국제신용평가사 무디스가 [1]보고서를 통해 한국 [2]국가신용등급을 기존 A1에서 Aa3로 한 단계 상향 조정하고 등급전망을 [3]'안정적'으로 부여한다고 밝혔다.

❷ 무디스는 [4]튼튼한 경제 펀더멘털, 높은 [5]경제 회복력과 경쟁력, 은행부문의 대외취약성 감소 [6]등의 원인으로 한국 국가신용등급을 상향 조정한다고 밝혔다.

❸ 구체적으로 살펴보면 첫째, 글로벌 금융위기와 유로존 재정위기에도 불구하고 [7]한국의 재정 여건이 큰 충격을 받지 않아 2010년 이후 재정 흑자 상황이 계속 유지되고 있고 정부의 부채 수준이 양호하기 [8]때문이다. 또한 [9]비교적 큰 국내자본시장, 낮은 인플레이션율, 낮은 국채 프리미엄으로 인해 한국 경제성장에 대한 장기적 전망이 비교적 낙관적이다.

❹ 둘째, 한국경제가 대외충격에 잘 버틸 수 있다는 것이 증명되었기 때문이다. 이는 [10]한국경제가 2009년에 경기침체를 면한 뒤 2010년에 강한 반등을 한 것에서 잘 드러난다. 장기적으로 볼 때 한국 [11]노동생산성의 지속적인 향상으로 한국경제의 경쟁력과 4%의 잠재성장률이 충분히 유지될 것이다.

❺ 셋째, 한국이 은행 시스템의 취약성을 감소시키는 거시건전성 감독과 리스크 관리를 강화한 것이 효과적이었음이 입증되었기 때문이다. 한국의 [12]외화보유액 규모가 작년 4월 이후 계속 3000억 달러를 웃돌고 있다.

❻ [13]이와 함께 [14]무디스는 ▲유로존 경제침체와 중국경제의 성장속도 완화로 인한 한국 수출의 감소로 한국 경제성장률 둔화 ▲한국의 비금융 공공부문의 부채 증가 ▲공기업과 가계 부채 소폭 증가로 인한 국민소비의 부담 등 몇 가지 우려사항도 덧붙였다.

1 '发布报告'를 원문대로 '보고서를 발표해'로도 번역할 수 있다. 하지만 결국 보고서를 통해 발표한 내용이기 때문에 '보고서를 통해'로 의역하면 문장이 좀 더 간결해진다.

2 '主权信用评级'에서 '主权'을 '주권'으로 번역하지 않도록 주의한다. 많은 번역 입문자가 자주 범하는 오류 중 하나다. 마찬가지로 '主权基金'도 '주권펀드'가 아닌 '국부펀드'로 번역한다.

3 국가신용등급 전망은 '正面/稳定/负面' 혹은 '积极/稳定/消极'가 있는데 '긍정적/안정적/부정적'으로 번역한다. 영어를 번역해서 쓴 것으로 등급 전망 단계를 나타내는 고유명사의 역할을 하므로 작은따옴표(' ')를 사용해 번역했다.

4 '튼실한 재정 건전성'으로도 번역할 수 있다. '경제 펀더멘털'은 '경제 기초여건'을 의미한다.

5 '经济实力'는 원래 '경제력'으로 번역해야 옳다. 하지만 여기서는 원문 내용에 충실하고 이 문장이 영어로 발표된 내용을 중국 기자가 번역해 썼다는 점을 고려해 의미에 중점을 두어 '경제 회복력'으로 의역했다.

6 이 문장은 '무디스는 한국 국가신용등급을 상향 조정한 것은 ～때문이라고 밝혔다'로도 번역할 수 있다. 하지만 원문에서 쌍점(:) 뒤의 '强劲的财政基本面状况 ; 经济实力和竞争力高 ; 银行业的外部脆弱性降低'가 '因素'에 해당하는 내용이므로 이 문장을 '因素'를 수식하는 관형어(定语 · 체언 앞에 놓여 체언을 수식하는 기능을 하는 문장성분)로 도치시켜 '튼튼한 경제 펀더멘털, 높은 경제 회복력과 경쟁력, 은행부문의 대외취약성 감소 등의 원인'으로 번역하면 간결하면서도 더 한국어 기사체답다. 참고로 체언이란 명사 · 대명사 · 수사가 해당되며 주체가 되는 문장성분을 일컫는다.

7 '资产负债表'는 '대차대조표'를 뜻한다. '대차대조표'란 일종의 재정상태를 일람할 수 있게 나타낸 것을 일컫는다. 여기서는 '韩国政府资产负债表状况'을 문맥상 '한국의 재정 여건'으로 의역했다.

8 원문에는 '때문이다'에 해당하는 단어가 없지만, 문장의 연결성을 고려해 '때문이다'를 첨가해 번역했다.

9 비교적 긴 문장 안에서 열거되는 문장들을 구조 그대로 번역하면 만연체가 되는 경우가 종종 있다. 따라서 명사형으로 간결하게 번역했다.

10 '其'는 지시대명사로 앞 문장의 '韩国经济'를 가리킨다. 따라서 '그'가 아닌 '한국경제'로 대체해 번역했다.

11 '노동생산율'이 아닌 '노동생산성'으로 번역한다.

12 '외화보유액'이 올바른 용어이나 '외환보유액'도 광범위하게 사용하므로 혼용해도 무방하다.

13 원문은 '不过'지만 문맥상 '이와 함께'로 번역했다.

14 쌍점(:)과 쌍반점(;)이 모두 사용된 중국어 문장을 번역할 때는 두 가지 방법을 생각할 수 있다. 먼저 쌍반점(;) 사이에 있는 문장을 명사형으로 번역할 수 있다면 위 번역문에 제시된 것처럼 ▲와 같은 문장부호를 써서 나열하는 방법이 있다. 다른 방법은 첫째, 둘째, 셋째를 붙여 번역하는 것이다. 후자의 방법을 사용할 경우 '무디스는 몇 가지 우려사항도 덧붙였다. 첫째, 유로존 경제침체와 중국경제의 성장속도 완화가 한국 수출 감소로 이어져 한국 경제성장률이 둔화될 것이다. 둘째, 한국의 비금융 공공부문의 부채가 증가하고 있다. 셋째, 공기업과 가계 부채가 다소 증가하여 국민소비에 영향을 줄 것이다'로 번역할 수 있다.
한국어는 체언을 수식하는 관형어(定语)가 발달한 언어다. 예를 들어 '예쁜 나'를 중국어로 말할 때 '漂亮的我'보다는 '我很漂亮'이라고 말하는 것처럼 한국어와 중국어는 어순상 서로 다른 특징을 갖고 있다. 따라서 평상시 한국어 문장을 볼 때 이런 문형을 유심히 살펴보고 번역 시 관형어(定语)를 체언 앞에 배치하는 한국어 특징을 잘 살리면 자연스러운 중한 번역을 하는데 많은 도움이 될 것이다.

시사상식 (时事知识)

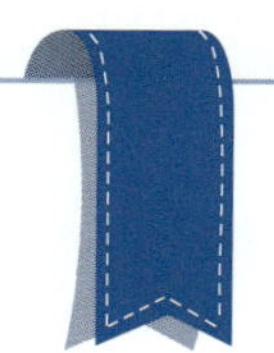

◆ 主权信用评级 국가신용등급

한 나라가 채무를 이행할 능력과 의사가 얼마나 있는지를 등급으로 표시한 것을 일컫는다. 국제금융시장에서 차입금리나 투자여건을 판단하는 기준이 된다. '투자부적격' 판정을 받으면 국제금융시장에서 채권발행도 어렵게 되고 외채 지급이자도 더 많이 내야 한다. 국가신용등급을 매기는 요소는 정치적·경제적 요소로 이뤄진다.

◆ 国际信用评级机构 국제신용평가사

미국의 무디스(穆迪), 영국의 피치(惠誉), 미국의 스탠더드 앤드 푸어스(标准普尔/标普)가 세계 3대 국제평가사로 세계금융시장을 좌지우지할 만큼 영향력이 막강하다. 이들 기관은 각국의 정치, 경제 상황과 향후 전망 등을 종합적으로 평가해 국가별 등급을 발표하고 있다. 신용등급은 보통 16단계로 구분되는데 표기방식은 평가기관에 따라 조금씩 다르다.

◆ 资产负债表 대차대조표

대차대조표는 일정 시점에서 기업의 자산과 부채 및 자본을 일정한 구분·배열·분류에 따라 기재함으로써 기업의 재정상태를 일람할 수 있게 나타낸 것을 일컫는다.

◆ 劳动生产率 노동생산성

일정 시간에 투입된 노동량과 그 성과인 생산량과의 비율로, 노동자 1명이 일정기간 동안 산출하는 생산량 또는 부가가치를 나타낸다. 노동생산성이 향상되었다는 것은 동일한 투입으로 더 많은 생산량 또는 부가가치를 얻거나, 적은 투입으로 동일한 생산량을 얻는 것을 의미한다. 다시 말해 하나의 상품을 생산해 내는 데 필요한 노동 시간이 단축되었다는 것이다. 노동 생산성은 생산 과정에서 새로운 기술을 채택하거나 생산 조직을 좀더 효율적으로 바꿈으로써 향상될 수 있다. 노동 생산성이 향상되면 생활 수단의 가격이 하락하여 노동력을 재생산하는데 필요한 노동 시간이 단축되며, 그 결과 노동력의 가치도 저하된다. 따라서 노동 생산성의 향상은 필요 노동을 줄이고 잉여가치를 상대적으로 증가시킴으로써 '상대적 잉여가치'를 창출한다.

◆ 审慎监管 건전성 감독

자기자본비율 상향조정 및 충당금 적립 기준 강화 등을 통해 기업의 건전성에 대한 규제와 감독 정책을 펴는 것을 일컫는다.

央行时隔三年半首次降息用意几何

① 中国人民银行7日晚间决定，自6月8日起分别下调金融机构人民币存贷款基准利率，其中一年期存贷款基准利率分别下调0.25个百分点。这是央行时隔三年半来首次降息。那么，央行缘何此时出手？本次降息将有哪些效应？

② 央行此次降息在情理之中，但属意料之外。此前，一些专家预测央行可能会进一步采取下调存款准备金率等手段，但没想到是在非周末、且如此快得采取了一组"降息组合拳"。

③ "这是当前稳增长的一剂'强心针'，是促进经济增长的实质性举措。"经济学者、成都大学副校长张其佐直言："央行此次用意十分明显，时间不等人。"

④ 央行上次降息要追溯到2008年12月23日。当时在应对突如其来的金融危机背景下，央行将金融机构一年期存贷款基准利率分别下调了0.27个百分点。

⑤ 亚洲开发银行驻中国代表处高级经济学家庄健表示，降息对于稳定经济增长的作用和影响无疑更大，且目前通胀形势处于可控范围，也为利率下调提供了空间。

⑥ 从国内看，去年第一季度以来，中国经济增速已逐季放缓。今年第一季度经济增长8.1%，增速比上季度回落0.8个百分点，4月份投资、出口、消费数据则继续放缓。

⑦ 从国际看，世界经济复苏乏力，欧债危机复杂多变，并非一朝一夕能化解，中国外部环境不容乐观。

⑧ 鉴于此，日前召开的国务院常务会议已决定把稳增长放在更加重要的位置。张其佐表示，"相比控通胀，稳增长任务更重要，这更符合中国经济稳中求进的总基调。"

⑨ 中央财经大学中国银行业研究中心主任郭田勇说，利率下调不但可以降低企业的经营成本，还将有效刺激企业的贷款需求。

<来源：新华网>

中 중앙은행, 3년 반 만에 첫 금리인하…그 의도는?

1 7일 저녁 중국 [1]인민은행은 6월 8일부터 금융기관의 위안화 [2]예금 및 대출 기준금리(이하 예대금 기준금리)를 각각 하향 조정하고, 그중 1년 만기 예대금 기준금리를 [3]0.25%포인트씩 내리기로 결정했다. 이는 [4]인민은행이 3년 반 만에 단행한 첫 금리인하다. 그렇다면 인민은행은 왜 지금 금리인하 조치를 단행했으며, 이는 어떤 효과를 가져올까?

2 인민은행의 이번 금리인하는 예상된 바이지만 의외인 면도 있다. 얼마 전 일부 전문가들이 인민은행의 지급준비율 [5]추가 인하 가능성 등을 예측하긴 했지만, 주중에 그것도 이렇게 신속히 [6]'금리인하 세트'를 내놓을 것이라 예상치는 못했다.

3 "이는 현재 안정적 성장을 위한 '강심제'로 경제성장 촉진을 위한 실질적 조치다." 경제학자인 [7]장치쭤(張其佐) 청두(成都)대학 부총장은 "인민은행의 이번 의도는 매우 분명하다. 지체할 수 없다는 뜻이다"라고 직언했다.

4 인민은행의 지난번 금리인하는 2008년 12월 23일에 단행되었다. 당시 갑작스럽게 닥친 [8]금융위기에 대처하기 위해 인민은행은 금융기관의 1년 만기 예대금 기준금리를 0.27%포인트씩 인하했다.

5 [9]아시아개발은행(ADB) 중국대표처 쫭젠(莊健) 수석 이코노미스트는 금리인하가 안정적 경제성장에 미치는 작용과 영향이 큰데다가 현재 인플레이션이 통제 가능한 범위에 있기 때문에 금리인하의 여지가 있었다고 밝혔다.

6 대내적으로 보면 작년 1분기부터 중국 경제성장속도가 [10]점차 둔화되고 있다. 올해 1분기 경제성장률은 8.1%로 전분기 대비 0.8%포인트 하락했고, 4월 투자·수출·소비도 둔화세가 지속되고 있다.

7 대외적으로 보면 세계 경제 회복 부진과 유럽재정위기의 복잡다단한 상황이 하루아침에 해결될 수 없는 등 중국의 대외환경이 좋지 않다.

8 얼마 전 개최된 국무원 상무회의는 이를 고려해 안정적 성장에 더 무게를 두기로 결정했다. 장치쭤 부총장은 "[11]안정적 성장이 인플레이션 억제보다 훨씬 중요하다. 이는 중국경제의 '온중구진(穩中求進·안정 속 성장)' 기조에 더욱 부합한다"고 밝혔다.

9 [12]중앙재경(中央財經)대학 중국은행업연구센터의 궈톈융(郭田勇) [13]센터장은 금리인하는 기업의 경영비용 절감과 기업의 대출수요를 효과적으로 유발할 것이라고 [14]말했다.

1 중국의 중앙은행을 일컫는다. 건설은행, 공상은행 등의 시중은행(商业银行)이 아니니 혼동하지 말자. 참고로 한국의 중앙은행은 한국은행이다.

2 간략하게 '예대금 기준금리'라고도 한다. 따라서 '예금 및 대출 기준금리'로 풀어서 번역한 후 '(이하 예대금 기준금리)'란 표기를 첨가해 뒤에 나오는 '存贷款基准利率'를 '예대금 기준금리'로 번역했다.

3 '分别'는 '각각'이란 뜻의 부사로 '~씩'으로도 번역한다.

4 여기서 '央行'은 중국의 중앙은행인 '인민은행'을 의미한다. 따라서 '인민은행'으로 번역했다.

5 '进一步'는 '더욱/한층'이라는 뜻으로 문맥상 '추가'로 의역했다.

6 '组合拳'은 '콤비네이션 블로'라는 뜻으로 권투나 격투기에서 세 개 이상의 좌우 타격을 연속해서 치는 것을 일컫는다. 따라서 '降息组合拳'을 '금리인하 세트'로 번역해 그 의미를 살렸다.

7 근대사 이후의 중국인 인명을 한국어로 번역 시 중국어 발음을 한국어의 외래어 표기법 원칙에 따라 표기한다.(부록 참고) 독자의 이해를 돕기 위해 이름 뒤에 괄호를 표기하고 괄호 안에 중국어(간체자) 인명이 아닌 한자 인명(정체자)을 표기한다. 중국어는 '소속+직책+인명' 순이지만, 한국어는 '인명+소속+직책' 순이다. 하지만 소속 명칭이 길 경우 '소속+인명+직책'으로 쓰기도 한다.

   예) 中国国家主席习近平 시진핑(習近平) 중국 국가주석 혹은 중국의 시진핑(習近平) 국가주석 / 亚洲开发银行驻中国代表处高级经济学家庄健 아시아개발은행(ADB) 중국대표처 좡젠(莊健) 수석 이코노미스트

   '经济学者、成都大学副校长张其佐'의 경우, 장치쭤가 경제학자이면서 청두대학 부총장을 겸하고 있다는 것을 뜻하므로 '장치쭤(張其佐) 경제학자 겸 청두(成都)대학 부총장'으로도 번역할 수 있다. 하지만 인명 뒤에 표기하는 소속과 직책이 두 개일 경우 하나를 앞으로 도치시켜 번역하는 것이 매끄럽다. 따라서 '경제학자인 장치쭤(張其佐) 청두(成都)대학 부총장'으로 번역했다.

8 '背景'은 '배경/상황'이라는 뜻으로 여기서는 문맥상 이를 생략하고 '금융위기에 대처하기 위해'로 번역하는 것이 매끄럽다.

9 번역문처럼 원문을 살려 번역하거나 혹은 원문에 없지만 큰따옴표를 과감히 사용해 '아시아개발은행(ADB) 중국대표처 좡젠(莊健) 수석 이코노미스트는 "금리인하가 안정적 경제성장에 미치는 작용과 영향은 확실히 크다. 게다가 현재 인플레이션이 통제 가능한 범위에 있기 때문에 금리인하 여지가 있었다"고 밝혔다'로도 번역할 수 있다.

10 '逐季'는 '분기마다 점차'라는 뜻이나 앞에 '분기'가 나오기 때문에 중복을 피하기 위해 간결하게 '점차'로 번역했다.

11 '任务'는 '임무/책무/과제' 등으로 번역한다. 따라서 '稳增长任务'는 '안정적 성장 과제'로도 번역할 수 있지만 문맥상 생략하는 것이 매끄럽다.

12 중국의 정부 부처 · 공공기관 · 학교 등의 명칭은 고유명사에 해당하므로 번역 시 한국식 한자 발음대로 표기한다.

   예) 海关总署 해관총서(海關總署) / 중앙재경(中央財經)대학

   그러나 중국의 인명과 지명이 포함될 경우에는 중국어 발음대로 표기한 후 괄호 안에 한자(정체자)를 표기한다.

   예) 孙文纪念公园 쑨원(孫文)기념공원 / 天津大学 톈진(天津)대학 / 东北师范大学 둥베이(東北)사범대학

   단, 사회에서 통용되고 있는 기관명은 이를 존중해서 그대로 쓴다.

   예) 清华大学 칭화(清華)대학

13 '主任'은 해당 기관의 '최고 책임자'를 뜻한다. 궈텐융의 영어 직책이 'Director'인 것을 참고해 '센터장'으로 번역했다.

14 많은 번역 입문자가 '说~/报道~'를 '~가 말하기를/~가 보도하기를'으로 번역한다. 문장 뒤로 도치시켜 '~라고 말했다/~라고 보도했다'로 번역해야 함을 반드시 명심하자.

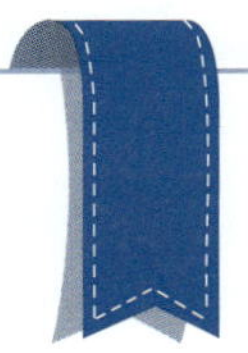

시사상식 (时事知识)

◆ 基准利率 기준금리

각종 금리의 기준이 되는 것으로 중앙은행이 결정한다. 기준금리는 국내외 경제상황의 변화에 맞추어 유동적으로 조정하며 이를 통해 급격한 물가상승을 억제하거나 경기조정을 도모한다. 한국에서는 금융통화위원회가 기준금리를 정한다.

◆ 存款准备金率 지급준비율/지준율

은행이 고객으로부터 유치한 예금 중에서 중앙은행에 의무적으로 적립해야 하는 비율을 일컫는다. 지급준비율 제도는 본래 고객에게 지급할 돈을 준비한다는 고객 보호 차원에서 도입됐으나, 지금은 금융정책의 주요 수단으로 활용되고 있다. 중앙은행이 지급준비율을 조절함으로써 시중자금 수위를 조절할 수 있기 때문이다. 즉 지급준비율을 높이면 중앙은행에 적립해야 할 돈이 많아져 시중자금이 줄어들고 낮추면 늘어난다. 지급준비율 제도는 중앙은행대출 · 공개시장조작과 함께 주된 통화정책 수단으로 활용되고 있다. 지급준비율은 한국은행법에 따라 금융통화위원회가 정한다.

◆ 通货膨胀/通胀 인플레이션

통화량의 증가로 화폐가치가 하락하고 모든 상품의 물가가 전반적으로 오르는 경제 현상을 일컫는다.

◆ 国务院 중국 국무원

전국인민대표대회(이하 전인대)의 집행기관이며, 최고 국가행정기관이다. 국무원은 총리 1명 · 부총리 4명 · 국무위원 5명 · 각부 부장 등으로 구성되며 총리 · 부총리 · 국무위원의 임기는 5년, 연임은 1회에 한한다. 국무원 총리의 인선은 주석의 제청으로 전인대에서 선출하며 부총리 이하의 국무원 인사는 총리의 제청에 따라 전인대가 인준한다. 국무원 직권으로는 행정법규의 제정과 결의 · 명령 등의 반포, 전인대와 상무위원회에 대한 시안(試案)의 제출, 경제 · 사회 발전 계획과 국가 예산의 수립 · 집행 및 그 밖에 헌법으로 규정된 많은 주요 사항이 포함된다.

◆ 稳中求进 온중구진

2012년 중국이 내세운 경제 · 사회 발전의 기조로 '안정 속 성장' 혹은 '안정 속 발전'이라고도 한다. 이는 성장과 물가 사회 안정에 힘쓰면서도 경제 구조조정과 민생 개선 등을 적극적으로 추진하겠다는 의미다.

中日韩自由贸易区

❶ 中日韩自由贸易区这一设想是2002年在中日韩三国领导人峰会上提出的。设想中，中日韩自由贸易区是一个由人口超过15亿的大市场构成的三国自由贸易区。自由贸易区内关税和其他贸易限制将被取消，商品等物资流动更加顺畅，区内厂商往往可以降低生产成本，获得更大市场和收益，消费者则可获得价格更低的商品，中日韩三国的整体经济福利都会有所增加。2012年11月20日，在柬埔寨金边召开的东亚领导人系列会议期间，中日韩三国经贸部长举行会晤，宣布启动中日韩自贸区谈判。

❷ 中日韩民间研究小组通过各自独立的模型测算，初步达成一致的结论：即如果提升中日韩贸易自由化程度，中日韩经济增速都可进一步提高，其中韩国受益最为明显。中日韩任何两国自由贸易区的经济收益都小于中日韩自由贸易区的效果。此外，对中日韩企业的问卷调查也获得正面反馈。

❸ 中日韩作为东亚地区三个大国，GDP总量已达到15万亿美元，占全球GDP的20%，占东亚GDP的90%，已超过欧盟，但三国之间的贸易量只占三国对外贸易总量的不足20%。建立中日韩自贸区将逐步实现货物、人员和资本的自由来往，促进各国产业调整和经济发展。

❹ 中日韩均为亚洲重要经济体，其经济总量占亚洲的约七成。在过去10年间，中日两国贸易和中韩两国贸易的结构逐渐趋同。在中日两国贸易方面，中国对日本的机械设备和电子产品的出口比重明显增加，其中很大比例是加工贸易方式，大部分为日本在华企业产品出口，属产业内和公司内贸易。而韩国从中国进口的商品也逐步从初级产品转变为工业半成品或制成品，产业内贸易也日益普遍。

❺ 中日韩产业优势的不同带来自由贸易区成立的基础。相对发达的日本和韩国在资本和技术密集型产业上竞争优势明显，而中国的竞争优势目前仍主要集中于资源或劳动密集型产品上。随着国际形势的变化，以及中日韩经济结构的调整，这种条件是否能够延续，自由贸易区的建立对中日韩的不利因素有哪些，如何通过制度设立将成本降至最低，都需要深入思考。

<来源：百度百科>

한중일 자유무역지대

[1]한중일 자유무역지대(FTA) 구상은 2002년 한중일 3국 정상회의에서 제의된 것이다. 한중일 FTA는 15억 인구가 넘는 방대한 시장으로 형성된 3국 간 [2]자유무역지대이다. FTA 역내 관세와 기타 무역장벽이 철폐되면 상품 등 물자 [3]이동이 더 원활하게 이루어질 것이다. [4]또한 역내 제조업체는 생산비 절감과 더불어 더 큰 시장 및 이윤을 확보할 수 있고, 소비자는 보다 저렴한 상품 구매가 가능해지는 등 [5]한중일 3국 경제 전반에 이익을 가져다 줄 것이다. 2012년 11월 20일 캄보디아 프놈펜에서 개최된 동아시아정상회의(EAS) 기간에 한중일 3국의 통상장관은 회의를 열어 한중일 FTA [6]협상 개시를 선언했다.

한중일 민간연구팀이 [7]각자의 연구 모델을 통해 추산한 결과 다음과 같은 동일한 [8]잠정 결론을 얻었다. [9]한중일 간의 무역 자유화가 이루어질수록 한중일 3국의 경제성장 속도가 더 제고되고 특히 한국이 가장 큰 이익을 얻는다는 것이다. 한중일 간의 어떤 형식의 양자 간 FTA도 한중일 3국 FTA보다 경제적 효과가 떨어진다. 한중일 기업을 대상으로 한 설문조사 역시 [10]긍정적인 결과가 나왔다.

[11]동아시아의 대국인 한중일 3국은 GDP [12]규모가 [13]15조 달러에 달해 전 세계 GDP의 20%, 동아시아 GDP의 90%를 차지하여 이미 유럽연합(EU)의 규모를 넘어섰다. 그러나 3국 간 무역규모는 한중일 대외무역총액의 20%도 채 되지 않는다. 한중일 FTA [14]창설은 상품·인적자원·자본의 자유로운 이동을 가능하게 해 각국의 산업 조정과 경제 발전을 촉진시킬 것이다.

[15]아시아 주요 경제체인 한중일 3국은 아시아 경제규모의 약 70%를 차지한다. [16]지난 10년간 중일 양국 간 무역과 한중 양국 간 무역 구조가 점차 비슷한 양상을 보이고 있다. [17]중일 양국 간 무역을 살펴보면 중국의 기계설비와 [18]전자제품의 대일 수출이 현저히 증가했고, 이 중 대다수가 가공무역방식이다. 대부분이 재중일본기업의 상품 수출이며 산업 내 혹은 기업 내 무역에 속한다. 한국의 중국산 수입상품 역시 1차 상품에서 점차 공업 반제품이나 완제품으로 바뀌고 있고 산업 내 무역도 점차 보편화되고 있다.

한중일 3국의 산업간 [19]상호보완성은 FTA 출범의 [20]기반이다. 상대적으로 발달한 일본과 한국은 [21]자본·기술집약형 산업에서 경쟁우위를 점하고 있고, 중국은 자원·노동집약형 상품에서 경쟁우위를 지니고 있다. 국제 정세가 변하고 한중일 경제구조가 조정되면서 이런 [22]상황이 앞으로도 지속될 것인지, FTA 구축이 한중일에 어떤 악영향을 끼칠지, 어떻게 제도 마련을 통해 최대 비용 절감을 실현할 것인지 깊은 고찰이 필요하다.

1 한국어는 '한중일'을, 중국어는 '中日韩'을 주로 쓴다. 하지만 나라 간 입장 차이에 따라 순서를 다르게 해야 할 때가 있다. 예를 들어 외교석상에서 한국측 인사가 '한중일'을 말하면 통역사는 '韩中日'로 통역하는 게 바람직하다.

2 한 문장에서 '自由贸易区'가 두 번 나와서 전자는 'FTA', 후자는 '자유무역지대'로 번역해 불필요한 중복을 피했다. 그 밖에 FTA 관련 문장에서 '区域'라는 단어가 나올 때는 이를 '구역'이 아닌 '역내/지역'으로 번역한다.

   예) 区域合作 역내협력 / 区域贸易 역내무역 / 区域主义 지역주의

3 문맥상 '유동'이 아닌 '이동'으로 번역했다. 다음과 같은 경우 '유동'으로 번역한다.

   예) 流动资金 유동자금 / 流动人口 유동인구

4 만연체 번역을 피하기 위해 문장을 한번 끊어주고 '또한'을 첨가해 문장 사이를 이어주었다.

5 여기서는 '福利'를 '이익'으로 의역했고 '有所'는 생략하고 번역했다.

6 FTA에서 '谈判'은 '협상(하다)'으로 번역한다. '담판(하다)'으로 번역하지 말자.

7 '각자'라는 말이 있어서 '独立'는 생략하고 번역했다.

8 '初步'는 '초보적인/처음 단계의'라는 뜻으로 '1차/초기/잠정/초보/예비' 등으로 번역한다.

   예) 初步调查 1차 조사 혹은 초기 수사 / 初步结论 잠정적 결론 / 初步阶段 초기단계 혹은 초보단계 / 初步预算 예비예산

9 쌍점 뒤의 문장을 앞으로 도치시켜 번역할 수 있으나, 중간 내용이 너무 길어 의미 전달이 명확하지 않을 수 있어서 두 문장으로 나눠 번역했다. 그리고 앞 문장과의 연결성을 고려해 '것이다'로 마무리했다.

10 '正面'은 '정면' 외에도 '긍정'이라는 뜻이 있다. 참고로 '积极'도 '적극적' 외에도 '긍정적'이라는 뜻이 있다.

   예) 正面效应 긍정적 효과 / 负面效应 부정적 효과 / 积极效果 긍정적 효과 / 消极效果 부정적 효과

11 '作为东亚地区三个大国'를 '中日韩' 앞으로 도치시켜 관형어(定语)로 만들어 번역했다. 이 경우 '三个大国'를 '세 대국' 혹은 '3대 대국'으로 번역하면 어색하기 때문에 각각 '대국'과 '3국'으로 분리해 '동아시아의 대국인 한중일 3국은'으로 재구성해 번역했다.

12 '총량'이 아닌 '규모/총액/총횟수' 등으로 번역한다.

13 '万亿' 역시 번역 입문자가 자주 오류를 범하는 단어 중 하나다. '만억'이 아닌 '조'로 번역한다.

14 '자유무역지대'는 '창설하다/구축하다/형성하다/출범하다' 등의 동사와 호응한다.

15 '均为'에서 '均'은 '都'로 '모두'라는 뜻이고 '为(wéi)'는 '是'로 '~이다'라는 뜻이다.

16 '过去10年间'처럼 '过去' 뒤에 시간사가 올 경우 '과거 10년'이 아닌 '지난 10년'이라고 번역한다.

17 한국어에서 '방면'은 '강남 방면', '인천 방면' 등 주로 방향을 일컫는다. 반면 중국어에서 '方面'은 '~측/~면/영역/분야'로 번역하거나 생략하기도 한다. 따라서 '중일 양국 간 무역을 살펴보면'으로 번역했다.

   예) 韩国方面 한국측 / 在各个方面 여러 면에서 / 科学方面 과학분야 / 单方面 일방적

18 '产品'은 '제품/상품'으로 번역한다. 한국어에서 '제품'은 유형의 재화를 일컬으며, '상품'은 유형의 재화와 무형의 서비스를 모두 포함한다.

19 '优势'는 '우세'라는 뜻으로 '우위/장점/경쟁력' 등으로 번역한다. '产业优势的不同'은 '한중일 3국이 각각 서로 다른 산업 경쟁력을 지니고 있다'는 의미로 문맥상 '상호보완성'으로 의역했다.

20 '基础'는 '기초/발판/초석/기반' 등으로 번역한다.

21 많은 번역 입문자가 '密集型'을 '밀집형'으로 번역하는 오류를 범한다. '밀집형'이 아닌 '집약형'으로 번역한다.

22 '条件'은 '조건/환경/상황'으로 번역하는데, 여기서는 문맥상 '조건'이 아닌 '상황'으로 번역했다.

시사상식 (时事知识)

◆ **自由贸易区和自由贸易协定** 자유무역지대와 자유무역협정

자유무역지대(Free Trade Area)는 특정 국가 또는 특정 지역 내의 관세 및 비관세 장벽을 철폐하여 통일된 시장을 형성하는 것을 일컬으며, 자유무역협정(Free Trade Agreement)은 국가 간 상품의 자유로운 이동을 위해 모든 무역 장벽을 제거하는 협정을 일컫는다. 둘 다 영문 약자가 FTA이지만 Area인지 Agreement인지에 따라 뜻과 호응하는 동사가 다르다. 자유무역지대는 각 주에서 언급한 대로 '구축하다/창설하다/설립하다/형성하다/출범하다' 등과 호응하며 자유무역협정은 '체결'과 호응한다.

◆ **东亚峰会** 동아시아정상회의

EAS(East Asia Summit)로도 표기하며 동남아국가연합(ASEAN) 10개국과 한국·중국·일본 3개국 정상이 함께 동아시아 지역협력 모색을 위한 회의를 일컫는다. 1997년 아시아 금융위기에 대한 공동 대처를 목표로 아세안 10개국과 한·중·일 3개국이 참여하는 아세안+3 외무장관회의에서 출발해 2005년 12월 정상회의로 공식 출범하였다. 중국어에서 '**三个10+1**'은 '아세안 10개국+한국, 아세안 10개국+중국, 아세안 10개국+일본'을, '**一个10+3**'은 '아세안 10개국+한중일 3개국'을 의미한다.

◆ **欧洲联盟/欧盟** 유럽연합

EU(European Union)로도 표기하며 27개국(2016년 6월 기준)으로 이루어진 유럽의 정치·경제 공동체를 일컫는다. 전신은 유럽공동체(EC)이다.

◆ **产业内贸易** 산업 내 무역

동일산업 내에서 무역이 발생하는 것을 일컬으며 수평적 산업 내 무역과 수직적 산업 내 무역으로 나눌 수 있다. 수평적인 산업 내 무역은 동일산업 내에서 품질은 비슷하지만 디자인과 기능 등 제품의 속성에서 차이가 나는 상품 간의 무역을 말한다. 이와 달리 수직적 산업 내 무역은 제품의 속성과 품질 모두에서 차이가 나는 상품 간의 무역을 말한다.

◆ **竞争优势** 경쟁우위

어느 특정기업이 다른 기업과의 경쟁에서 우위에 설 수 있는지의 여부를 판단할 때 사용하는 개념이다. 기업이 경쟁우위를 확보하기 위해서는 기업 특유의 기술·경영상의 탁월한 노하우·마케팅 능력 등이 필요하다.

Part

02

과학&정보통신

韩国实行网络实名制5年后面临存废抉择

❶ 韩国不但是世界上互联网服务最发达的国家之一，也率先实施了网络实名制。然而随着公众对个人信息安全的忧虑不断上升，网络实名制是否合理也成了当地社会一个热点话题，政府方面在公众舆论压力下已开始重新审视这一互联网管理制度的存废问题。

❷ 韩国多数网民起初都强烈反对网络实名制。2003年初进行的一项大规模网上民意调查显示，反对网络实名制的网民比率要高于支持者。但随后发生的网络辱骂、垃圾信息传播、恶意"人肉搜索"等网络暴力事件，给当地社会带来巨大冲击，唤起人们的深思。这些事件中，最引人关注的是韩国影视明星崔真实因不堪网络谣言而自杀，舆论普遍认为网络造谣者和传谣者是这起惨剧的幕后推手。

❸ 随着民意的转向，韩国国会在2006年12月通过关于网络实名制的法律，并在2007年7月开始实施，这个新制度的实施在当时的韩国社会得到广泛支持。

❹ 然而，针对这一制度的反对声也一直存在。韩国一些市民团体就质疑实名制能否解决互联网发展的根本问题。他们认为，网络实名制将导致个人信息被泄露等现象，是对正直网民的不公平。他们主张门户网站也要承担起应对网络暴力的责任。

❺ 事实上，韩国实行网络实名制5年来，虽然有效遏制了部分恶性网络事件的发生，但并未真正大幅减少网络上的辱骂性跟帖。首尔大学的一项统计表明，实名制实施以来，韩国网络上的辱骂性跟帖数量仅减少了两个百分点。

❻ 目前，当地舆论最关注的主要还是网络实名制带来的用户信息安全泄露危险。目前，韩国政府的广播通信委员会要求日均访问者数量超过10万的131个网站实行实名制。网络实名制下，各大网站保存了互联网用户的大量信息，这包括姓名、生日、电话、住址等，这些信息一旦泄露，很容易被犯罪分子利用。

❼ 最近几年韩国频繁发生严重的互联网用户信息外泄事件，仅在去年7月份，韩国门户网站Nate和社交网站赛我网就有3500万个用户的信息被黑客窃取。因此这些事件被曝光后，当地社会对废除网络实名制的呼声也越来越强烈。

❽ 为此，韩国政府已在去年提出分阶段废除网络实名制的规划设想。韩国广播通信委员会表示，随着推特等海外社交网站不断涌现，韩国网络环境已发生很大变化，因此有必要讨论是否废除网络实名制。

<来源：新华网>

5년 만에 존폐기로에 선 한국의 인터넷 실명제

❶ 한국은 세계에서 인터넷 서비스가 가장 발달한 나라 중 하나로 인터넷 실명제를 앞장서서 [1]시행했다. 그러나 개인정보 [2]보안에 대한 국민의 우려가 계속 커지면서 인터넷 실명제의 타당성 여부가 최근 [3]사회적 이슈로 떠올랐다. 정부는 [4]여론의 [5]압박 속에 [6]인터넷 실명제 폐지 여부를 재검토하기 시작했다.

❷ [7]인터넷 실명제 도입 초기 대다수 한국 네티즌은 이를 [8]강력히 반대했다. 2003년 초 [9]대대적으로 실시한 인터넷 여론조사 결과에 따르면 인터넷 실명제를 반대하는 네티즌이 찬성보다 많았다. 그러나 이후 발생한 인터넷 욕설, [10]스팸메시지 유포, 악의적 [11]'신상털기' 등 사이버 폭력 사건이 사회에 큰 충격을 주면서 사람들은 이 문제를 [12]돌아보게 되었다. 일련의 사건 중 가장 이목을 끌었던 것은 한국의 유명 배우 최진실이 인터넷 유언비어를 견디지 못하고 자살한 것이다. 당시 인터넷 유언비어 생성자와 유포자가 이 참극의 배후자라는 [13]것이 지배적인 여론이었다.

❸ 여론이 변하면서 국회는 2006년 12월 인터넷 실명제에 관한 법률을 통과시키고 2007년 7월부터 시행에 들어갔다. 이 새로운 제도의 시행은 당시 한국사회에서 폭넓은 지지를 얻었다.

❹ 그러나 [14]인터넷 실명제에 대한 반대 목소리도 줄곧 수그러들지 않았다. 일부 시민단체는 실명제가 인터넷 발전의 근본적 문제를 해결할 수 있을지 의문을 제기했다. 그들은 인터넷 실명제가 개인정보 유출 등 [15]문제를 야기할 것이며 정직한 네티즌에게 불공평한 제도라고 여겼다. 또한 포털 사이트도 사이버 폭력 대처에 대한 책임을 져야 한다고 주장했다.

❺ 실제로 한국은 인터넷 실명제 시행 5년 동안 [16]악질적인 사이버 사건을 어느 정도 억제하는 데 성공했지만, 인터넷상의 욕설형 댓글을 실질적으로 크게 감소시키지는 못했다. 서울대의 한 통계 결과에 따르면 실명제 시행 이후 인터넷상의 욕설형 댓글 수가 2%포인트 줄어드는데 그친 것으로 나타났다.

❻ 현재 한국 여론이 가장 주목하는 문제는 인터넷 실명제에 따른 이용자 개인정보 유출의 위험성이다. 정부기관인 [17]방송통신위원회는 하루 평균 방문자 수가 10만 명 이상인 사이트 131곳에 대해 실명제를 시행하고 있다. 인터넷 실명제 시행 이후 각종 대형 사이트들은 [18]인터넷 이용자의 성명, 생년월일, 전화번호, 주소 등 방대한 정보를 보관하고 있는데, 이 정보들이 유출된다면 범죄자들에게 [19]악용되기 [20]쉽다.

❼ 최근 몇 년간 한국에서 인터넷 이용자의 개인정보가 유출되는 [21]대형 사건이 빈번히 발생했다. 작년 7월만 해도 포털사이트 네이트와 SNS 사이트 싸이월드의 회원 3천 5백만 명의 개인정보가 해킹당하는 사건이 발생했다. 이 사건들이 알려진 후 한국 사회에서 인터넷 실명제 폐지론이 점점 거세졌다.

❽ 이 때문에 한국 정부는 작년에 인터넷 실명제의 단계적 폐지 [22]방안을 내놓았다. 방송통신위원회는 트위터 등 해외 SNS 사이트가 속속 등장하면서 한국 인터넷 환경에 커다란 변화가 생겼기 때문에 인터넷 실명제 폐지 여부를 검토할 필요가 있다고 밝혔다.

1 '实施'는 '시행하다/실시하다/실행하다' 등으로 번역한다. 여기서는 '网络实名制'와의 호응을 고려해 '시행하다'로 번역했다. 많은 번역 입문자가 '시행/실시/실행'을 올바르게 번역하지 못하는데 다음 예시를 참고하자.
　예) 제도를 시행하다 / 건강검진을 실시하다 / 프로그램을 실행하다

2 '安全'은 '안전/안보/보안'으로 번역한다.
　예) 食品安全 식품안전 / 国家安全 국가안보 / 粮食安全 식량안보 / 安全检查 보안검색 / 安全解决方案 보안솔루션

3 '当地社会'는 '현지사회'라는 뜻이나 여기서는 '현지'를 굳이 번역하지 않아도 한국 사회라는 것을 알 수 있으므로 간결하게 '사회'로 번역했다.

4 많은 번역 입문자가 '여론'과 '언론'을 혼동하는 경우가 많다. '여론'은 '舆论/民意', '언론'은 '媒体/言论'이다.

5 '压力'는 '압력/스트레스/압박/부담'으로 번역한다.
　예) 压力表 압력계 / 工作压力 업무 스트레스 / 受到舆论压力 여론의 압박을 받다 / 减轻军事压力 군사부담을 줄이다

6 '这一互联网管理制度'를 문맥상 간결하게 '인터넷 실명제'로 번역했다.

7 '起初'는 '최초/처음'이라는 뜻이지만 여기서는 문맥상 '인터넷 실명제 도입 초기'로 번역하는 것이 매끄럽다.

8 '强烈反对'를 '강렬하게 반대했다'가 아닌 '강력하게 반대했다'로 번역한다. 비슷한 경우로 '激烈竞争'은 '격렬하게 경쟁하다'가 아닌 '치열하게 경쟁하다'로 번역한다.

9 '大规模'는 '대규모/대량/대대적'으로 번역한다.
　예) 大规模集成电路 대규모집적회로(LSI) / 大规模杀伤性武器 대량살상무기(WMD) / 大规模海外扩张 대대적인 해외 확장

10 '垃圾'는 '쓰레기/정크/스팸/막장'으로 번역한다.
　예) 垃圾桶 쓰레기통 / 垃圾食品 정크푸드 / 垃圾邮件 스팸메일 / 垃圾电视剧 막장드라마

11 '人肉搜索'는 중국의 신조어로 한국어로 직역하면 '인육수색'이다. 한국의 '신상털기'와 같은 개념이다.

12 '深思'는 '깊이 생각하다'라는 뜻이지만 '唤起'와의 호응을 고려해 문맥상 '돌아보게 되었다'로 번역했다.

13 '舆论普遍认为'는 문장 뒤로 도치시켜 '～라는 여론이 대세다/～라는 여론이 지배적이다'로 번역할 수 있다.

14 '这一制度'를 '이 제도'로 번역하면 앞 단락의 '이 새로운 제도'와 중복되기 때문에 '인터넷 실명제'로 대체해 번역했다.

15 '现象'을 문맥에 따라 '문제'로 번역했다.

16 '部分'는 '부분/일부'라는 뜻이다. 번역은 원문의 정확한 의미 전달과 자연스러운 도착어 표현을 찾는 재창조의 작업이다. 사고의 틀을 조금만 전환하면 '악질적인 사이버 사건을 어느 정도 억제하다'로 번역할 수 있다.

17 여기서 '广播'는 '방송'으로 번역한다. 비슷한 사례로 중국기관 명칭의 번역은 한국식 한자 발음으로 표기하는 게 원칙이나 예외도 있다. 예를 들어 '国务院发展研究中心'은 '국무원 발전연구중심'이 아닌 '국무원 발전연구센터'로 번역한다. 고유명칭 · 전문용어 · 외래어 · 신조어 등은 번역 시 방송뉴스와 신문기사 혹은 인터넷 검색 등을 통해 정확히 번역하는 자세가 필요하다.

18 '这包括姓名、生日、电话、住址等'을 '大量信息' 앞으로 도치시켜 관형어(定语)로 만들어 번역했다.

19 '利用'은 '이용하다/사용하다/활용하다/악용하다'로 번역한다.

20 '很容易'는 '쉽다/쉽게 ～한다/십상이다'로 번역한다.

21 '严重'은 '심각한'으로 번역해도 되지만 문맥상 '대형'으로 번역하는 게 더 매끄럽다.

22 '规划设想'은 '가상계획', 즉 '방안'을 의미한다.

시사상식 (时事知识)

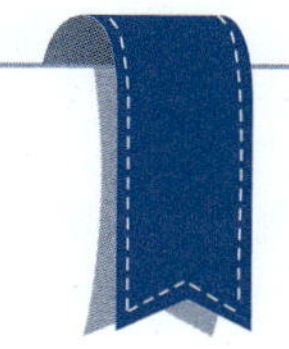

◆ **网络实名制** 인터넷 실명제

인터넷 이용자의 실명과 주민등록번호가 확인되어야만 인터넷 게시판에 글을 올릴 수 있는 제도다. 2004년 3월 12일 개정·공포된 '공직선거법'에 규정된 개념으로 제17대 국회의원 총선거에 대비해 익명성을 악용해 인터넷 공간에서 불법선거운동을 하지 못하게 하자는 취지에서 처음으로 성명과 주민등록번호의 일치 여부를 확인했다. 2007년 7월부터 하루 평균 이용자 수가 30만 명 이상인 인터넷 게시판을 대상으로 처음 인터넷 실명제가 도입되었다. 2009년 1월 28일부터는 '정보통신망 이용촉진 및 정보보호 등에 관한 법률' 개정안에 따라 사이트 유형의 구분 없이 하루 평균 방문자 수가 10만 명 이상인 인터넷 사이트로 대상이 확대되었으며, 이들 사이트는 인터넷상의 명예훼손이나 사생활 침해 등을 막기 위해 게시판 관리와 운영자가 게시판 이용자의 본인 여부를 확인하는 제한적 본인확인제(인터넷 실명제)를 시행했다. 그러나 2012년 8월 23일 헌법재판소가 인터넷 실명제에 대해 표현의 자유와 기본권 제한의 우려를 이유로 위헌 결정을 내리면서 시행된 지 5년 만에 인터넷 실명제는 효력을 상실했다.

◆ **人肉搜索** 신상털기

인터넷에서 특정인의 신상정보를 검색해 공개하면 네티즌들이 이를 이용해 특정인에 대해 한꺼번에 달려들어 인신공격하는 것으로 한국에서는 신상털기라고 한다. 공격 대상이 된 사람은 험악한 말은 물론 살인 협박까지 하는 전화와 메일을 받는 등 심한 고통을 겪기도 한다.

苹果与三星的战争

❶ 上周，美国加州圣何塞联邦地方法院裁定，三星侵犯了苹果公司6项专利，需要为这一"有意的"侵权行为赔偿苹果超过10亿美元的损失，而且三星的部分相关产品也可能因此被逐出美国市场。对这一判决结果，三星表示不服，要继续上诉。

❷ 美国媒体认为，这场"世界专利审判"在近两年来苹果和三星在全球各地展开的专利诉讼战中具有里程碑性质的意义。然而，这一事件的影响将不止对三星和苹果，而这场世界智能手机和平板电脑市场的争夺战也许才刚刚开始。

❸ 纵观目前世界移动电子设备市场，主要是苹果开发的iOS操作系统、谷歌推出的安卓系统和微软开发的Windows Phone三大操作系统同场竞技。就市场份额而言，苹果和谷歌两军对垒，各占了半壁江山，而谷歌的市场份额在苹果之上，三星则是谷歌安卓阵营中的佼佼者。

❹ 虽然，谷歌在三星诉讼失利后发表声明，称苹果和三星之间的这场诉讼并不涉及安卓系统的核心部分。但外界普遍认为，苹果剿杀三星颇有枪打出头鸟的意味，对其他与谷歌联盟的手机和平板电脑制造商将形成威慑。

❺ 苹果与三星曾是亲密的合作伙伴。苹果的iPhone和iPad所使用的芯片以前大部分由三星制造。但随着两者在智能手机和平板电脑领域的竞争日益加剧，苹果开始寻求其他的芯片制造商，和三星的关系也有了微妙变化。

❻ 而苹果对安卓的不满则由来已久。据报道，自安卓系统诞生之日起，苹果的创始人乔布斯就暗讽其为剽窃之作。安卓系统"开源式"发展模式联合了众多生产商，市场份额不断扩大，目前约为苹果iOS系统的两倍。今年第二季度，三星销售了约5000万台手机，而苹果的销量仅为其一半。苹果怎能坐视自己的风头被别人抢走。

❼ 这次诉讼的时间也颇值得玩味。苹果不久将推出全新升级产品iPhone5，对三星的阻击显然可以长自己的志气，灭他人的威风。

❽ 面临苹果的围剿，三星有两个选择，要么向苹果支付专利费，要么走原创之路，彻底让新产品摆脱抄袭之嫌。业内人士指出，实际上自去年苹果对三星提起专利诉讼以来，三星就一直在未雨绸缪，在产品设计上做出改变，以免陷入被动。

❾ 苹果和三星之间的交锋为所有的市场参与者敲响了一记警钟：如果总是亦步亦趋，没有自身的特色，在这个没有硝烟的战场上将难以站稳脚跟。

<来源：中国证券报>

애플과 삼성의 전쟁

❶ 지난주 미국 캘리포니아 산호세 연방지방법원은 삼성이 애플의 [1]특허 6건을 침해했다면서 이 '의도적' 침해 행위에 대해 10억 달러 이상의 배상금을 지급할 것과 아울러 삼성의 일부 관련 제품이 미국 시장에서 [2]퇴출될 수 있다는 판결을 내렸다. 삼성은 이에 불복해 항소할 예정이다.

❷ 미국 [3]언론은 이번 [4]'세기의 특허소송'이 [5]최근 몇 년간 애플과 삼성이 세계 각지에서 벌인 특허전의 이정표가 될 것으로 보고 있다. 그러나 이번 사건의 영향은 결코 삼성과 애플에만 국한되지 않을 것이다. 전 세계 스마트폰과 태블릿PC 시장 쟁탈전의 서막이 이제 막 열린 셈이다.

❸ 현재 전 세계 [6]모바일 디바이스 시장을 살펴보면 애플의 iOS, 구글의 [7]안드로이드, MS의 윈도우폰 등 [8]3가지 운영체제(OS)가 경쟁구도를 이루고 있다. 시장점유율로 보면 애플과 구글이 양대 산맥으로 시장을 양분하고 있으나 구글이 애플을 앞서고 있으며, 삼성은 안드로이드 진영의 대표주자로 활약하고 있다.

❹ 삼성의 패소 후 구글은 애플과 삼성의 이번 소송이 안드로이드의 핵심 부분과 전혀 관련이 없다는 성명을 발표했다. 하지만 외부에서는 애플이 잘나가는 삼성을 [9]꺾으려는 의도가 짙으며 구글과 제휴한 다른 휴대전화와 태블릿PC [10]제조업체에도 위협이 될 것으로 보고 있다.

❺ 애플과 삼성은 원래 긴밀한 협력 파트너였다. [11]예전에 애플의 아이폰과 아이패드는 삼성이 제조한 칩을 사용했다. 그러나 두 업체 간의 스마트폰과 태블릿PC 시장을 둘러싼 경쟁이 과열되면서 애플이 다른 칩 제조업체를 모색하기 시작해 삼성과의 관계에 미묘한 변화가 생긴 것이다.

❻ 애플의 안드로이드에 대한 불만은 오래전부터 있었다. 보도에 따르면 안드로이드가 출시된 날부터 애플의 창업자인 스티브 잡스는 안드로이드가 [12]카피캣이라고 암암리에 비난했다. 안드로이드의 '개방형' 플랫폼은 많은 [13]생산업체를 규합하면서 시장 점유율이 계속 확대되어 현재 애플 iOS의 두 배에 달하게 되었다. 올해 2분기 삼성의 휴대전화 매출량은 약 [14]5천만 대였지만 애플은 이 절반에 불과했다. [15]이런 상황에서 애플이 어찌 자신의 선두자리를 남에게 빼앗기는 것을 보고만 있겠는가?

❼ 이번 소송은 시기적으로 참 묘하다. 새로운 업그레이드 버전인 아이폰5 출시를 앞둔 시점에서 애플의 삼성 공격은 [16]자사의 사기 진작과 경쟁상대 제압이 가능하기 때문이다.

❽ [17]애플의 파상공세 앞에서 삼성은 로열티 지급 혹은 원천기술 확보 중 하나를 선택해 신제품 표절 시비에서 벗어나야 한다. 실제로 작년 애플의 소송 제기 이후 삼성이 수동적 입장에서 벗어나기 위해 제품 디자인에 변화를 주는 등 소송 대비책 마련에 나섰다는 [18]것이 업계의 견해이다.

❾ 애플과 삼성의 [19]특허전은 모든 시장 참여자에게 자신의 특색 없는 맹목적 모방으로는 이 총성 없는 전쟁에서 살아남기 힘들다는 [20]사실을 일깨워 주었다.

1 '6项专利'를 '6개 특허권'이 아닌 '특허 6건'으로 번역한다. 특허의 양사가 '项'임을 기억하자.

2 '퇴출될 수 있다고 판결했다'로도 번역할 수 있다.

3 '媒体'는 '언론/매체/매스컴/미디어'로 번역한다.
　　예) 韩国媒体 한국 언론 혹은 한국 매체 / 媒体界 언론계 / 新闻媒体 언론매체 혹은 매스컴 / 社交媒体 소셜 미디어 / 多媒体 멀티미디어

4 원문은 '世界专利审判'이지만 관련 기사를 참고해 문맥상 '세기의 특허소송'으로 의역했다. '세기의 특허전쟁'으로도 번역할 수 있다.

5 '近两年来'에서 '两'은 '몇'과 '둘'의 두 가지 뜻이 있다. '两'을 약하게 발음하면 '几'의 뜻으로 일정치 않은 수를 나타내며, 강하게 발음하면 '둘'의 뜻이다.
　　예) 两年来 몇 년간(약하게 발음) 혹은 2년 간(강하게 발음) / 给两个 몇 개 주다(약하게 발음) 혹은 2개 주다(강하게 발음)

6 '移动电子设备'에서 '移动'은 '이동하다/모바일', '电子设备'는 주로 반도체를 사용한 '전자 장치/전자 디바이스'라는 뜻이다. 그대로 직역하면 '모바일 전자 장치/모바일 전자 디바이스'인데 실제 IT업계에서는 '모바일 디바이스'란 용어를 주로 쓰기 때문에 '모바일 디바이스'로 번역했다. 참고로 인터넷이나 IT 번역은 영어를 그대로 쓰는 경우가 많다.

7 '안드로이드'에 굳이 '체제' 혹은 '시스템'을 붙이지 않아도 된다. 이미 'iOS'와 '안드로이드'는 스마트폰 운영체제의 대명사로 인식되고 있기 때문이다.

8 '운영체제(OS)가 3파전을 벌이고 있다'로도 번역할 수 있다.

9 '차단하려는'으로도 번역할 수 있다.

10 많은 번역 입문자가 '～商'을 대부분 '～상'으로 번역한다. '制造商'은 '제조상'이 아닌 '제조업체'로 번역한다.
　　예) 出口商 수출업체 / 进口商 수입업체 / 提供商 제공업체

11 원문 순서대로 '예전에 애플의 아이폰과 아이패드가 사용한 칩은 대부분 삼성이 제조했다'라고 번역해도 의미 전달에는 문제가 없다. 하지만 '예전에 애플의 아이폰과 아이패드는 삼성이 제조한 칩을 사용했다'가 더 매끄럽다.

12 '표절작'으로도 번역할 수 있다. 원문 '剽窃之作'에서 '之'는 '的', '作'는 '作品'을 뜻한다.

13 '제조업체'로도 번역할 수 있다.

14 휴대전화의 양사로 '台'를 썼다. '部'를 쓸 수도 있다.

15 원문에는 없지만 문맥상 '이런 상황에서'를 첨가해 번역했다.

16 원문을 직역하면 '새로운 업그레이드 버전인 아이폰5 출시를 앞둔 시점에서 애플의 삼성 공격은 자사의 사기 진작과 경쟁 상대 제압이 가능하다'이다. 하지만 이렇게 번역하면 앞 문장과 연결성이 떨어지므로 '때문이다'를 첨가했다. 원문에서 '长自己的志气，灭他人的威风'은 성어 '长他人志气，灭自己威风'을 응용한 것이다.

17 '애플의 파상공세가 이어지는 가운데 삼성이 표절시비에서 완전히 벗어나려면 방법은 두 가지다. 바로 애플에게 로열티를 지급하거나 원천기술을 확보하는 것이다'로도 번역할 수 있다.

18 '业内人士指出'를 문장 뒤로 도치시켜 '～것이 업계의 견해이다'로 번역했다.

19 '交锋'은 '교전/겨루기'라는 뜻이다. 여기서는 문맥상 '특허전'으로 의역했다.

20 원문의 쌍점(：) 뒤 '如果总是亦步亦趋，没有自身的特色，在这个没有硝烟的战场上将难以站稳脚跟'이 '警钟'에 해당하는 내용이므로 이 문장을 '警钟' 앞으로 도치시켜 관형어(定语)로 만들어 번역했다. 원문을 살려 '경종을 울려주었다'로 번역해도 좋지만 '사실을 일깨워 주었다'가 더 매끄럽다. '警钟'의 양사로 '记'를 쓴 것을 기억하자. 그 밖에 '记'를 양사로 쓴 예시를 살펴보자.
　　예) 给他一记耳光

시사상식 (时事知识)

◆ **操作系统** 운영체제/운영시스템

컴퓨터나 스마트폰의 하드웨어 및 소프트웨어를 종합적으로 관리·제어하는 기본 소프트웨어를 일컫는다. 컴퓨터의 대표적 운영체제로는 윈도우와 리눅스가 있고, 스마트폰은 iOS·안드로이드·윈도우폰 등이 있다.

社交网络现状分析

❶ "人，生来就有社会性。所以借助于互联网的社交网络，将会让世界更加紧密！"说这话的是美国著名社交网络公司Facebook的创始人马克·扎克伯格。这家已在美国上市的互联网公司是迄今为止，全球最为成功的社交网络之一。

❷ 随着互联网的发展以及人类互动和沟通需求的扩展，社交网络和社交媒体开始影响人们的生活。作为一个具有十几亿人口的大国，中国的社交网络也在波涛汹涌中蓬勃向前。那么，社交媒体对于国内互联网市场产生了怎样的意义？中国社交网络又在经历着怎样翻天覆地的变化？

❸ 社交网络即社交网络服务，源自英文SNS(Social Network Service)。社交网络表现形式多种多样，其中博客、论坛和播客发展较早，而微博、社区、QQ空间在最近几年呈现火爆趋势。人们通过这些社交网站或平台进行撰写、分享、评价、讨论、互动和沟通。在社交网络中，意见表达、见解交流、经验分享和观点沟通最为常见。

❹ 可以说，社交网络在互联网的汪洋中如鱼得水，其传播信息之快、范围覆盖之广、分享率之大，无不令人惊叹。社交网络已成为人们使用互联网的重要组成部分，不仅制造了人们社交生活中争相讨论的一个又一个热门话题，更吸引传统媒体争相跟进。如果说，以前了解网络新闻的途径是门户的话，显然今天社交网络已经开始占据主流。

❺ 很多人已经习惯了把信息分享到自己的社交网络中。在国外的网站或者APP应用中，Facebook和Twitter的出现频率和分享程度最高。在国内，来自社会化分享按钮提供商JiaThis和bShare的数据显示，QQ空间以绝对优势稳坐国内社会化分享的龙头位置，新浪微博、腾讯微博占据第二、第三的位置。

<来源：DoNews>

소셜 네트워크 실태 분석

① "인간은 사회적 동물이다. 따라서 인터넷 ¹소셜 네트워크(이하 SNS)를 통해 세상을 더욱 긴밀하게 만들 것이다!" 이는 미국의 유명 SNS 기업 페이스북 창업자인 마크 저커버그가 한 말이다. 미국에서 상장된 이 인터넷 기업은 지금까지 세계에서 가장 성공적인 SNS 중 하나로 손꼽힌다.

② 인터넷이 ²발달하고 ³인간의 ⁴상호교류와 소통에 대한 수요가 커지면서 SNS와 소셜 미디어가 인간의 ⁵생활에 영향을 주기 시작했다. 십수억 명에 달하는 인구 대국인 중국에서도 SNS가 거센 파도 속에 힘차게 약진하고 있다. 그렇다면 소셜 미디어는 ⁶중국 인터넷 시장에 어떤 의미를 ⁷지니는 걸까? 중국 SNS는 어떤 큰 변화를 겪고 있는 걸까?

③ 소셜 네트워크는 소셜 네트워크 서비스를 말하며 영문명은 SNS(Social Network Service)이다. SNS에는 다양한 ⁸형태가 있는데 그중 블로그, 포럼, 팟캐스트는 비교적 일찍 활성화되었고, ⁹마이크로블로그, 커뮤니티, ¹⁰큐존(Qzone)은 최근 몇 년 사이 폭발적 성장세를 보이고 있다. 사람들은 SNS 사이트나 소셜 ¹¹플랫폼을 통해 글을 쓰고, 공유하며 평가하고, 토론과 상호교류 및 소통을 한다. 가장 흔히 볼 수 있는 SNS 활동으로는 ¹²의견표현, 생각교류, 경험공유, 의사소통이 있다.

④ SNS는 인터넷이라는 넓은 바다를 만난 물고기라 할 수 있다. ¹³빠른 정보 전달, 넓은 커버리지, 높은 공유율에 감탄이 절로 나온다. SNS는 우리의 인터넷 이용에 이미 중요한 부분으로 자리 잡았다. 사람들이 생활 속에서 열띤 토론을 벌이는 핫이슈를 잇달아 생산해냄은 물론 ¹⁴전통 매체마저도 앞다투어 그 뒤를 따르고 있다. 과거 인터넷 뉴스를 접하는 경로가 ¹⁵포털사이트였다면 지금은 SNS가 ¹⁶대세임이 ¹⁷확실하다.

⑤ ¹⁸많은 사람이 습관적으로 정보를 자신의 SNS에 공유하고 있다. 외국 사이트 또는 애플리케이션을 보면 페이스북과 트위터의 출현빈도와 공유율이 가장 높다. 중국의 경우, SNS 공유버튼 ¹⁹제공업체인 JiaThis와 bShare의 데이터에 따르면 큐존이 중국 SNS 공유에서 절대적 우위로 왕좌를 굳건히 지키고 있고, 시나 웨이보와 텅쉰 웨이보가 각각 2, 3위를 차지하고 있는 것으로 나타났다.

1 '社交网络'를 '소셜 네트워크'로 번역한 후 '(이하 SNS)'라는 표기를 첨가해 뒤에 나오는 '社交网络'를 'SNS'로 번역했다. '소셜 네트워크'에 관한 자세한 설명은 시사상식을 참고하자.

2 '发展'은 '발전/발달/진보/개발' 등으로 번역한다.

3 '人类'는 '인류/인간'으로 번역한다.
　　예) 人类文化 인류문화 / 文化人类学 문화인류학 / 人类口头 인류구전 / 让人类生活更为丰盛 인류의 삶이 더욱 풍요로워지다 / 联合国人类环境会议 국제연합인간환경회의(UNCHE) / 人类基因图谱 인간게놈지도 / 人类永远是渺小的 인간은 하찮은 존재다

4 '互动'은 '상호 작용을 하다/쌍방향/인터렉티브' 등으로 번역할 수 있다.
　　예) 实现教学互动 학습의 상호 작용을 실현하다 / 互动电视 쌍방향 TV / 互动内容 인터렉티브 콘텐츠

5 '生活'는 '생활/일상/삶'으로 번역한다.

6 '国内'를 '국내'로 번역하면 한국 독자가 볼 때 한국으로 오해할 소지가 있어 '중국'으로 번역했다.

7 '产生'은 '생기다/발생하다'라는 뜻으로 문맥에 따라 다양하게 번역할 수 있다.
　　예) 产生排异反应 거부반응을 일으키다 / 产生鸿沟 갭이 생기다 / 产生怀疑 의심이 생기다 / 产生影响 영향을 미치다 / 产生副作用 부작용을 낳다

8 '形式'는 '형식'이라는 뜻으로 여기서는 문맥상 '형태'로 번역했다.

9 '微博'가 중국의 SNS 브랜드이면 '웨이보', SNS의 유형이면 '마이크로블로그'로 번역한다. 여기서는 SNS의 유형이므로 '마이크로블로그'로 번역했다.

10 '큐존(Qzone)'은 중국 인터넷기업 텅쉰(腾讯·텐센트)이 제공하는 블로그 서비스다.

11 '平台'는 정치·경제·사회 관련 문장에서는 주로 '무대/장/프레임'으로 번역하고, 인터넷·IT 관련 문장에서는 주로 '플랫폼'으로 번역한다. '플랫폼'이란 컴퓨터 시스템의 기반이 되는 하드웨어 또는 소프트웨어를 일컬으며, 응용 프로그램이 실행될 수 있는 기초를 이루는 컴퓨터 시스템을 뜻하기도 한다.
　　예) 构建交流平台 교류의 장을 마련하다 / 基于~平台 ~의 프레임에 기초하여 / 软件评测平台 소프트웨어 테스트 플랫폼 / 支付平台 결제 플랫폼

12 풀어서 번역하는 것보다 명사형으로 만들어 '의견표현, 생각교류, 경험공유, 의사소통'으로 번역하는 게 문장도 간결하고 의미 전달도 명확하다. 번역은 정확하면서 간단명료하게 하는 것이 좋다.

13 번역문처럼 명사형으로 만들어 번역하는 게 좋다.

14 '기존'으로도 번역할 수 있다. '传统'은 '전통(적이다)/기존/재래/보수적이다' 등으로 번역한다.
　　예) 传统文化 전통문화 / 传统的新闻媒体 전통 언론매체 혹은 기존의 언론매체 / 传统市场 전통시장 혹은 재래시장 / 我的爱情观很传统 나의 애정관은 보수적이다

15 '如果'를 무조건 '만약 ~라면'으로 번역할 필요는 없다. '만약'을 생략하고 번역문처럼 '포털사이트였다면'으로만 번역해도 가정문의 의미가 충분히 산다.

16 '主流'는 '주류/주된 흐름/대세' 등으로 번역한다.

17 '显然'을 뒤로 도치시켜 '확실하다'로 번역했다. 비슷한 사례로 많은 번역 입문자가 '无疑/毋庸置疑'를 무조건 '의심할 바 없이'로 번역하는데 '~이 분명하다/분명한 것은'으로 번역하는 게 훨씬 낫다.

18 '很多人'을 뒤로 도치시켜 '습관적으로 정보를 자신의 SNS에 공유하는 사람이 꽤 많다'로도 번역할 수 있다. 여기서 '分享'은 마음에 들거나 관심 있는 정보를 자신의 SNS로 퍼 담아가 공유한다는 뜻으로 쓰였다. 참고로 '分享'은 '나눔/나누다/공유(하다)' 등으로 번역한다.
　　예) 幸福大分享活动 행복대나눔 캠페인 / 分享成功经验 성공사례를 나누다 / 分享信息 정보를 공유하다

19 '苹果与三星的战争'에서 언급했던 것처럼 '提供商'을 '제공상'이 아닌 '제공업체'로 번역한다.
　　예) 生产商 생산업체 / 制造商 제조업체 / 供应商 공급업체 / 服务商 서비스업체 / 移动运营商 이동통신사업자

시사상식(时事知识)

◆ **社交网络** 소셜 네트워크/SNS

소셜 네트워크 서비스(**社交网络服务**)라고도 한다. 인터넷에서 친구·선후배·동료 등 지인과의 관계를 강화하고 또 새로운 인맥을 쌓으며 폭넓은 인적 네트워크를 형성할 수 있는 서비스를 일컫는다. 초기에는 주로 친목도모·엔터테인먼트 용도로 활용되었으나 이후 비즈니스·정보공유 등 생산적 용도로 활용하는 경향이 생겨났다. 최근 인터넷 검색보다 SNS를 통하여 최신 정보를 찾고 이를 활용하는 사람들도 많아졌다. 대부분 지인으로 연결되어 있어 일반 검색을 통해 찾는 정보보다 친구의 추천으로 공유하는 정보가 신뢰성이 높고 또 간편하게 전달되기 때문이다. 한국의 대표 SNS로는 카카오톡 등이 있으며, 해외 유명 SNS로는 트위터·페이스북·웨이보 등이 있다. 잘 알려진 SNS 명칭들은 다음과 같다.

- **微博** 웨이보(중국판 트위터)
- **推特** 트위터
- **飞信** 페이신(중국판 카카오톡)
- **微信** 웨이신(중국판 카카오톡)
- **脸谱/脸书** 페이스북

◆ **社交媒体** 소셜 미디어

소셜 미디어는 웹 2.0 기술에 기반한 대인 관계를 지향하는 서비스를 일컫는다. 소셜 네트워크 서비스(SNS)와 혼용되어 사용되지만, 두 용어를 구분하자면 소셜 미디어가 더 포괄적인 의미를 갖는다.

◆ **应用** 응용 프로그램/애플리케이션

중국어로 **应用程序/应用软件**이라고도 하며 특정한 업무를 수행하기 위해 고안된 일련의 컴퓨터 프로그램 집합을 일컫는다. 요즘에는 주로 스마트폰 전용 앱을 지칭한다.

◆ SNS 관련 용어

용어	웨이보	트위터
타임라인 글쓰기	发表	推发
팔로우	加关注	关注
팔로잉	关注	正在关注
팔로워	粉丝	关注者
코멘트/리플	评论	回复
리트윗(RT)/퍼가기	转发	转发
관심글 담기	收藏	收藏
SNS 혹은 메일로 보내기/공유하기	分享	分享

"网络钓鱼"频现打击加大 网民应注意信息保护

❶ 近年来，"网络钓鱼"已成为一种新型的网络诈骗行为，它是指通过欺骗性的电子邮件和伪造的网络站点等手段来进行网络诈骗活动，受骗者往往会泄露自己的私人资料，如信用卡号、银行卡账户、身份证号等内容。诈骗者通常会将自己伪装成网上银行、在线零售商和信用卡公司等可信的品牌，骗取用户的私人信息，进而盗窃其财产。"网络钓鱼"已给互联网健康发展带来了严重损害，应把其作为互联网治理的重点对象之一。

❷ 根据艾瑞咨询的统计数据显示，2011年第三季度中国支付行业网上支付业务交易规模达到6155亿元，同比增长130.7%，环比增幅达到34.8%。

❸ 互联网支付业务交易规模的不断增长，也为黑客"网络钓鱼"提供了更多机会。据中国反钓鱼网站联盟公布，2011年上半年认定并处理的钓鱼网站达18782个，与2010年同期相比增长近两倍。

❹ 而中国互联网络信息中心发布的报告也显示，2011年上半年，遭遇过病毒或木马攻击的网民为2.17亿人，占网民的44.7%。有过账号或密码被盗经历的网民达1.21亿人。有8%的网民于调查前的半年内在网上遇到过消费欺诈。

❺ 近年来，从传统的电话、传真，到电子邮件、QQ、MSN等即时通讯软件，再到社交网站、微博，越来越多的网络交流平台载体，都成为黑客进行"网络钓鱼"，诱使网民上当受骗的重要工具。

❻ 针对"网络钓鱼"案件频现，不但每个网民要重视联系方式、身份证号码、银行卡信息等个人信息的保护，还需相关机构和部门加大打击力度。

❼ 专家指出，在网购过程中，网民一定要提高自身的网络安全意识，如果遇到需要输入账号、密码的环节，交易前一定要仔细核实网址是否准确无误。同时，网购用户应安装相关网络防护产品，要及时升级自己的杀毒软件，全面防护电脑安全，有效防止各类网络钓鱼和欺诈行为。

<来源：瞭望新闻周刊>

빈발하는 '인터넷 피싱' 단속 강화…네티즌 정보보호 유의해야

① 최근 [1]'인터넷 피싱'이 [2]신종 [3]온라인 사기 수법으로 [4]등장했다. [5]'인터넷 피싱'이란 사기성 이메일과 가짜 웹사이트 등을 통해 사이버 사기 [6]행각을 벌이는 것을 말하며, [7]신용카드 번호·은행카드 계좌번호·주민등록번호 등 피해자의 개인정보가 유출되는 것이 [8]보편적이다. [9]가해자는 주로 인터넷 뱅킹·온라인 [10]쇼핑몰·신용카드사 등 공신력 있는 브랜드로 위장해 이용자의 개인정보를 빼내어 금품을 편취한다. '인터넷 피싱'은 [11]건강한 인터넷 발전에 심각한 피해를 초래하므로 [12]인터넷 정화의 중점대상으로 삼아야 한다.

② 아이리서치(iResearch)의 통계데이터에 따르면 2011년 3분기 중국 결제업의 온라인 [13]결제서비스 [14]거래 규모가 6155억 [15]위안으로 전년도 동기 대비 130.7% 증가, 전분기 대비 34.8% 증가한 것으로 나타났다.

③ 온라인 결제서비스 거래규모의 꾸준한 증가는 해커의 '인터넷 피싱'에도 더 많은 [16]빌미를 제공했다. 중국 반피싱사이트연맹은 2011년 상반기 [17]적발 및 처벌된 피싱 사이트가 1만 8782곳으로 2010년 동기 대비 [18]3배 가량 증가했다고 발표했다.

④ 중국인터넷정보센터(CNNIC)가 발표한 보고서에서도 2011년 상반기 바이러스나 트로이목마 공격을 당한 네티즌이 2억 1천7백만 명으로 전체 네티즌의 44.7%를 차지했다. 아이디(ID)나 비밀번호를 탈취당한 네티즌은 1억 2천1백만 명, 조사 전 6개월 동안 소비 관련 온라인 사기를 당한 네티즌은 8%에 달하는 것으로 집계됐다.

⑤ 최근 기존의 전화·팩스에서부터 이메일과 QQ·MSN 등의 메신저, 그리고 SNS·[19]웨이보(微博·중국판 트위터)까지 갈수록 다양해지는 인터넷 교류 플랫폼은 해커가 '인터넷 피싱'으로 네티즌을 현혹해 사기를 치는 주요 [20]수단이 되었다.

⑥ 빈번하게 발생하는 '인터넷 피싱' 사건에 맞서 네티즌 개개인이 연락처·주민등록번호·은행카드 정보 등 개인정보 보호에 유의해야 함은 물론 관련기관과 [21]부처의 [22]단속 강화도 반드시 필요하다.

⑦ 전문가는 온라인 쇼핑 시 네티즌 스스로 인터넷 보안의식을 강화해야 하며 [23]아이디와 비밀번호를 입력해야 할 경우 거래 전에 사이트 주소가 정확한지 반드시 꼼꼼히 확인할 것을 당부했다. 또한 온라인 쇼핑 이용자는 인터넷 보안 제품을 설치하고 제때에 백신 프로그램을 [24]업데이트하여 컴퓨터 보안에 만전을 기울임으로써 각종 인터넷 피싱과 사기 행각을 효과적으로 예방해야 한다.

1 여기서 '钓鱼'는 개인정보를 불법적으로 알아내 이를 악용하는 사기수법 '피싱'을 뜻한다. 관련 용어로 '钓鱼电话(전화금융사기/보이스피싱)'와 '钓鱼短信(휴대전화 소액결제 사기/스미싱)'이 있다. 그 밖에 '网络'는 '인터넷/온라인/사이버/네트워크' 등으로 번역한다.

   예) 网络钓鱼 인터넷 피싱 / 网络购物 온라인 쇼핑 / 网络犯罪 사이버 범죄 / 家庭网络技术 홈네트워킹 / 中国青少年网络协会
   (青网协) 중국청소년네트워크협회

2 '新型'은 '신형/신종' 등으로 번역한다.

3 '인터넷 사기 수법'으로도 번역할 수 있다. '行为'를 무조건 '행위'로 번역하지 않도록 유의한다.

4 '成为'는 '~이 되다/~으로 자리 잡다/~으로 부상하다/~으로 성장하다' 등으로 번역한다. 여기서는 문맥상 '등장했다'로 번역했다. '成为'에 대한 자세한 설명은 핵심구문을 참고하자.

5 중한번역에서 지시대명사를 그대로 번역하면 의미 전달이 미흡한 경우가 있다. 이럴 때는 적절한 대체어를 사용해 번역하면 좋다. 따라서 '它'를 '인터넷 피싱'으로 대체해 번역했다.

6 '活动'을 '활동'이 아닌 '사기'와의 호응을 고려해 '행각'으로 번역했다.

7 '穆迪上调韩国主权评级'에서 한국어는 체언을 수식하는 관형어(定语)가 발달한 언어라고 언급한 바 있다. 이를 고려해 '信用卡号、银行卡账户、身份证号等内容'을 '自己的私人资料' 앞으로 도치시켜 '관형어+체언' 형식으로 만들어 번역했다. '如' 뒤에 열거되는 단어나 문장들은 '如' 앞에 있는 단어를 수식하는 관형어로 만들어 번역하면 문장이 훨씬 매끄럽고 한국어 문장답다. 그 밖에 '银行卡账户'는 '은행카드 계좌번호'로 번역했지만 한국의 계좌번호 개념과 다르다는 것을 명심하자. 은행카드 자체의 계좌번호를 말하며 여기에 돈을 입금해야만 카드를 사용할 수 있는 일종의 체크카드다.

8 '往往'은 '자주/흔히/종종'이라는 뜻으로 어떤 일이 규칙적으로 자주 일어났음을 나타내는 부사다. 따라서 '~가 보편적이다/~인 편이다/~하곤 했다' 등으로 번역할 수 있다.

9 '诈骗者'는 '사기꾼'이라는 뜻으로 문맥상 '가해자'로 번역했다. 앞 문장의 '受骗者'도 '사기피해자'라는 뜻으로 문맥상 '피해자'로 번역했다.

10 '零售商'은 '소매업체/(백화점·마트·편의점 등의) 유통업체' 등으로 번역한다. 원문의 경우 앞에 있는 '在线'과 호응하는 것을 고려해 '零售商'을 '쇼핑몰'로 의역했다.

11 '健康'은 '건강(하다)/건전하다' 등으로 번역한다.

12 '之一'는 '~중의 하나이다'로 번역하나 때로는 생략할 수 있다. '治理'는 '통치하다/다스리다/관리하다/정비하다/정화하다' 등으로 번역한다.

   예) 治理边疆 변경을 통치하다 혹은 관리하다 / 治理国家 국가를 다스리다 / 治理河水 하천을 정비하다 / 治理网络环境 인터넷 환경
   을 정화하다 / 全球治理 글로벌 거버넌스

13 '业务'는 '업무/서비스'로 번역하며 금융 분야에서는 '서비스'로 번역하는 경우가 많다.

   예) 恢复国内保险业务 국내 보험서비스 재개 / 开展人民币业务 위안화 서비스 제공

14 많은 번역 입문자가 '交易'를 무조건 '교역'으로 번역한다. '거래'로도 번역할 수 있음을 명심하자.

   예) 期货交易 선물거래 / 房地产交易价格 부동산거래가격 / 纽约商品交易所 뉴욕상품거래소

15 '元'을 '원'으로 번역하지 말자. '韩元'은 '원'으로 번역하고 '元'은 '위안'으로 번역한다. 참고로 '元'은 외래어 표기법에 따라 '위엔'이 아닌 '위안'으로 표기한다.(부록 참고)

16 원문에서 '机会'가 악용되는 기회를 의미하므로 문맥상 '빌미'로 의역했다.

17 '认定并处理'를 '인정 및 처리한'으로 직역하면 원문의 의미가 제대로 전달되지 않아 '적발 및 처벌된'으로 의역했다.

18 '배수 증가'에 대한 한국어와 중국어의 개념 차이가 있는 점에 유의하자. 예를 들어 100이 400으로 증가했다면 한국어는 '4배 증가했다/4배가 되었다'고 말한다. 하지만 중국어는 '증가'에 대한 개념이 달라서 표현법이 다르다. '增加了三倍/增加到四倍'라고 말한다. '增加了三倍'에서 '了'는 원래 수치에서 증가한 것을 의미한다. 따라서 100에서 400이 된 것은 원래 수치인 100에서 300만큼이 증가한 것이기 때문에 3배가 증가한 것으로 여겨 '增加了三倍'로 쓴다. 즉 '增加三倍'는 한국어 개념으로 '기존의 4배'를 의미한다. '增加几倍'는 '增长几倍/大几倍/多几倍/增大几倍/高出几倍'로도 쓸 수 있다. 반면 '增加到四倍'는 '是四倍/为四倍'로 한국어 개념으로 '기존의 4배'를 의미한다. 따라서 한국식 배수로 표현하고 싶으면 '增加到几倍'를 쓰자. 원문처럼 '增长几倍'가 나올 경우, 중국식 배수로 계산해서 번역해야 하는 것을 잊지 말자. 따라서 여기서는 '3배 가량 증가했다' 혹은 '3배 가량이 된다'로 번역해야 한다.

19 여기서 '微博'는 중국의 SNS 브랜드인 '웨이보'를 뜻한다. 한국 독자의 이해를 돕기 위해 '(微博 · 중국판 트위터)'를 첨가해 번역했다. 이런 경우 괄호 안에는 중국어(간체자)가 아닌 한자(정체자)를 표기한다.

20 '工具'는 '도구/수단' 등으로 번역한다.

21 '部门'은 정부 조직일 경우 '부처', 기업 조직일 경우 '부서'로 번역한다.

22 '打击'는 '타격(을 주다)/공격(하다)/단속(하다)/소탕(하다)' 등으로 번역한다.

　예) 致命性的打击 치명적인 타격 혹은 치명타 / 先发制人的打击 선제공격 / 打击盗版 해적판을 단속하다 혹은 불법복제물을 단속하다 / 打击网络恐怖活动 사이버 테러를 소탕하다

23 '环节'는 '마디/일환/단계/부분'으로 번역하며 여기서는 '단계'에 해당하는 의미로 생략해 번역했다.

24 '升级'는 원래 '업그레이드하다'라는 뜻이지만 '要及时升级自己的杀毒软件'에서 '升级'는 버전 업의 의미이므로 문맥상 '업데이트'로 번역했다.

시사상식 (时事知识)

◆ 网络钓鱼 인터넷 피싱

이메일이나 메신저를 이용해 신뢰할 수 있는 사람 혹은 기업이 보낸 메시지인 것처럼 위장하여 신용카드 정보나 개인정보 등을 탈취하는 것을 일컫는다. 피싱이란 용어는 미끼를 이용해 사용자의 금융 정보와 비밀번호를 낚는다는 데서 유래되었다. 이 밖에 피싱 범죄로 전화금융사기인 보이스 피싱과 휴대전화 소액결제 사기인 스미싱이 있다.

◆ 特洛伊木马/木马 트로이목마

자료삭제 · 정보탈취 등 사이버 테러를 목적으로 사용되는 악성 프로그램이다. 이 프로그램의 이름은 그리스 병사들이 상대편이 눈치채지 못하게 목마 속에 몰래 숨어들어 트로이를 멸망시킨 것을 비유하여 명명되었다.

2013年全球恐爆粮荒 粮食供需逼临界点

① 受热浪及旱灾等反常气候影响，美国、乌克兰及其他粮食出口国今年产量大跌，使全球粮食储备跌至危险水平，粮价急飙升也令贫困地区局势愈趋不稳。联合国警告，若全球粮食持续"入不敷出"，明年恐爆发新一轮粮食危机。有专家还指出，粮食已成为"新石油"，生产粮食的土地则好比黄金，未来各国政治角力会以粮食为核心。

② 以今年干旱严重的美国为例，当地玉米储备仅够3周供给，是1974年以来最低，无法应付突发情况。美国今年玉米产量较去年减少15%，但仍有四成用作生物燃料，使粮食供给更紧张。

③ 全球粮食消耗量在过去11年内有6年高于产量，使各国粮食储备从10年前平均足以应付107日，急降至近期的74日。出口国产量大减，连带进口国家也面对价格急升的难题。全球粮价在过去10年间翻了一番，上月升幅也有1.4%，目前小麦及玉米等主粮价格已迫近2008年造成25国动乱、爆发粮食危机时水平。

④ 美国地球政策研究中心主席布朗指出，气候不再可靠，粮食需求又因人口增长而持续上升，全球粮食供需将达临界点。因主粮价格急升，数百万人转而消耗更多牲畜，变相动用更多谷物及土地。有机构上周警告，小麦及稻米等主粮价格在未来20年可能倍增，严重威胁贫困人口。

⑤ 布朗认为，粮价续升加上饥荒时有发生，将令政局更不稳，粮食及土地将成为左右地缘政治的新力量。他补充，气温每上升1摄氏度，粮产就减少10%，地球温度在本世纪将上升6摄氏度，各国政府应尽快改善全球变暖问题。

⑥ 联合国食物权利特别报告员德舒特表示，全球粮价已达危险水平，且波幅太大，应采取即时措施稳定粮价。联合国粮食及农业组织将开会，讨论如何防范粮价过高，以免期货市场爆发危机。

<来源：羊城晚报>

2013년 세계 식량난 가능성…식량수급 임계점 근접

폭염과 가뭄 등 이상기후의 영향으로 [1]미국, 우크라이나 등 식량수출국의 올해 생산량이 급감했다. [2]이로 인해 세계 식량 비축량이 위험 수준으로 떨어지고 곡물가의 급등으로 빈곤지역의 정세도 갈수록 불안해지고 있다. [3]유엔(UN)은 세계 식량수급의 [4]'마이너스' 현상이 지속될 경우 내년에 새로운 [5]식량위기가 발발할 가능성이 있다고 경고했다. 한 전문가는 식량이 이미 '신석유'로 부상했고 [6]경작지가 금과 맞먹을 정도라면서, 향후 각국의 정치적 각축전이 [7]식량을 [8]둘러싸고 벌어질 것이라고 지적했다.

올해 가뭄이 심각했던 미국의 경우, [9]현지 옥수수 비축량이 1974년 이후 최저치인 3주분에 불과해 긴급상황에 대처할 수 없는 실정이다. 올해 미국의 옥수수 생산량이 작년보다 15% 감소한데다가 40%가 바이오 연료 용도로 쓰여 식량공급이 더욱 어려워졌다.

지난 11년 중 6년 동안 세계 식량 소비량은 생산량을 초과했고, 이로 인해 각국의 식량 비축량은 10년 전 평균 107일분에서 최근 74일분으로 급격히 줄어들었다. 수출국의 생산량 급감으로 관련 수입국도 가격급등의 어려움에 직면했다. 세계 곡물가는 [10]지난 10년 동안 [11]2배로 뛰었고 지난달에는 1.4%의 상승폭을 보였다. 현재 밀과 옥수수 등 주요 곡물 가격은 전 세계 25개국에서 폭동이 일어난 2008년 식량위기 수준에 근접했다.

레스터 브라운 미국 지구정책연구소(EPI) [12]소장은 "더는 날씨를 믿을 수 없다. 인구증가에 따른 식량수요가 계속 늘어나면서 세계 식량수급이 곧 임계점에 다다를 것이다. 주요 곡물 가격이 급등하자 [13]수백만 명의 가축 소비가 더욱 늘어나 오히려 많은 곡물과 토지를 유용하고 있다"고 지적했다. 지난주 한 기관은 밀과 쌀 등 주요 곡물 가격이 향후 20년 동안 배로 올라 빈곤층을 크게 위협할 것이라고 경고했다.

브라운 소장은 곡물가의 지속적인 상승과 간간이 발생하는 기근이 겹쳐 정국이 더욱 불안해질 것이며 식량과 토지가 지정학적 패러다임을 좌지우지하는 새로운 힘이 될 것이라고 내다봤다. 그는 기온이 1℃ 상승할 때마다 [14]식량생산이 10%씩 감소하는데 [15]21세기에 지구 온도가 6℃ 상승할 것이므로 각국 정부는 지구온난화 문제를 조속히 개선해야 한다고 덧붙였다.

올리비에 드 슈터 유엔 식량권 특별보고관은 국제 곡물가가 이미 위험 수준이고 변동폭도 크므로 곡물가 안정을 위한 조치를 즉각 취해야 한다고 밝혔다. 유엔식량농업기구(FAO)는 회의를 소집해 [16]선물시장에 위기가 발생하지 않도록 곡물가의 과도한 인상을 막을 대책을 논의할 예정이다.

1 '美国、乌克兰及其他粮食出口国'에서 '及其他'를 '등'으로 번역해 '다른 식량수출국'의 의미를 포함시켰다. '식량수출국'은 '곡물수출국'으로도 번역할 수 있다. '粮食'은 '식량/곡물'로 번역하며 여기서는 문맥에 맞춰 번역했다. 일반적으로 '粮食危机'는 '식량위기', '粮价'는 '곡물가'로 번역하니 참고하자.

2 '美国、乌克兰及其他粮食出口国今年产量大跌，使全球粮食储备跌至危险水平'처럼 앞뒤 문장이 '使'를 중심으로 길게 연결되는 경우, 문장부호와 구조를 그대로 살려서 번역하면 만연체가 될 수 있다. 이런 경우에는 '使'의 선행절에서 한번 끊어준 후 '使'를 '이로 인해/이 때문에'와 같은 연결사로 대체해 번역하면 문장이 간결하고 연결도 매끄러워진다.

3 번역 입문자 중 '联合国'를 '연합국'으로 번역하는 경우가 종종 있다. '联合国'는 중요한 국제기구이다. 많은 단어를 접하고 숙지해서 이런 오류를 범하지 않도록 하자.

4 '入不敷出'는 '수입보다 지출이 많다'라는 뜻으로 직역하면 매끄럽지 않은 경우가 종종 있다. '마이너스' 혹은 '공급부족'처럼 문맥에 맞게 의역하는 것이 좋다. 여기서는 '세계 식량수급이 계속 '공급부족'일 경우'보다 '세계 식량수급의 마이너스 현상이 지속될 경우'가 더 매끄럽다.

5 '곡물파동'으로도 번역할 수 있다.

6 '生产粮食的土地'는 '식량을 생산하는 토지'라는 뜻이므로 간결하게 '경작지'로 번역했다.

7 '곡물'로도 번역할 수 있다.

8 여기서는 '以粮食为核心'을 '식량을 핵심으로' 혹은 '식량을 중심으로'라고 직역하는 것보다 '식량을 둘러싸고'로 의역하는 것이 더 매끄럽다.

9 '当地玉米储备仅够3周供给，是1974年以来最低'의 경우, '현지 옥수수 비축량이 3주분에 불과하며 1974년 이후 최저치로'보다는 '현지 옥수수 비축량이 1974년 이후 최저치인 3주분에 불과해'로 번역하는 것이 훨씬 매끄럽다. 문장 순서대로 번역하면 만연체가 되어 문장이 늘어지는 경우가 있다. 이럴 경우 문장 순서를 도치시켜 번역하는 방법을 시도해보자.

10 '과거 10년'이 아닌 '지난 10년'으로 번역한다.

11 '翻了一番'은 '1배가 되었다'가 아닌 '2배가 되었다'로 번역해야 한다. '翻了一番'에 대한 자세한 설명은 핵심구문을 참고하자.

12 '主席'를 무조건 '주석'이라고 번역하지 말자. '主席'는 시진핑 주석과 김일성 주석 외에는 '회장/이사장/총재/의장/위원장' 등으로 번역한다. 참고로 중국어는 '소속+직책+인명' 순이며 한국어는 '인명+소속+직책' 순이다.

13 '数百万人转而消耗更多牲畜，变相动用更多谷物及土地'에서 '变相动用'은 곡물과 토지를 기존 용도가 아닌 다른 용도(더 많은 가축을 기르기 위한 용도)로 이용했다는 걸 의미한다. 따라서 직역하지 않고 '다른 데로 돌려쓴다'라는 뜻의 동사 '유용하다'로 번역했다.

14 '곡물생산'으로도 번역할 수 있다.

15 '美国再开印钞机'에서 '世纪'의 번역에 대해 언급한 바 있다. 여기서는 문맥상 '21세기'라고 번역하는 것이 매끄럽다.

16 '以免'은 '~하지 않기 위해서/~하지 않도록'이라는 뜻이다. 구문 'A，以免B'의 번역 방법은 두 가지가 있다. 순서대로 'A를 함으로써 B하지 않도록 하다'로 번역하거나 순서를 도치시켜 'B하지 않도록 A를 하다'로 번역한다.

시사상식 (时事知识)

◆ 反常气候 이상기후

기온과 강수량 등이 정상 수준을 벗어난 상태를 일컫는 것으로 현재 가장 심각한 이상기후는 온난화 현상이다. 지구가 온난화되면 사막은 더 건조해지고 비가 오는 지역은 강수량이 더 많아진다. 적도 부근 태평양의 수온이 높아지는 엘니뇨(厄尔尼诺) 현상과 수온이 낮아지는 라니냐(拉尼娜) 현상도 각종 이상기후를 일으키는 원인이다.

◆ 生物燃料 바이오연료

바이오매스(生物质·에너지원으로 이용되는 식물과 미생물)로부터 얻는 연료로 살아있는 유기체뿐만 아니라 동물의 배설물 등 대사활동에 의한 부산물을 모두 포함한다. 바이오연료는 신재생에너지이며 바이오알코올과 바이오디젤을 합해 지칭하는 말로도 사용된다. 바이오연료 사용을 위해 미국은 콩과 옥수수를, 유럽은 아마씨나 평지씨 등을 재배하며 가정이나 산업체의 유기물 쓰레기를 바이오연료로 전환해 사용하기도 한다. 아직은 바이오매스를 태워서 열에너지를 얻는 방법이 일반적이지만, 자동차 연료와 전기 생산을 위한 연료로 전환하는 데 기술개발이 집중되고 있다. 바이오연료는 이산화탄소 방출의 주범인 화석연료를 대체할 수 있는 신재생에너지로 각광받고 있지만, 이를 만들기 위해 많은 곡물을 소비하기 때문에 전 세계 식량위기를 야기하는 원인으로 지목받고 있다.

◆ 期货 선물

장래의 어떤 시점에 현물을 넘겨준다는 조건으로 매매 계약을 하는 거래 종목을 일컫는다.

中韩都应珍惜20年来的不易

8月24日是中韩建交20周年，回想1992年8月24日中韩建交之时，中国许多人都不了解韩国。在中国当时出版的世界地图里，韩国和朝鲜是用一个颜色表示，首都是平壤，这曾引起韩国一些外交官的不满。二战结束后，韩国从一个资源贫乏、经济荒敝的农业小国一跃成为人口5000万，人均国民收入超过2万美元，多项产业领先世界（电子、造船、汽车）的现代中等强国。在大型企业体制及经营管理改革、经济布局与地区均衡发展、培育"韩流文化"、提升国家软实力等方面均取得较大成果。

韩国引起我关注并令我感动的是在1997年亚洲金融危机时，韩国全国民众自发地组织起来，有钱出钱，有力出力，排队捐金献银，有的女士当场取下耳环和摘下项链。这让世人对韩国的民族精神留下深刻印象。

随着近20年中国经济和综合国力的迅速增长，中韩两国国民心态从建交初，韩国具有优越感逐渐趋向双方平衡。两国国民看待对方的观点，通过各种频繁交流逐渐细化和深入，进入了显微镜和放大镜过渡时期，双方民众、学者在历史、地缘政治问题都有着不同的观点，这是无法回避的客观事实，中韩两国是近邻，有不同的意见也很正常。中韩双方应该进一步加强交流，求同存异。

笔者认为，历史上，朝鲜半岛当局遭到日本入侵时，中国应半岛当局者邀请出兵、出钱、出力，与朝鲜半岛军民共同浴血奋战，抗击日本侵略者和反叛势力，为维护半岛稳定尽到一个大国应有的责任，并且事后都迅速撤兵，没有派军队长期驻守。历史无法改变，双方可以各保留观点，但掌握历史是为了更好地把握中韩共同发展的未来和机遇，切忌被双方的短视和狭隘的民族主义干扰，被第三方势力有机可乘、破坏中韩友好大局。

我们都要团结起来向前看，都应该学习、欣赏彼此的优点、成绩、发展成果和尊重对方的民族自尊心，中韩也应共同呵护东亚和平的大局。对于一些敏感问题可否通过双方学者、民间私下交流找到共识后再进行公开发表。

中韩几千年的交流是和平友好互助的，双方都应以史为鉴，以发展的眼光看对方。从长远角度来看，双方趋向客观、冷静、平衡、现实、相互再认识，中韩关系通过阶段性磨合必将更加成熟、健康、稳定。祝中韩两国友好源远流长。

<来源：环球时报>

한중 양국, 20주년의 귀중함을 알아야

[1]올해 8월 24일은 한중 수교 20주년이 되는 날이다. [2]1992년 8월 24일 양국 수교 당시만 해도 많은 중국인이 한국을 잘 몰랐다. 당시 중국이 출간한 세계지도에는 한국과 [3]북한이 같은 색으로 표시되고 평양이 수도로 표기되어 [4]한국 외교관들의 불만을 야기했었다. 제2차 세계대전이 종식된 후 한국은 자원이 부족하고 경제가 취약한 작은 농업국가에서 인구가 5000만, 1인당 국민소득이 2만 달러가 넘는 [5]세계적인 산업(전자·조선·자동차) 선도국인 [6]중강국으로 발돋움했다. 대기업 체제 및 경영관리 개혁, 경제와 지역의 균형발전, '한류문화' 육성, 국가 소프트파워 향상 등에서 큰 성과를 거두었다.

[7]필자가 [8]한국에 관심을 갖고 감명을 받게 된 건 1997년 [9]IMF 위기 때 한국인들이 모두 자발적으로 돈과 힘을 보태며 줄을 지어 금과 은을 내놓고, 어떤 [10]여성들은 현장에서 [11]귀걸이와 목걸이를 풀어 기꺼이 나라에 바친 모습 때문이었다. 이러한 한국인의 민족정신은 세계인들에게 깊은 인상을 남겨주었다.

약 20년간 중국의 경제와 [12]국력이 빠르게 성장하면서 한중 양국의 국민 정서가 수교 초기 한국이 우월감을 갖던 쪽에서 양국이 균형을 이루는 쪽으로 점차 변화했다. 양국 국민이 서로를 바라보는 시각도 빈번한 교류를 통해 섬세해지고 심화되면서 [13]'현미경'과 '돋보기'가 공존하는 과도기로 접어들었다. [14]이런 과정에서 양국 국민과 학자들이 역사적·지정학적 문제에 대한 견해차가 있는 것은 필연적이며, 이웃 국가인 한중 양국 사이에 이견이 존재하는 것도 지극히 정상이다. 한중 양국은 교류를 한층 더 강화하고 구동존이(求同存異·같은 점을 추구하되 차이점을 인정하다)의 정신을 지향해야 한다.

필자는 역사적으로 한반도가 일본의 침략을 당했을 때 중국이 한반도 [15]치정자들의 요청을 받아들여 파병하고 자금과 힘을 보태 우리군 그리고 국민과 함께 처절한 전투를 치러 일본 침략자와 변절 세력을 물리침으로써 한반도 안정 수호에 대국의 책임을 다했다고 생각한다. 그리고 사태가 마무리된 후 중국은 신속히 철군하여 파병군을 한반도에 장기 주둔시키지 않았다. 역사는 바뀌지 않는 법이다. 양국은 각자의 [16]입장을 유지하되 한중 공동발전의 미래와 기회를 더욱 잘 이용하기 위해 역사를 잘 파악해야 한다. 서로의 좁은 안목과 편협한 민족주의에 사로잡혀 제3세력에 빌미를 주고 한중우호의 대세를 그르쳐서는 안 된다.

우리는 단결하고 미래를 지향해야 한다. 서로의 장점·업적·발전성과를 배우고 [17]지지하며 상대방의 민족적 [18]자존감을 존중해야 한다. 또한 한중 양국은 동아시아 평화를 함께 수호해야 한다. 일부 민감한 문제는 양국의 학계 및 민간교류를 통해 공감대를 이룬 후에 공개 발표를 할 수도 있지 않은가?

한중 양국은 수천 년 동안 평화·우호·공조의 교류를 이어왔다. 양국은 역사를 귀감 삼아 발전의 시각으로 서로를 바라봐야 한다. 장기적으로 볼 때 양국은 객관적·이성적·균형적·현실적·상호재인식의 방향으로 나아가고 있다. [19]한중 양국은 단계적인 적응시기를 거쳐 더욱 성숙하고 건강하며 안정적인 관계로 반드시 거듭날 것이다. 한중 양국의 [20]우호관계가 오래오래 지속되길 기원한다.

1 원문에는 없지만 문맥상 '올해'를 첨가해 20주년이 되는 해를 명확히 했다.

2 '1992년 8월 24일 양국이 수교를 맺던 때를 회상해보면 많은 중국인이 한국을 잘 몰랐었다'보다는 '回想'을 생략해 번역하는 것이 더 매끄럽다.

3 번역 입문자의 경우 '朝鲜'을 '조선', '朝鲜半岛'를 '조선반도'로 번역하는 오류를 종종 범한다. 각각 '북한'과 '한반도'로 번역하자.

4 '一些'를 '외교관들'로 번역해 의미를 살렸다.

5 원문의 경우 '多项产业领先世界(电子、造船、汽车)'를 '세계적인 산업(전자·조선·자동차) 선도국'처럼 '관형어+체언' 형식으로 만들어 번역하면 전체 문장의 전개가 간결하고 매끄러워진다.

6 '중강국'은 중진국과 강국 사이의 개념이다.

7 '我'를 문맥상 '필자'로 번역했다.

8 '한국이 나의 관심을 불러일으키고 감동받게 만든 건'으로 직역하지 말자. 많은 번역 입문자가 '让人~', '令人~'을 '사람으로 하여금 ~하게 하다/~를 ~하게 만들다'로 번역하는데 지양해야 할 번역이다. 다음 예시문처럼 '人'을 과감히 생략하고 번역하자.
   예) 让人大失所望 크게 실망시키다 혹은 무척 실망하다 / 令人期待 기대된다

9 'IMF 사태/아시아 금융위기/아시아 외환위기'로도 번역할 수 있다. 한국에서는 'IMF 위기' 혹은 'IMF 사태'라는 말로 통용된다.

10 '女士'는 '妇女'의 존칭이다. 참고로 '妇女'는 '부녀자'가 아닌 '여성'으로 번역한다.

11 '귀걸이와 목걸이를 풀다'만 번역하는 것보다는 여기에 '기꺼이 나라에 바친'을 첨가해 번역하는 것이 더 매끄럽고 의미도 명확하다. 단, 번역 시 원문에 없는 단어 혹은 연결사를 넣을 경우, 원문의 의미에서 벗어나면 안 된다.

12 '综合国力'는 '국력'으로 번역한다.

13 비유법으로 원문에는 인용부호가 없지만 작은따옴표를 사용해 번역했다. 섬세와 심화적 시각으로 변해가는 과정을 비유했다.

14 원문에는 없지만 문맥상 '이런 과정에서'를 첨가해 의미 전달을 명확히 했다.

15 '위정자' 혹은 '지도자'로도 번역할 수 있다.

16 '观点'은 '관점/견지/견해/입장/시각' 등으로 번역한다. 여기서는 문맥상 '입장'으로 의역했다.

17 '欣赏'은 '감상하다/좋아하다'라는 뜻이다. 여기서는 '상대방의 것을 맘에 들어하다'라는 의미이므로 '지지하며'로 의역했다.

18 '자존심'보다 '자존감'이 문맥상 더 매끄럽다.

19 '한중 관계는 단계적인 적응시기를 거쳐 더욱 성숙하고 건강하며 안정적인 단계로 반드시 접어들 것이다'로도 번역할 수 있다.

20 원문에는 없지만 문맥상 '관계'를 첨가해 번역했다.

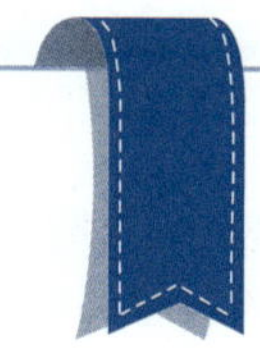

시사상식 (时事知识)

◆ **软实力** 소프트파워

정보과학·문화·예술 등이 행사하는 영향력을 일컫는다. 군사력·경제제재 등 물리적 힘으로 행사하는 하드파워(**硬实力**)에 대응하는 개념이다.

◆ **亚洲金融危机** 아시아 금융위기/아시아 외환위기

1997년 태국의 고정환율제 포기로 인해 동남아시아의 통화위기가 동북아시아를 거쳐 세계 경제에 불안을 가져온 일련의 금융위기 사태를 일컫는다. 한국에서는 IMF 위기 혹은 IMF 사태라는 말로 통용된다. 당시 한국은 국가경제가 파산에 이르자 김영삼 대통령이 국제통화기금(IMF)에 구제금융을 신청했고 1997년 12월 3일부터 IMF 체제가 시작되었다. 구조조정의 여파로 실업자와 문을 닫은 공장이 속출했고 1998년에는 대규모 실업사태가 벌어졌다. 이후 한국은 IMF에서 구제금융을 받은 지 3년 8개월 만인 2001년 8월 23일에 1억 4천만 달러를 상환함으로써 IMF 체제에서 벗어나게 되었지만, 지속적인 경제불황과 2003년 카드대란 등 적지 않은 후폭풍을 겪었다.

Part 04

군사&안보

巴以，流血越多仇越深

<来源：环球网>

① 以色列于14日突然对加沙地带发动名为"防务之柱"的军事行动，哈马斯领导人贾巴里被"定点清除"。接着，以色列又于16日宣布将征召7万多预备役军人参加该行动，看样子要发动地面攻势。全世界都在问：巴勒斯坦地区近年来相对沉寂，现在难道又要回到老路上？

② 对以色列鹰派政治人物而言，目前正是击垮巴勒斯坦强硬派哈马斯的最好时机。

③ 以色列在本地区的敌手之一叙利亚巴沙尔政权正遭受内战的磨难而摇摇欲坠，由伊朗、叙利亚、黎巴嫩真主党和巴勒斯坦哈马斯组成的对以强硬派联合阵线打开了一个缺口。波斯湾地区的阿拉伯富国正在致力于推翻巴沙尔政权的工作，阿拉伯世界进一步分崩离析。伊朗由于开发核技术遭到了更加严厉的国际制裁，经济遇到严重困难。在美国，被认为是"伊斯兰教信徒"的奥巴马总统刚刚在大选中胜出而得以连任，一时无暇顾及中东地区。

④ 果然，以色列此次针对巴勒斯坦的行动进展堪称"顺利"，对某些鹰派人士来说，这确实是"天赐良机"。但对历经几十年战火焚烧的巴以人民来说，这只是积年的伤口上又添上的一把新盐。

⑤ 对于巴以冲突，我们已经很难简单地分辨谁对谁错，甚至很难分辨，谁错得更多一些。《圣经》和《古兰经》的记载都表明，阿拉伯人和犹太人其实有共同的祖先。这两个民族的结怨完全源于人为的错误。所以1947年联合国决定让阿拉伯人和犹太人同时在这块土地上建国。但阿拉伯人反对这个决议，从此悲剧就开始了。

⑥ 巴以冲突是人类文明史上一道至今无解的难题。笔者在中东工作多年，对以色列留下的一个深刻印象是戈兰高地上栽的那些树，那里的环境并不适合树的生长，以色列人给每棵树都挂上吊瓶打营养液，并用角铁将它们围起来，不让牛啃。看到这个场景，你就知道以色列是决不会撤出戈兰高地，决不会放弃从战争中得到的土地的。

⑦ 实际上，近年巴以的气氛已经开始缓和，阿拉伯国家绝大多数已经承认以色列的存在，主张把以色列赶到大海去的似乎只剩哈马斯了。这一次，如果以色列地面部队开进巴勒斯坦地区，再来一次占领，恐怕哈马斯的力量又会折损不少。但哈马斯会就此被消灭吗？这恐怕也不可能。从近期看来，中东发生大规模的战争好像不可能，因为阿拉伯国家没有人有愿意跟以色列打了，但今后巴勒斯坦能得到多少地方，能不能建成一个国家，而哈马斯会不会在某个时刻掀起人体炸弹的报复？这些都不能预言。巴以冲突是人类文明的一道深深伤痕，它必须停止再流血。因为流血越多，仇越深。

이스라엘과 팔레스타인, 흘린 피만큼 깊어지는 원한

이스라엘은 14일 [1]'방어 기둥'이란 작전명 하에 가자지구를 공습해 하마스 지도자인 아흐메드 알자바리를 '표적살해' 했다. 이어 16일에는 [2]예비군 병력 7만여 명을 소집해 이 작전에 투입하겠다고 선포했다. 이로 비추어보아 이스라엘이 지상공격을 감행할 것 같다. 최근 비교적 잠잠했던 팔레스타인 지역이 다시 예전의 모습으로 되돌아가는 것은 아닌지 [3]전 세계가 주목하고 있다.

이스라엘의 [4]강경파 정치인에게는 지금이 바로 팔레스타인 강경파 하마스를 무너뜨릴 절호의 시기다. [5]중동지역에서 반이스라엘 세력 중 하나인 시리아의 바샤르 정권이 [6]내전으로 위태로운 상황에 처해 이란·시리아·레바논 헤즈볼라·팔레스타인 하마스로 구성된 [7]반이스라엘 강경파 연합전선에 균열이 생겼다. 게다가 [8]걸프만의 아랍 부국들이 바샤르 정권 축출에 열을 올리고 있어 아랍권은 더욱 사분오열되었다. [9]핵기술 개발로 인해 국제사회로부터 한층 강력한 제재를 받게 된 이란은 심각한 경제난에 직면했다. 반면 미국은 '무슬림'으로 인식되는 오바마 대통령이 이제 막 끝난 대선에서 연임에 성공해 한동안은 중동지역을 살필 여력이 없다.

[10]이처럼 이스라엘의 팔레스타인에 대한 군사행동은 가히 '순조롭다'고 할 수 있어 일부 강경파 인사들에게 이는 '하늘이 내려준 기회'임이 분명하다. 그러나 수십 년간 전란을 겪은 [11]이스라엘·팔레스타인(이하 이-팔) 사람들에게 이는 오래된 상처에 또다시 소금을 뿌리는 꼴밖에 되지 않는다.

이-팔 [12]분쟁에서 누가 옳고 그른지 시비를 가리는 것은 어렵다. 누가 더 많은 잘못을 [13]했는지조차도 판단하기 어렵다. [14]성경과 코란에는 아랍인과 유대인의 조상이 동일하다고 기재되어 있다. 이 두 민족의 원한은 완전히 인위적 잘못에서 비롯되었고, 이 때문에 1947년 유엔(UN)은 아랍인과 유대인 모두 이곳에 나라를 세울 것을 결정했다. 그러나 아랍인들이 이 결의안에 반대하면서 이 같은 비극이 시작되었다.

이-팔 분쟁은 인류 문명사에서 아직까지 답안 없는 난제이다. 필자는 중동에서 수년간 근무했는데 이스라엘의 골란고원에 심어진 나무들에 깊은 인상을 받았다. 그곳의 환경은 나무가 자라는데 결코 적합하지 않다. [15]그러나 이스라엘 사람들은 나무마다 영양수액 링거를 놓고 소가 나무를 뜯어 먹지 못하도록 펜스를 쳤다. 이 광경을 본 사람이라면 이스라엘이 골란고원에서 절대 물러나지 않을 것을, 전쟁으로 획득한 영토를 결코 포기하지 않으리란 것을 알 수 있다.

사실 최근 몇 년간 이-팔의 분위기는 완화 무드에 접어들었다. 대다수 아랍국가가 이스라엘의 존재를 인정했고, 이스라엘을 바다로 몰아내자고 주장하는 세력은 하마스뿐이다. 이번에 이스라엘 지상군이 팔레스타인으로 진격해 재점령한다면 하마스의 힘은 적지 않은 타격을 입을 것이다. 그러나 이로 인해 하마스가 [16]과연 사라지게 될까? 이 역시 불가능할 것이다. 최근 상황을 보면 중동지역에 대규모 전쟁이 일어날 가능성은 없는 듯 하다. 이스라엘과 전쟁을 하려는 아랍국가가 없기 때문이다. 하지만 앞으로 팔레스타인이 얼마만큼 영토를 확보할지, 나라를 세울 수 있을지, 하마스가 언제 자살폭탄의 보복을 감행할지 이 또한 예측할 수 없다. 이-팔 분쟁은 인류문명의 깊은 상처다. 더 이상의 유혈사태는 반드시 중단되어야 한다. 피를 흘릴수록 그 원한도 깊어지기 때문이다.

1 '定点清除'는 '지정해 제거하다'라는 뜻으로 문맥상 '표적살해 했다'로 의역했다.

2 원문 순서대로 '7만여 명의 예비군 병력'이 아닌 '예비군 병력 7만여 명'으로 번역한다. 중국어는 '수량사+명사' 순이고 한국어는 '명사+수량사' 순이다.

3 '全世界都在问'을 '전 세계가 묻고 있다'로 직역하면 어색하므로 의역했다.

4 '매파'로도 번역한다. 이와 대비되는 단어로 '鸽派'가 있으며 '온건파/비둘기파'라고 번역한다.

5 '本地区'를 '이 지역'으로도 번역할 수 있지만 명확한 의미 전달을 위해 '중동지역'으로 대체해 번역했다.

6 '遭受内战的磨难'과 '而摇摇欲坠'의 매끄러운 연결을 위해 간결하게 '내전으로'라고 번역했다.

7 여기서 '对以'는 '이스라엘에 대항하다'라는 뜻으로 '반이스라엘'로 번역했다.

8 '波斯湾地区的阿拉伯富国'는 '걸프만 지역의 아랍 부국'이라는 뜻으로 여기서 걸프만은 중동을 지칭한다. 참고로 중동국가와 아랍국가를 동일시해서는 안 된다. 중동국가는 이란과 이스라엘을 포함하지만 아랍국가는 이란과 이스라엘을 포함하지 않기 때문이다.

9 '由于开发核技术遭到了更加严厉的国际制裁'를 '伊朗' 앞으로 도치시켜 '관형어+체언' 형식으로 만들어 '핵기술 개발로 인해 국제사회로부터 한층 강력한 제재를 받게 된 이란'으로 번역하면 뒤 문장과의 연결이 더 매끄럽다.

10 '果然'은 '과연'이라는 뜻이지만 문맥상 '이처럼'으로 의역했다.

11 '巴以'는 '팔레스타인과 이스라엘'을 지칭한다. 관례상 이스라엘을 먼저 표기하는 것을 참고해 '이스라엘·팔레스타인'으로 풀어서 번역한 후 '(이하 이-팔)'이란 표기를 첨가해 뒤에 나오는 '巴以'를 '이-팔'로 번역하는 방식을 사용했다. 참고로 '印巴'는 '인도와 파키스탄'을 지칭하는 것으로 혼동하지 않도록 한다.

12 '冲突'는 '충돌(하다)'이라는 뜻으로 여기서는 '巴以'와의 호응을 고려해 '분쟁'으로 의역했다.

13 '甚至'는 '심지어/~조차도/더욱'이라는 뜻으로 '더더욱/~마저'로 번역하기도 한다.

14 원문에 책 이름표(《 》)가 있지만 한국어로 번역 시 해당 문장부호인 겹낫쇠(『 』)를 붙이지 않았다. 한국어로 번역 시 책 제목이더라도 사회적 합의 하에 문장부호를 쓰지 않는 책 제목도 있다는 것을 기억하자.

15 원문에는 없지만 문맥상 '그러나'를 첨가해 번역했다. 중국어는 접속사가 많이 생략되므로 한국어로 번역 시 문맥에 맞춰 적절하게 첨가하여 번역하도록 한다.

16 원문에는 없지만 문맥상 '과연'을 첨가해 번역했다.

시사상식 (时事知识)

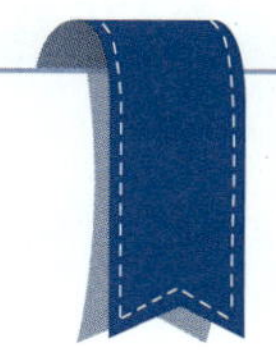

◆ 哈马斯 하마스

이스라엘에 저항하는 팔레스타인 무장단체로 1987년 말에 창설됐다. 이스라엘에 대한 테러를 주도하고 있으며 2006년에 팔레스타인 자치정부의 집권당이 되었다.

◆ 真主党 헤즈볼라

이슬람 지하드라고도 한다. 이란 정보기관의 배후 조종을 받는 4천여 명의 대원을 거느린 중동 최대의 교전단체이면서 레바논의 정당조직이다. 주로 미국인과 미국 자산, 이스라엘과 이스라엘인을 대상으로 테러를 자행한다. 2000년 이스라엘군이 레바논 남부에서 철수한 후에는 12개의 의석을 차지한 정당으로 변신했다.

◆ 戈兰高地 골란고원

1967년 6월 제3차 중동전쟁 때 이스라엘이 시리아로부터 빼앗아 1981년에 자국영토로 병합한 1천 2백㎢ 규모의 광활한 고원이다. 해발 2000m인 이 지역은 갈릴리 일대를 조망할 수 있으며 시리아의 수도 다마스쿠스에서 60㎞밖에 떨어져 있지 않아 전략적 요충지일 뿐만 아니라 주요 하천들의 근원지이기 때문에 수자원 확보라는 측면에서 매우 중요한 지역이다. 현재 1만 7천여 명의 이스라엘 주민이 살고 있으며 아랍계 드루즈파 주민 1만 7천여 명도 여전히 시리아 국적을 보유한 채 살고 있다. 이스라엘은 이곳에 유대인 정착촌까지 건설했다.

朝鲜半岛和平稳定须标本兼治

❶ 朝鲜发射卫星失败后，半岛局势将如何演进？尽管目前各方尚未明确下一步棋怎么走，但重启六方会谈难度加大是显而易见的。

❷ 今年2月，美国、朝鲜双方签署了粮食援助协议。朝鲜宣布发射卫星计划后，美方立即表示停止援助。紧接着，韩国、日本也做出了强硬表态。半岛局势刚刚出现的缓解局面突然逆转。朝鲜卫星发射失败后，各方表态也不完全一致。美日韩仍突出强调，朝鲜此举为"挑衅行为"。

❸ 中方注意到朝鲜已实施卫星发射计划，同时也注意到有关各方的反应。一段时间以来，中方同有关各方保持了密切沟通。中方的立场是非常清晰的，就是希望各方在此关键时刻，保持冷静克制，着眼大局，缓和局势，向重启六方会谈进而推进朝鲜半岛和平稳定这一目标靠拢。

❹ 目前的局势从另一个侧面凸显了重启六方会谈的重要性。各方信守承诺，积极落实已达成的各项共识，重回六方会谈轨道，是正确的选择。

❺ 美朝对话对于重启六方会谈是重要的，但现在看来，美朝双方恢复对话有相当的难度。美朝双边对话本来就是在六方会谈框架内进行的。如果有关各方现在能够向重启六方会谈靠拢，就可以创造条件，让美朝对话在六方会谈平台得以恢复。

❻ 维护朝鲜半岛和平稳定符合有关各方共同利益，是有关各方的共同责任。实现朝鲜半岛的和平稳定须标本兼治。标本兼治就是要全面系统地解决问题，不能只看问题的某一方面，不能只针对某一方的某一个举动。

❼ 实现半岛无核化、实现有关国家关系正常化、构筑东北亚和平安全机制，是缔造朝鲜半岛和平稳定的重要方面。六方会谈是探讨和解决这些问题的有效机制和重要平台。重启六方会谈进程不容拖延，相关努力不容松懈。

❽ 中方在朝鲜半岛问题上的立场是一贯的和明确的，中方愿与有关各方共同努力，继续推进六方会谈进程，为实现半岛和东北亚地区长治久安发挥积极建设性作用。

<来源：人民日报>

한반도 평화와 안정, 근본적 해법이 필요

❶ 북한의 위성 발사 실패 후 한반도 [1]정세는 어떻게 흘러갈까? 현재까지 각국이 [2]다음 행보에 대한 [3]명확한 태도를 보이고 있지 않지만 [4]6자회담 재개가 어려워졌다는 것은 분명해 보인다.

❷ [5]올해 2월 북미 양국은 식량지원에 합의했다. [6]하지만 북한이 위성발사 계획을 발표한 후 미국은 [7]식량지원을 즉각 중단한다고 밝혔고 한국과 일본도 곧바로 강경한 태도를 보였다. 완화 무드에 막 접어든 한반도 정세가 돌연 급변했다. 북한의 위성발사 실패 후 각국이 보인 태도가 일치하진 않았지만, 한미일 3국은 여전히 북한의 위성발사가 [8]'도발행위'라고 강조했다.

❸ 중국은 북한의 위성발사계획 감행을 예의주시하며 관련 당사국의 반응도 면밀히 살피고 있다. 한동안 중국은 관련 당사국과 긴밀히 소통해왔다. 중국의 입장은 분명하다. 각국이 [9]이 중요한 시점에 냉정하게 자제하고 대국적인 견지에서 정세를 완화시켜 6자회담 재개와 한반도 평화와 안정이라는 목표에 [10]다가서는 것이다.

❹ 현재의 정세는 또 다른 측면에서 6자회담 재개의 중요성을 부각시켜 주었다. 각국이 약속을 준수하고 적극적으로 [11]합의사항들을 이행하여 [12]6자회담 재개를 이루는 것이 올바른 선택이다.

❺ 북미대화는 6자회담 재개에 중요하다. 하지만 지금 상황은 북미 양자대화 재개는 힘들 것으로 보인다. 북미 양자대화는 원래 6자회담 틀 속에서 이뤄져 왔다. [13]만약 관련 당사국이 6자회담 재개의 가능성을 보인다면 [14]6자회담 틀 속에서 북미 양자간 대화 재개의 환경을 조성할 수 있다.

❻ 한반도 평화와 안정은 관련 당사국의 공동이익에 부합하며 공동책임이기도 하다. 한반도 평화와 안정 실현을 위해서는 근본적 해법이 필요하다. [15]즉 전면적이고 [16]체계적으로 문제를 해결해야지 문제의 어느 한 면만 보거나 어떤 한 국가의 특정 행동만 겨냥해서는 안 된다.

❼ 한반도의 비핵화 실현, [17]관련국의 관계 정상화, 동북아 [18]평화안보체제 구축은 한반도 평화와 안정에 중요하다. 6자회담은 이러한 문제를 모색하고 해결하는 효과적인 체제이자 [19]중요한 대화의 장이다. 6자회담 재개는 더 이상 미뤄서는 안 되며 관련 당사국의 노력이 절실하다.

❽ [20]중국의 한반도 문제에 대한 입장은 일관되고 명확하다. 중국은 관련 당사국과 함께 노력해서 6자회담을 지속적으로 추진하여 한반도와 동북아지역의 장기적인 안정을 위해 건설적인 역할을 하기를 희망한다.

1 '局势'는 '국면/정세/사태/상황' 등으로 번역한다. 여기서는 문맥상 '정세'로 번역했다.

2 '下一步棋怎么走'는 '다음 수를 어떻게 놓다'라는 뜻이다. 여기서는 문맥상 '下一步棋'를 '다음 행보'로 의역했다.

3 '明确'는 '명확하다'라는 뜻의 형용사와 '명확하게 하다'라는 뜻의 동사로 쓰인다. 여기서는 동사로 쓰였다.

　예) 温总理讲话发出明确信号 (형용사) / 我的目的很明确 (형용사) / 各地政府纷纷明确2011年物价调控目标 (동사)

4 '难度加大'는 '어려움이 가중되다'라는 뜻이다. '六方会谈难度加大'를 '6자회담 재개의 어려움이 가중되다'로 직역하는 것보다 '6자회담 재개가 어려워졌다'로 간결하게 번역하는 것이 매끄럽다.

5 '올해 2월'은 '지난 2월'로도 번역할 수 있다. '签署了粮食援助协议'는 '식량지원협정을 체결했다'라는 뜻이지만, 관련 기사에 '북미 양국이 합의했다'라고 나오는 것을 고려해서 '식량지원에 합의했다'로 의역했다.

6 원문에는 '하지만'에 해당하는 접속사가 없지만, 문맥상 북미 양국 간 합의했으나 합의가 깨진 이유에 대해서 말하고 있으므로 '하지만'을 첨가하는 것이 매끄럽다.

7 '援助'는 '원조(하다)/지원(하다)' 등으로 번역한다. 여기서는 문맥상 '지원'으로 번역했다.

8 '朝鲜此举为"挑衅行为"'에서 '为'는 '是'의 뜻으로 쓰였다. 그 밖에 '강조했다'는 '규탄했다/비난했다'로도 번역할 수 있다.

9 '在此关键时刻'를 '이 관건적 시각에'로 직역하지 말자.

10 '中方的立场是非常清晰的，就是希望各方在此关键时刻'에서 '就是'는 '바로 ～이다'라는 뜻으로 단호하고 확정적이거나 강조할 때 쓰인다. 여기서는 문맥상 '바로'를 생략해 번역했다.

11 '共识'는 '공통된 인식/공동인식/공감대/합의' 등으로 번역한다. 여기서는 문맥상 '합의사항'으로 번역했다.

12 '重回'는 '되돌아가다'라는 뜻으로 '6자회담으로 돌아간다'는 것은 '6자회담 재개'를 의미한다.

13 '如果有关各方现在能够向重启六方会谈靠拢'에서 '向～靠拢'은 '～에 접근하다'라는 뜻이다. 문맥상 '만약 관련 당사국이 6자회담 재개의 가능성을 보인다면'으로 의역했다.

14 원문 순서대로 '환경을 조성하여 북미 양자대화가 6자회담 틀 속에서 재개되도록 할 수 있다'로도 번역할 수 있다. 여기서 '条件'을 '조건'이 아닌 '환경'으로 번역하고 이와 호응되는 동사로 '조성하다'를 쓰는 게 좋다.

15 '标本兼治'를 또 '근본적인 해결'로 번역하면 앞 문장과 중복되기 때문에 좋지 않다. 여기서는 '근본적 해법'에 대한 설명이기 때문에 '즉'으로 대체해 번역했다.

16 '系统'은 '체계/시스템'이라는 뜻의 명사와 '체계적이다'라는 뜻의 형용사로 쓰인다. 여기서는 형용사이며 구조조사 '地'와 결합해 동사 '解决'를 수식하는 부사어(状语) 역할을 했다.

17 '实现有关国家关系正常化'의 경우, 한국어 '정상화' 자체에 '정상화한다'는 동사의 의미가 내포되어 있다. 이점을 고려해서 '实现'을 생략해 '관련국의 관계 정상화'로 번역했다. 이렇게 하면 앞 문장의 '한반도의 비핵화 실현'에서 '실현'이란 단어와 중복되는 것도 피할 수 있다.

18 '机制'는 '체제/시스템/메커니즘' 등으로 번역한다. 여기서는 관련 기사에서 많이 쓰는 용어를 참고해 '평화안보체제'로 번역했다.

19 '平台'를 무조건 '플랫폼'으로 번역하지 말자. '어떠한 시스템이 이루어지는 장소'라는 의미에 맞춰 문맥에 따라 '무대/장'으로 번역하면 좋다. 여기서는 6자회담이 대화가 이뤄지는 체제인 점을 고려해 '重要平台'를 문맥상 '중요한 대화의 장'으로 의역했다.

20 '作用'은 '작용/역할/효과' 등으로 번역한다.

　예) 侵蚀作用 침식작용 / 领头羊的作用 견인차 역할 / 杆杠作用 레버리지 효과

시사상식 (时事知识)

◆ **六方会谈** 6자회담

북한 핵 문제 해결과 한반도의 비핵화 실현을 위한 다자간 회담을 일컫는다. 2003년 8월 27일 중국 베이징에서 제1차 회담이 열렸다. 한반도 핵 문제 당사국인 한국·북한·미국·일본·중국·러시아 6개국이 참여한다.

1994년 북한과 미국은 제네바합의를 통해 북한은 핵 개발을 중단하고 핵 사찰을 받는 대신, 미국은 북한에 체제 안전 보장과 경수로 발전소를 지어준다는 조건으로 핵 문제에 대한 합의를 마쳤다. 그러나 2002년 10월 북한의 새로운 핵 개발 의혹이 제기되면서 한반도에 다시 긴장감이 감돌기 시작했다. 미국은 북한에 먼저 핵을 포기할 것을 강하게 주장하고, 북한은 미국이 먼저 불가침조약을 맺은 뒤에 핵 문제를 논의하자는 주장을 펴며 맞섰다. 6자회담은 북미 사이의 대립 구도 속에서 북한의 핵 문제를 평화적으로 해결하고 한반도에 평화 체제를 구축하자는 차원에서 제안되었다.

伊拉克战争后遗症值得警惕

❶ 　两天来，伊拉克全国范围内发生连环恐怖袭击事件，造成约300人死伤。这是去年12月美军撤出伊拉克后最血腥的恐怖袭击。新一轮恐怖袭击带有明显"基地"组织特征。"基地"阴影加大伊拉克乃至整个中东地区安全局势不确定因素。

❷ 　2003年美国发动伊拉克战争后，"基地"组织与伊拉克反政府武装联手开展反美斗争，实力大增。具有讽刺意味的是，美国发动伊拉克战争前，"基地"组织在伊拉克并没有发展空间。倒是推翻萨达姆政权后，"基地"组织在伊拉克获得迅猛发展。2007年起，为了早日结束这场备受争议的战争，实现体面撤军的目的，美国明显加大了对恐怖组织的打击力度，"基地"实力一度被削弱。

❸ 　"基地"组织卷土重来，与2003年那场战争有直接关系。战乱中的伤亡，家园被毁，以及教派对立加剧，客观上为极端主义传播提供了土壤。自西亚北非局势动荡以来，"基地"组织在也门和北非部分地区攻城略地，势力迅速抬头，并且不断向伊拉克、叙利亚等地渗透。叙利亚危机让"基地"组织看到了新的机会。"基地"组织不仅反美，也试图推翻现行的一些阿拉伯政权，从而建立更加保守的极端政权。

❹ 　当年，美国不顾国际社会的反对，孤注一掷发动伊拉克战争，是要在中东树立一个亲美的民主样板，以服务于其大中东民主改造计划。然而，时至今日，伊拉克政府控制局势的能力依然有限，恐怖势力成为最大的安全隐患。伊拉克连环恐怖袭击案提醒人们，战争后遗症环环相扣，借助战争手段推行战略构想，搞乱中东局势，将对全球范围内的反恐和安全形势带来长期消极影响。国际社会对此必须保持高度警惕。

<来源: 人民日报>

경계해야 할 이라크 전쟁 후유증

① 이틀 동안 이라크 전역에서 발생한 [1]연쇄 테러사건으로 인해 약 300명의 [2]사상자가 발생했다. 이는 작년 12월 미군의 이라크 철수 이후 [3]최악의 테러사건이다. [4]이번 테러는 '알 카에다' 조직의 특징을 띠고 있어 '알 카에다'의 [5]존재가 이라크와 [6]중동 전역 안보정세의 불확실성을 가중시키고 있다.

② 2003년 미국이 이라크 전쟁을 일으킨 후 '알 카에다'는 이라크 반정부 무장세력과 연합해 반미 투쟁을 벌였고 세력이 크게 확장되었다. [7]아이러니한 것은 미국의 이라크 전쟁 개시 전까지만 해도 이라크 내 세력이 미미했던 '알 카에다'가 사담 후세인 정권 전복 후 오히려 급속도로 세력을 확장했다는 점이다. 미국은 많은 논란을 불러일으킨 이라크 전쟁을 조속히 끝내고 보기 좋게 철군하기 위해 2007년부터 테러조직에 대한 공격을 강화해 '알 카에다' 세력이 [8]한때 쇠퇴하는 양상을 보였다.

③ '알 카에다'의 부활은 2003년 [9]이라크 전쟁과 직접적인 관련이 있다. [10]전란으로 인한 사상자 발생, 삶의 터전 파괴, 교파 간 대립 악화 등의 환경이 [11]극단주의자들에게 자생의 기회를 제공했다. [12]서아시아·북아프리카 소요사태 발발 이후 '알 카에다'는 예멘과 북아프리카의 일부 지역에서 점령지를 넓히며 빠르게 세력을 키우기 시작했고 이라크와 시리아 등 국가로 계속 침투했다. [13]시리아 사태에서 새로운 기회를 엿본 '알 카에다'는 반미활동뿐만 아니라 기존의 일부 아랍정권을 전복시켜 보수성향이 짙은 극단주의 정권이 들어서도록 시도했다.

④ [14]당시 미국이 국제사회의 반대를 무릅쓰고 [15]이라크 전쟁을 감행한 것은 중동지역에 친미성향의 민주모델을 세워 미국의 대중동 개조계획에 일조하게 하기 위해서였다. 그러나 이라크 정부의 정세 통제력은 여전히 한계를 보이고 있고 테러세력은 안보를 위협하는 가장 큰 골칫덩이가 되었다. 이라크 연쇄 테러사건은 [16]끊이지 않는 전쟁 후유증, 전쟁을 통한 전략구상 추진이 빚은 중동정세 불안이 전 세계적인 반테러와 안보 정세에 오랫동안 부작용을 초래할 것이란 사실을 [17]일깨워 주었다. 국제사회는 반드시 이에 대해 큰 경각심을 가져야 한다.

1 '连环恐怖袭击事件'에서 '连环'은 '하나하나가 서로 관련된 일'이라는 뜻으로 뒤에 호응하는 단어에 따라 '연쇄/연재' 등으로 번역한다.

예) 连环谋杀 연쇄 살인 / 连环漫画 연재 만화

2 '死伤'의 동의어로 '伤亡'이 있다.

3 '血腥'은 '피비린내'라는 뜻이다. '가장 심한 피비린내가 난다'는 것은 테러로 인한 결과가 매우 참혹하다는 것을 의미하므로 간결하게 '최악의 테러사건'으로 의역했다.

4 '美国再开印钞机'에서 언급했던 것처럼 '新一轮'은 주로 '새로운/또 다른'으로 번역한다. 여기서는 '新一轮'이 이번에 새로 터진 테러사건을 의미하므로 간결하게 '이번'으로 번역했다.

5 '阴影'을 '그림자'라고 직역하면 어색하므로 문맥상 '존재'로 의역했다.

6 '整个中东地区'를 '모든 중동지역'으로 직역하지 않고 '중동 전역'으로 간결하게 번역했다.

7 '讽刺'는 '풍자하다/비꼬다'라는 뜻으로 부정적인 상황이나 모순을 꼬집을 때에도 쓰인다. 원문에서는 알 카에다가 이라크 전쟁 전에는 이라크에 발을 디딜 수 없었으나 전쟁 이후 오히려 세력이 확장된 모순적인 현실을 꼬집는 의미가 있어 '具有讽刺意味的是'를 '아이러니한 것은'으로 번역했다.

8 '一度'는 '한번/한차례' 혹은 '한때/한동안'의 두 가지 뜻이 있다. 여기서는 '한때/한동안'이라는 뜻이다.

9 여기서 '那场战争'을 '그 전쟁'이라고 번역하면 의미가 불분명하다. 지시대명사를 그대로 번역하면 의미 전달이 미흡한 경우가 있다. 이럴 때는 적절한 대체어를 사용해 가리키는 대상을 명확히 해주는 것이 좋다.

10 이런 경우 명사형으로 간결하게 번역해 주어로 삼으면 뒤 문장과의 연결이 한결 매끄럽고 의미 전달도 명확해진다. 따라서 '전란으로 인한 사상자 발생, 삶의 터전 파괴, 교파 간 대립 악화'로 번역했다. 그리고 뒤에 나오는 '客观上'은 '객관적인' 이라는 뜻으로 여기서는 직역하면 문장이 매끄럽지 못하고 사족이 될 수 있다. 따라서 주관적 의지가 아닌 주변 환경이 그렇다는 의미를 살려 '환경'으로 의역했다.

11 '为极端主义传播提供了土壤'에서 '传播'는 '전파하다/널리 퍼뜨리다', '土壤'은 '토양'이라는 뜻이다. 극단주의자들이 다시 퍼져나갈 수 있는 터전을 제공했다는 것을 의미하므로 문맥상 '극단주의자들에게 자생의 기회를 제공했다'로 의역했다.

12 일반적으로 중동과 서아시아를 혼용해서 쓰므로 '중동·북아프리카'로도 번역할 수 있다. 그러나 엄밀히 따지면 중동지역에 서아시아 국가는 물론 이집트, 리비아, 튀니지, 모로코, 알제리와 같은 북아프리카 국가가 포함되기도 한다는 점을 참고하자.

13 '叙利亚危机让"基地"组织看到了新的机会'는 '시리아 사태에서 '알 카에다'는 새로운 기회를 엿보았다'로 번역할 수 있다. 그러나 뒤 문장 주어도 '알 카에다'임을 고려해 이 문장을 '관형어(定语)+체언' 형식으로 만들어 '시리아 사태에서 새로운 기회를 엿본 '알 카에다'로 번역했다.

14 '当年'은 '그해'라는 뜻이나 무조건 '그해'라고 번역할 필요는 없다.

15 '고집스럽게 이라크를 침공한 것은'으로도 번역할 수 있다. 하지만 단어를 선택할 때 신중을 기해야 한다. 미국의 이라크 공격에 대한 부정적 시각을 강조하고자 할 때는 '침공'이 좋겠지만 그게 아니라면 중성사(中性词)를 사용하도록 하자. 그리고 '감행'이라는 말 자체에 '자기 주장대로 과감하게 실행하다'라는 의미가 내포되어 있기 때문에 '고집스럽게'를 생략하고 번역했다.

16 이 문장을 명사형으로 만들어 '끊이지 않는 전쟁 후유증, 전쟁을 통한 전략구상 추진이 빚은 중동정세 불안'으로 간결하게 번역해 주어로 삼았다.

17 '提醒人们' 뒤에는 일깨워주는 내용이 수반된다. 뒤의 일깨워주는 내용을 앞으로 도치시키고 '提醒人们'을 술어(谓语)로 삼아 '~을 일깨워 주었다'로 번역하면 좋다. 이때 '人们'은 생략하는 게 매끄럽다. 유사구문으로 '告诉人们'이 있다.

시사상식 (时事知识)

◆ **伊拉克战争** 이라크 전쟁

2003년 3월 미국과 영국 연합군이 이라크의 대량살상무기(WMD) 제조를 이유로 이라크를 공격한 전쟁으로 그해 4월 미·영 연합군의 승리로 끝났다.

◆ **基地组织** 알 카에다

1979년 러시아군이 아프가니스탄을 침공했을 때 아랍 의용군으로 참전한 오사마 빈 라덴이 1988년에 결성한 국제 테러단체로 1991년 걸프전쟁이 일어나면서 반미 세력으로 전환했다. 전 세계 34개 국가에 확인되거나 혐의가 있는 조직을 가진 것으로 알려져 있으며, 점조직으로 운영된다.

알 카에다는 이슬람 국가의 영향력 확대가 주요 목적으로 이를 위해 각종 테러에 자금을 지원해 왔다. 1993년 미국 뉴욕 세계무역센터 지하주차장 폭탄테러를 시작으로 2001년에 발생한 뉴욕 세계무역센터 폭파사건 등 여러 건의 테러와 연루되어 있다. 2011년 5월 1일 빈 라덴은 파키스탄의 은신처에서 미국 특수부대에 의해 사살되었다.

Part

05

韩国丽水世博会落下帷幕

为期93天的韩国丽水世界博览会于12日晚落下了帷幕。当天晚上，丽水世博会组委会在世博园区海上舞台"Big O"举行了闭幕仪式，包括韩国总理金滉植、联合国秘书长潘基文、国际展览局秘书长洛塞泰斯等在内的政要以及1000多名观众出席了闭幕式。

丽水世博会组委会委员长姜东锡在致辞中说，丽水世博会向世人转达了气候变化、海洋资源开发、保护海洋生态环境等课题相关的信息。韩国南海的小城市丽水有望成为南海发展的火车头。韩国总理金滉植在闭幕式上致辞表示，丽水世博会让人类重新认识到，海洋在实现可持续发展方面的重要性。

闭幕式上还发表了《丽水宣言》，宣言呼吁各国为保护海洋生态环境和发展海洋文化，打击海上非法行为作出更多努力。与此同时，各国需要持续管理海洋资源，扩大建立海洋观测系统，及时应对海啸等自然灾害。

5月12日开幕的丽水世博会是韩国于1993年大田世博会之后第二次举行的专业类世博会，其主题是"生机勃勃的海洋与海岸"，共设有80个展馆。包括中国在内的150个国家和地区以及10个国际组织参加了本次世博会。丽水世博会组委会表示，本届丽水世博会取得了圆满成功，在世博会举行期间，没有发生任何突发性事故或是导致世博会非正常运营的事件。据丽水世博会组委会透露，世博会共吸引的参观人数超过800万人次，其中来自海外的参观人数约为40万人次。不过，由于世博会的门票收入低于预期，估计本次世博会将出现约600亿韩元（约合3.6亿元人民币）的大规模赤字。

韩国媒体普遍认为，能够在人口仅有30万的中小城市成功举办大型国际活动，这给韩国带来的自信感是一大收获。同时，丽水和周边地区以本次世博会为契机，扩大了对高速公路和高速铁路等基础设施的建设。韩国媒体分析称，本次丽水世博会将是韩国继1988年汉城（现首尔）奥运会、1993年大田世博会、2002年韩日世界杯之后第四次实现经济腾飞的契机。

<来源：国际在线>

여수세계박람회 폐막

❶ 93일간 펼쳐졌던 [1]여수세계박람회가 12일 저녁 대단원의 막을 내렸다. 당일 저녁 [2]여수세계박람회 조직위원회가 박람회장 '빅오(Big-O)' 해상무대에서 거행한 폐막식에는 김황식 국무총리, 반기문 유엔 사무총장, 로세르탈레스 국제박람회기구(BIE) 사무총장 등 주요 정계인사와 관중 1천여 명이 참석했다.

❷ 강동석 여수세계박람회 조직위원장은 [3]폐막연설에서 "[4]여수세계박람회는 기후변화, 해양자원개발, 해양보전 등 전 지구적 과제에 대한 메시지를 세계인에게 전했다. 한국 남해안의 작은 도시 여수는 남해안 발전의 견인차가 될 것이다"라고 말했다. 김황식 국무총리는 폐회사에서 [5]"여수세계박람회는 지속 가능한 번영을 위해 바다가 얼마나 중요한지를 많은 사람들에게 일깨워 주는 계기가 됐다"라고 밝혔다.

❸ [6]이 밖에 폐막식에서 [7]여수선언이 발표되었다. 선언에서는 각국이 해양생태계보전·해양문화발전·해상불법행위 근절을 위해 더욱 노력해줄 것을 호소하는 [8]한편, 해양자원의 지속적인 관리·해양관측시스템 구축 확대·쓰나미 등 자연재해에 대한 신속한 대응이 필요하다는 점을 강조했다.

❹ [9]지난 5월 12일 개막한 여수세계박람회는 한국이 1993년 대전세계박람회에 이어 두 번째로 개최한 전문 박람회로 주제는 '살아있는 바다, 숨 쉬는 연안'이다. [10]전시관 총 80개 규모로 펼쳐진 이번 박람회는 중국을 비롯한 150개 [11]국가와 국제기구 10곳이 [12]참가했다. 여수세계박람회 조직위는 [13]"이번 박람회는 성공적이었다. 개최 기간 동안 돌발 사고나 박람회 운행에 차질을 빚는 사건이 발생하지 않았다"고 밝혔다. [14]조직위의 집계 결과, 총 관람객 수가 [15]8백만 명을 넘었으며, 그중 외국인 관람객 수가 약 40만 명인 것으로 나타났다. 그러나 박람회 입장권 수익이 예상보다 저조해 약 6백억 원(3억 6천만 위안 정도)의 막대한 [16]손실이 발생할 것으로 추산된다.

❺ [17]한국 언론들은 인구 30만에 불과한 중소도시에서 [18]대규모 국제[19]행사를 성공적으로 개최함으로써 한국에 자신감을 심어준 것이 큰 수확이라고 평가했다. 또한 이번 박람회를 계기로 여수와 주변지역에 고속도로와 KTX 등 기반시설이 확충되었다. 한국 언론은 이번 여수세계박람회가 1988년 서울올림픽, 1993년 대전세계박람회, 2002년 한일월드컵에 이어 네 번째 경제도약의 계기가 될 것이라고 분석했다.

1 공식명칭인 '여수세계박람회'로 번역했으며 '여수엑스포'라고도 한다.

2 '丽水世博会组委会在世博园区海上舞台"Big O"举行了闭幕仪式'를 '여수세계박람회 조직위원회가 박람회장 빅오(Big-O) 해상무대에서 거행한 폐막식'처럼 '관형어(定语)+체언' 형식으로 번역해 주어로 삼으면 뒤 문장과의 연결이 더 매끄럽다.

3 '致辞'는 '인사말을 하다/축사를 하다/연설을 하다'라는 뜻으로 여기서는 문맥상 '폐막연설'로 번역했다. 어떤 석상에서 하느냐에 따라 '축사/기념사/개막연설/개회사/폐막연설/폐회사/기조연설' 등 뜻이 다양하니 문맥에 맞춰 번역한다.

4 한국어 연설문을 중국어로 번역한 기사문이라 한국어 연설문을 인터넷에서 검색해 그대로 인용했다. 번역 시험일 경우 원문대로 번역해도 무방하다.

5 위와 마찬가지로 한국어 연설문을 중국어로 번역한 것이라 인터넷에서 검색해 그대로 인용했다.

6 '闭幕式上还发表了《丽水宣言》'에서 '还'를 '이 밖에'로 번역해 의미를 살렸다.

7 원문에 책 이름표(《 》)가 있지만 한국어로 번역 시 관련 기사와 보도문을 참고해 겹낫쇠(『 』)를 붙이지 않았다. '여수선언'은 '여수선언문'으로도 번역할 수 있다.

8 문장 서두에 '与此同时'가 오는 경우 번역문처럼 앞 문장과 연결해 '～는 한편'으로 번역할 수도 있고 혹은 원문처럼 단독으로 처리해 '한편/또한'으로 번역할 수도 있다. 어느 것이 더 나을지는 문맥에 따라 판단하자. 그리고 이 문장과 앞 문장이 마침표로 나뉘었지만 둘 다 여수선언의 내용이어서 한 문장으로 번역했다.

9 원문에는 없지만 시점을 강조하기 위해 '지난'을 첨가해 번역했다. 여기서 '지난'은 올해이지만 시점이 이미 지났음을 의미한다. 참고로 '지난'은 '작년'이 아님을 유의하자. '지난해'가 '작년'이라는 뜻이다.

10 원문은 '共设有80个展馆'으로 문장이 끝났지만, 앞뒤 문장의 연결성을 고려해 재구성해 번역했다. 뒤 문장 '包括中国在内的150个国家和地区以及10个国际组织参加了本次世博会'의 빈어(宾语)인 '本次世博会'를 주어로 삼고 앞 문장의 '共设有80个展馆'을 이 주어의 관형어로 만들어 '전시관 총 80개 규모로 펼쳐진 이번 박람회'로 번역했다.

11 '国家和地区'는 홍콩·마카오·타이완 등을 고려한 중국어 표현 방식으로 한국어로 번역 시 '국가'로 번역한다. 중국은 홍콩·마카오·타이완을 자국의 영토로 간주하여 국가로 표기하는 것을 금한다. 참고로 한국어를 중국어 번역 시 '국가'에 홍콩·마카오·타이완 등이 포함될 때 '국가'를 '国家和地区'로 번역해야 함을 명심하자.

12 '参加'는 '참가하다/참석하다'로 번역한다. 참고로 '出席'는 '참석하다/출석하다'로 번역한다.
　예) 出席会议 회의에 참석하다 / 出席人数 출석인원 / 出席听证会 청문회에 출석하다

13 원문에는 문장부호가 없지만 두 문장 모두 조직위가 한 말에 포함된다는 걸 표시하기 위해 큰따옴표를 사용했다.

14 '据丽水世博会组委会透露'는 '여수박람회 조직위가 ～라고 밝히다'라는 뜻이지만 뒤에 구체적 수치가 나오기 때문에 '집계 결과'로 의역했다.

15 '人次'는 주로 관광객·관람객·방문객 수를 표기할 때 쓰는 복합양사로 중복횟수를 포함한다. 복합양사(复合量词)란 두 개의 양사가 복합되어 구성된 것으로 뒤에 명사가 수반될 수 없다. 자세한 설명은 시사상식을 참고하자.

16 '赤字'는 '적자/결손'이라는 뜻으로 문맥상 '손실'로 의역했다. '적자를 볼 것으로 예상된다'로도 번역할 수 있다.

17 '韩国媒体普遍'을 '한국 언론들'로 번역해 '普遍'의 의미를 살렸다.

18 '大型'은 '대형/대규모' 등으로 번역한다.

19 '活动'은 '활동/행사/이벤트/캠페인' 등으로 번역한다.
　예) 经济活动 경제활동 / 抽奖活动 추첨행사 혹은 추첨이벤트 / 绿色活动 녹색 캠페인

시사상식 (时事知识)

◆ **世界博览会** 세계박람회/엑스포

국제적인 규모와 체계를 갖춰 개최하는 박람회를 일컫는다. 상호 간의 이해·복지향상·인류의 비전제시를 목적으로 한 박람회로 일반 무역박람회와는 차이가 있다. 세계박람회는 참가국의 국가종합홍보를 위한 세계적 규모의 경제·문화 올림픽이라 할 수 있으며 참가단위도 개별업체가 아닌 국가다. 1928년 프랑스 파리에서 설립된 정부 간 기구인 국제박람회기구(BIE)가 박람회 개최지를 결정하고 개최 및 참가에 따른 각종 기준을 설정하여 박람회의 질적인 면을 보장하는 역할을 수행하고 있다.

세계박람회는 크게 공인엑스포와 비공인엑스포로 나뉘며, 공인엑스포는 등록엑스포와 인정엑스포로 다시 나뉜다. 우리나라의 공인엑스포 개최 사례는 대전엑스포(1993년)와 여수엑스포(2012년)가 있다.

– 공인엑스포: 개최국 정부 명의로 BIE에 신청하여 승인을 받아야 개최할 수 있고, 국가의 공식 외교 채널을 통해 참가국을 유치한다. 개최 기간은 3주 이상 6개월 이하여야 한다.

– 비공인엑스포: 지금도 여러 나라에서 개최되고 있지만 BIE 협약에 따르면 회원국이 비공인엑스포에 국가자격으로 참가하는 것을 제한하고 있어 전시 수준이나 규모가 공인엑스포보다 현저하게 떨어져 대개 국내행사 수준으로 치른다.

– 등록엑스포(**注册类博览会**): 대규모 종합박람회(**综合类博览会**)로 주제는 인류활동의 광범위한 부분에 걸쳐 달성된 진보를 대상으로 한다. 개최 주기는 5년이고 개최 기간은 6개월 정도이다.

– 인정엑스포(**认可类博览会**): 중간규모의 전문박람회(**专业类博览会**)로 인류활동 중 특정 부분을 주제로 선정하여 개최되며 개최 주기는 등록엑스포 사이에 1회 허용되고 개최 기간은 3개월 정도이다.

◆ **人次** 연인원/명

어떠한 일에 동원된 인원수와 일수(**日數**)를 계산하여 그 일이 하루에 완성되었다고 가정하고 환산한 총인원수를 일컫는다. 예를 들어 세 명이 열흘 걸려 완성한 일의 연인원은 30명이다. 주로 관광객·관람객·방문객 수를 표기할 때 쓰는 복합양사로 중복횟수를 포함한다. 만약 한국의 2012년 외국인 관광객 수가 연인원 1천만 명일 경우 '1000**万人次**'로 표기하며, 중국인 A씨가 그해에 한국을 20번 방문했다면 20번 모두 횟수로 계산하여 '1000**万人次**'에 포함시킨다.

韩国媒体高度评价伦敦奥运会及韩国取得的成绩

① 全世界70亿人的体育盛宴第30届伦敦奥运会12日落下了帷幕。韩国媒体对本届伦敦奥运会以及韩国队所取得的优异成绩都给予了高度评价。

② 韩联社13号在报道中说，在2012伦敦奥运会拉开帷幕后的16天里，全世界享受体育带来的快乐，还被体育精神所感动。伦敦当地时间12号晚9时举行的闭幕式仿佛是一场大型"派对"，为观众奉献了精彩的演出。闭幕式上，下一届奥运会的主办城市巴西里约热内卢动员300人奉献约8分钟的演出，相约下届奥运。

③ 韩联社还报道说，韩国军团由129名教练等工作人员和245名选手组成，共参加22个项目，夺得13金8银7铜，综合排名第五，顺利实现了夺得10枚金牌、挺进综合排名前10的目标。最值得称赞的是，韩国男足国奥队在8强赛上击败现代足球的发源地英国，在铜牌争夺赛上，还以2比0完胜"夙敌"日本，实现了韩国奥运足球史上首夺奖牌的壮举。

④ 《中央日报》13号在报道中说，韩国体育正在不断向前发展，向着世界体育的中心迅速前进。韩国不仅在奥运会奖牌数量上取得了优异成绩，在质量上，韩国体育的发展也十分引人瞩目。在击剑和体操等原本由部分体育强国垄断的项目上，韩国正顽强地——跨越各种壁垒。

⑤ 《中央日报》报道说，在伦敦奥运会上，韩国代表团的金牌数与史上最好成绩的北京奥运会相同，但综合排名第五却创下了自1988年在本土举办的首尔奥运会（第四名）之后的最好成绩。报道还说，奥运会的挑战史也是韩国经济成长过程的浓缩，通过科学训练和信息收集，以及政府与企业的集中投资，韩国体育正在世界的中心与对手们展开堂堂正正的竞争。

<来源：新华网>

韓 언론, 런던올림픽과 한국의 선전에 호평

① [1]70억 세계인의 스포츠 축제인 [2]제30회 런던올림픽이 12일 [3]성대한 막을 내렸다. 한국 언론은 이번 런던올림픽과 한국 선수들이 거둔 뛰어난 성적을 높이 평가했다.

② [4]연합뉴스는 2012년 런던올림픽 개막 후 16일 동안 [5]전 세계가 스포츠의 감동과 환희를 맛보았다고 13일 보도했다. 런던 현지시각 12일 저녁 9시에 [6]거행된 폐막식은 대규모 '파티'를 방불케 하며 관중들에게 화려한 무대를 선보였다. 폐막식에서 차기 올림픽 개최지인 브라질 리우데자네이루는 [7]300명의 출연진을 통해 8분간의 공연을 선보이며 다음 올림픽에서 만날 것을 기약했다.

③ 연합뉴스는 [8]감독을 포함한 코칭스태프 129명과 선수 245명으로 구성된 대한민국 [9]선수단이 22개 [10]종목에 참가하여 금메달 13개, 은메달 8개, 동메달 7개를 획득해 종합순위 5위를 차지함으로써 금메달 10개 획득, 종합순위 10위권 진입의 목표를 무난히 달성했다고 [11]전했다. 가장 치하할 만한 점은 한국 남자축구대표팀이 8강전에서 현대축구의 종주국인 영국을 꺾고, 3·4위 결정전에서 '숙적' 일본[12]마저 2대0으로 [13]완파하며 한국 올림픽 축구사상 첫 메달을 [14]따는 쾌거를 이룬 것이다.

④ [15]중앙일보는 [16]한국 스포츠가 발전을 거듭하며 세계 스포츠의 중심에 성큼 다가서고 있다고 13일 보도했다. 한국은 올림픽 메달 수에서 뛰어난 성적을 거두었을 뿐만 아니라 [17]내용 면에서도 괄목할 만한 성장을 이루었다. [18]일부 스포츠 강국의 강세 종목인 펜싱과 체조에서 한국이 [19]뚝심으로 그 장벽을 하나하나 넘어서고 있는 것이다.

⑤ 중앙일보는 런던올림픽에서 한국 대표단이 획득한 금메달 수가 역대 최고였던 베이징올림픽 때와 같지만, 종합순위에서 5위를 기록해 1988년 자국에서 열린 서울올림픽(종합순위 4위) 이후 최고 성적을 거두었다고 보도했다. 그리고 올림픽 출전 역사도 한국 경제발전 과정이 응집된 것으로 과학적 훈련과 정보 수집, 정부와 기업의 집중 투자를 통해 한국 스포츠가 세계의 중심에서 라이벌과 정정당당한 경쟁을 펼치고 있다고 보도했다.

1 '全世界70亿人'은 '전 세계 70억인'이 아닌 '70억 세계인'으로 번역하는 게 좋다. 한국어는 대부분 '명사+수량사' 순으로 사용하나 '70억 세계인'처럼 고유명사화돼서 쓰이는 경우는 예외로 한다.

2 '제30기'가 아닌 '제30회'로 번역한다. '届'는 정기적으로 개최되는 회의 · 대회 · 졸업생 · 정부 · 대통령 등에 쓰이는 양사로 호응하는 단어에 맞춰 번역한다.
　　예) 第十九届世界杯足球赛 제19회 월드컵대회 / 应届毕业生 졸업예정자 / 历届政府 역대정부
　　단, 중국공산당 중앙위원회 전체회의의 경우 '届'는 '기'로 번역한다.
　　예) 中国共产党第十八届中央委员会第一次全体会议 제18기 중앙위원회 제1차 전체회의

3 '落下了帷幕'를 문맥상 '성대한 막을 내렸다'로 번역해 올림픽이라는 커다란 스포츠 축제가 폐막했다는 의미를 강조했다. '대단원의 막을 내렸다'로도 번역할 수 있다.

4 '韩联社'는 한국의 국영 통신사 연합뉴스다. 연합뉴스는 케이블방송 채널인 YTN과는 다른 개념이므로 YTN으로 번역해서는 안 된다. 연합뉴스와 YTN의 개념은 시사상식을 참고하자. 참고로 세계적인 통신사로는 美联社(AP통신), 法新社(AFP통신), 路透社(로이터통신), 新华社(신화통신), 共同社(교도통신) 등이 있다.

5 '全世界享受体育带来的快乐，还被体育精神所感动'을 원문 순서대로 '전 세계가 스포츠의 즐거움을 즐기고 감동받았다'로 직역하는 것보다 '전 세계가 스포츠의 감동과 환희를 맛보았다'로 번역하는 것이 더 매끄럽다.

6 '举行'은 '개최하다/거행하다' 등으로 번역한다. 일반적으로 '회의/회담을 개최하다', '결혼식/개막식을 거행하다'로 호응한다.

7 '动员300人'을 '300명을 동원하다'로도 번역할 수 있으나 문장 안에서 내용의 중점이 '300명을 동원한 것'에 있는 것이 아니라 '300명이 공연을 하며 다음 올림픽에서 만날 것을 기약한 것'에 있으므로 '300명의 출연진을 통해'로 의역하는 것이 문맥상 적합하다.

8 '129名教练等工作人员'을 '129명의 감독 등 코칭스태프'가 아닌 '감독을 포함한 코칭스태프 129명'으로 번역한다. '감독 및 코칭스태프 129명'으로도 번역할 수 있다. '巴以，流血越多仇越深'에서 언급했던 것처럼 중국어는 '수량사+명사' 순이고 한국어는 '명사+수량사' 순이다. 따라서 '13金'도 '13개 금메달'이 아닌 '금메달 13개'로 번역한다.

9 '军团'은 비유법이다. 스포츠 분야이므로 '군단'이 아닌 '선수단'으로 번역한다.

10 '항목'이 아닌 '종목'으로 번역한다. '项目'는 '항목/종목/사업/프로젝트' 등으로 번역한다.
　　예) 表格项目中的信息栏 서식 항목 중의 정보란 / 圈操项目 후프 종목 / 研究项目 연구 프로젝트

11 '보도했다'로도 번역할 수 있다. 많은 번역 입문자가 '报道说'를 '보도하여 말하기를'으로 번역하는 경향이 있다. 후속절을 먼저 번역한 후 '报道说'를 뒤로 도치시켜 '～라고 보도했다'로 번역하는 것을 잊지 말자.

12 '还以2比0完胜"夙敌"日本'에서 '还'를 '마저'로 번역해 의미를 살렸다.

13 '제압하며'로도 번역할 수 있다.

14 '획득하는/목에 거는'으로도 번역할 수 있다.

15 원문을 보면 '연합뉴스'는 '韩联社', '중앙일보'는 《中央日报》로 표기되어 있음을 알 수 있다. 중국어에서 신문 · 잡지 등 간행물에는 책 이름표(《 》)가 붙지만 통신사에는 붙지 않는다.

16 '한국 스포츠가 꾸준히 발전해 세계 스포츠 강국으로 도약하고 있다'로도 번역할 수 있다.

17 '在质量上'을 '질량에서'라고 번역하지 않는다. 많은 번역 입문자가 '质量'을 '질량'으로 번역하는데 물리 용어를 제외하고는 '질/품질' 혹은 번역문처럼 문맥에 맞춰 번역해야 한다.
　　예) 质量守恒定律 질량보존의 법칙 (O) / 通话质量 통화품질 (O) / 통화질량 (X)

18 '在击剑和体操等原本由部分体育强国垄断的项目上'을 원문 순서대로 '펜싱과 체조 등 원래 일부 스포츠 강국이 독점하고 있는 종목에서'로 번역하는 것보다 순서를 도치시켜 '관형어+체언' 형식으로 만들어 '일부 스포츠 강국의 강세 종목인 펜싱과 체조에서'라고 번역하는 것이 더 매끄럽다.

19 '顽强'은 '완강하다/억세다/억척스럽다'는 뜻으로 문맥상 '뚝심'으로 의역했다.

시사상식 (时事知识)

◆ 韩联社 연합뉴스

영문명은 Yonhap News Agency(YNA)이다. 국내외의 기사 취재와 뉴스 공급기능의 강화를 위해 1980년에 단행된 언론기관 통·폐합조치에 따라 기존의 동양통신과 합동통신을 중심으로 시사·경제·산업 관련 통신사를 통·폐합하여 연합통신을 설립했다. 1998년 12월 북한 취재 전문 통신사인 내외통신을 흡수하면서 12월 19일 연합뉴스로 사명을 바꿨다. 외신 면에서는 미국의 AP·UPI, 영국의 로이터, 프랑스의 AFP 등 4대 통신사를 비롯하여 헝가리의 MTI, 폴란드의 PAP 등 동유럽권 국가의 통신사와도 뉴스교환협정을 맺는 등 전 세계 60여 개 뉴스통신사와 뉴스교류협정을 맺고 있다. 국내 뉴스의 해외방송에도 역점을 두어 세계 각국 통신사에 국내 주요 뉴스를 영어·중국어·일본어·아랍어 등으로 제공하고 있다.

◆ 联合电视新闻台 YTN

YTN은 Yonhap Television News의 준말로 대한민국의 24시간 실시간 뉴스 전문 케이블방송사이다. 1993년 연합통신(현 연합뉴스) 소속 방송국으로 개국하여 1995년 3월 1일 케이블TV 방송을 개국하였으며, 2008년 4월 30일 FM라디오 방송을 개국하였다. 외환 위기로 인해 당시 연합뉴스의 자회사였던 YTN의 공중분해를 우려한 정부가 회사주식 지분의 일부를 여러 공기업이 보유하도록 조치를 취하면서 공기업적인 성격이 강한 기업이 되었다. 이로 인해 이 방송은 대체로 공영방송과 같다는 대중적 인식이 강한 편이다.

◆ 夏季奥运会比赛项目 하계올림픽 정식종목

• 现代五项 근대5종	• 篮球 농구
• 跳水 다이빙	• 摔跤 레슬링
• 拳击 복싱	• 排球 배구
• 羽毛球 배드민턴	• 沙滩排球 비치발리볼
• 射击 사격	• 自行车 사이클
• 水球 수구	• 游泳 수영
• 马术 승마	• 花样游泳 싱크로나이즈
• 射箭 양궁	• 举重 역도
• 帆船 요트	• 柔道 유도
• 田径 육상	• 赛艇 조정
• 体操 체조	• 足球 축구
• 皮划艇 카누	• 乒乓球 탁구
• 跆拳道 태권도	• 网球 테니스
• 铁人三项 트라이애슬론	• 击剑 펜싱
• 曲棍球 하키	• 手球 핸드볼

《江南Style》为何这么火？

① 　　神曲总是层出不穷，现在最红的神曲当属韩国大叔PSY的《江南Style》，这首歌推出2个月来，不仅登上韩国各大音乐榜单首位，还打入欧美市场，从大明星到普通歌迷，到处都在模仿《江南Style》MV中的骑马舞。

简单易学

② 　　"oppa江南style！"《江南Style》以这么一句话开头，意思是"哥哥就是江南范儿"。歌词里的江南指的是韩国首都首尔的江南区，是当地人眼中的富人聚集区，许多有钱人和社会名流在此居住。PSY本名朴载相，毕业于美国伯克利大学音乐系，由于成名曲为《鸟》，所以也被中国歌迷称呼为"鸟叔"。《江南Style》歌词并不复杂，但音乐节奏深具感染力，MV则是搞笑风格，其中反复出现的"骑马舞"动作简单，就是模仿骑马的动作。

突然风靡

③ 　　《江南Style》红到什么程度？它在美国音乐网站Billboard social50排行榜中获得第一名，成为首个登上iTunesMV排行榜榜首的韩国歌曲。《江南Style》MV在Youtube的点击次数达到了1.5亿次。普通歌迷上传了大量模仿这首歌的MV的视频，还有歌迷画出了《江南Style中毒过程》的漫画吸引了人们视线，生动描述了网友在看PSY《江南Style》MV时的表情和反应——第一次看到《江南Style》的时候好奇"这是什么"，3分钟之后觉得"还不错"，再过几分钟就完全进入到PSY的舞蹈中，十分有趣。

④ 　　这首歌拥有大批明星粉丝，神话组合、张东健、金秀路都模仿过骑马舞，布兰妮在参加脱口秀节目时也当场向PSY学习骑马舞。而PSY本人更是因为这首歌名气大震，演唱会门票售罄，接下多个广告代言。

⑤ 　　在中国这首歌同样风靡，百度上已经有网友建起了相关贴吧，百度视频中可以搜索到1.7万多个相关视频，在新浪微博上搜索，则可以搜出一百多万条结果。

⑥ 　　说到歌曲爆红原因，PSY在接受采访时说："我知道自己不是帅哥，但我像韩式拌饭，口味大众化。"他表示可能是他外表土里土气，一点都没有"江南范儿"，却来唱这首歌，因此形成了亮点。

<来源: 新民晚报>

'강남스타일' 인기비결은?

① [1]히트곡은 계속해서 등장하기 [2]마련이다. 요즘 제일 잘나가는 히트곡으로는 [3]한국 가수 싸이의 [4]'강남스타일'을 [5]손꼽을 수 있다. 음원 발표 후 두 달 동안 한국의 각종 주요 음악차트 1위를 석권했을 뿐만 아니라 [6]구미(歐美)시장에 상륙해 톱스타에서 일반 팬에 이르기까지 도처에 '강남스타일' 뮤직비디오의 [7]'말춤 따라하기' 열풍을 일으켰다.

단순하고 따라 하기 쉬운 [8]매력

② "오빤 강남 스타일!"은 '강남스타일'의 첫 소절로 '오빠는 [9]전형적인 강남 사람'이라는 뜻이다. 가사에 나오는 강남은 한국 수도 서울의 강남구를 일컫는다. 한국인에게 부촌으로 인식되는 이곳에는 부유층과 사회 [10]유명인사들이 많이 살고 있다. 싸이의 본명은 박재상이며 미국 버클리 음대를 졸업했다. '새'라는 곡으로 유명세를 얻었기 때문에 중국팬들에게 '냐오수(鳥叔·새아저씨)'란 애칭으로 불린다. '강남스타일'은 [11]가사가 단순하며 리듬에 강한 중독성이 있다. 뮤직비디오도 폭소를 자아내는데 그중 반복해서 등장하는 단순한 동작의 말춤은 말을 타는 동작을 모방한 것이다.

[12]세계를 강타한 깜짝 열풍

③ '강남스타일'의 인기는 어느 정도일까? [13]미국 음악사이트 빌보드 소셜 50차트에서 1위를 차지했고, 한국 가요 최초로 아이튠즈(iTunes) 뮤직비디오 차트 정상에 올랐다. 이 뮤직비디오는 유튜브(Youtube)에서 조회수 [14]1억 5천만 건을 기록했다. [15]팬들은 이 노래의 뮤직비디오를 패러디한 동영상을 [16]무수히 올렸고, 어떤 팬은 '강남스타일 중독과정'이란 만화를 그려 이목을 끌기도 했다. [17]이 만화는 네티즌이 싸이의 '강남스타일' 뮤직비디오를 볼 때의 표정과 반응을 생생하게 묘사한 것으로 [18]처음 '강남스타일'을 봤을 때는 호기심에 '이게 뭐지', 3분 후엔 '괜찮은걸', 몇 분 후엔 싸이의 댄스에 몰입되는 전개과정이 무척 재미있다.

④ [19]'강남스타일'은 수많은 톱스타 팬을 거느리고 있다. 신화, 장동건, 김수로가 말춤을 따라 했고, 토크쇼에 출연한 브리트니 스피어스도 현장에서 싸이에게 직접 말춤을 배웠다. 싸이 본인의 경우 이 노래에 힘입어 엄청난 인기몰이를 하여 콘서트 티켓 매진은 물론 다수의 광고를 계약했다.

⑤ '강남스타일'은 중국에서도 유행했다. 바이두(百度)에 '강남스타일' 관련 톄바(貼吧·바이두의 커뮤니티 서비스)를 개설한 네티즌이 있는가 하면 바이두 [20]동영상 서비스에서 검색해보면 '강남스타일' 관련 동영상이 1만 7천여 건이나 나온다. 시나(新浪) 웨이보에서도 검색하면 1백여만 건의 관련 검색물이 조회된다.

⑥ 폭발적 인기의 원인에 대해 싸이는 인터뷰에서 "내가 미남이 아니란 걸 잘 알고 있다. 하지만 나는 한국 비빔밥처럼 대중의 입맛에 맞다"라고 말했다. 그는 자신의 외모가 촌스럽고 '강남스타일'이 전혀 아님에도 이런 노래를 불렀기 때문에 그게 오히려 [21]매력으로 부각된 것 같다고 밝혔다.

1 '神曲'는 사전에 '신곡(단테의 서사시)'으로 나와 있지만 '히트곡'이라는 뜻으로도 널리 사용되고 있다. 번역 시 사전에만 의존한 직역은 지양하자.

2 '总是'는 '늘/줄곧/아무튼'이라는 뜻으로 '~하기 마련이다/~하는 편이다'로 번역하기도 한다.

3 '大叔'는 싸이가 30대 아저씨임을 나타내기 위한 중국어 표현 방식이다. '한국 아저씨 싸이'보다 '한국 가수 싸이'로 번역하는 것이 한국어 표현 방식에 더 적합하다.

4 원문에 책 이름표(《 》)가 있지만 한국어로 번역 시 관련 기사와 보도문을 참고해 겹낫쇠(『 』)가 아닌 작은따옴표를 붙였다.

5 '当属'는 '마땅히 ~에 속하다'라는 뜻으로 여기서는 '손꼽을 수 있다'로 의역했다.

6 '구미' 뒤에 한자 '欧美'를 덧붙이고 괄호처리를 해 의미를 명확히 했다.

7 원문에는 없지만 주어와의 호응을 위해 '열풍을 일으켰다'를 첨가해 번역했다. '말춤 열풍을 일으켰다/말춤 따라추기 열풍을 일으켰다'로도 번역할 수 있다.

8 원문에는 없지만 문맥상 '매력'을 첨가해 번역했다.

9 '范儿'은 '스타일'이라는 뜻으로 여기서 '江南范儿'을 '강남 스타일'로 직역하면 앞에 나오는 '강남 스타일'과 중복되어 '전형적인 강남 사람'으로 의역했다.

10 '저명인사'로도 번역할 수 있다.

11 '歌词并不复杂，但音乐节奏深具感染力'에서 '但'을 살려서 번역하면 의미 전달이 모호해지기 때문에 과감히 생략하고 번역했다. '가사가 어렵지 않고 중독성 강한 리듬이 곁들여 있다'로도 번역할 수 있다.

12 원문을 보면 소제목 '简单易学'와 '突然风靡'가 네 글자로 길이가 같다. 따라서 번역문도 소제목 간의 길이를 맞추기 위해 '세계를 강타한'을 첨가해 번역했다.

13 매끄러운 문장 연결을 위해 '它在美国音乐网站Billboard social50排行榜中获得第一名'에서 '它'를 생략하고 번역했다.

14 '1억 5천만 뷰의 기록을 세웠다'로도 번역할 수 있다.

15 원문은 '普通歌迷'이다. 여기서 '普通'은 스타 팬과 구분하기 위한 것이므로 번역 시 문맥상 생략해도 좋다.

16 '普通歌迷上传了大量模仿这首歌的MV的视频'에서 '大量'을 동사 '上传' 앞으로 도치시켜 '무수히 올렸고'로 의역해 '大量'의 의미를 살렸다.

17 '生动描述了网友在看PSY《江南Style》MV时的表情和反应'은 앞 문장과 쉼표로 연결되어 있다. 원문의 문장부호와 구조대로 번역하면 만연체가 되기 때문에 앞 문장을 마침표로 끊어준 후 원문에 없는 '이 만화는'을 주어로 만들어 번역했다. 여러 개의 쉼표로 연결된 중국어 문장을 번역할 때는 문맥에 맞게 적절히 마침표로 끊어주고 주어나 연결사를 첨가해 문장을 연결하면 한결 매끄럽고 더 명확한 의미 전달을 할 수 있다.

18 줄표(──)는 바로 앞에서 언급한 내용을 부연 설명하거나 보충할 때 쓰는 중국어 문장부호다. 한국어로 번역 시 동일한 문장부호로 표기하지 않으며 문맥에 따라 번역문처럼 줄표를 생략하고 자연스럽게 뒤 문장과 연결하거나 혹은 줄표를 마침표로 대체한 다음 연결사 '즉'을 첨가해 뒤 문장과 연결한다.

19 원문은 '这首歌'이지만 단락 서두인 점을 고려해 '강남스타일'로 대체해 번역해 의미를 명확히 했다. 중국어 원문에 지시대명사가 나올 경우 꼭 등가로 번역하지 않아도 되며 문맥에 따라 적절한 대체어를 넣어 번역하도록 하자.

20 '视频'은 '동영상'으로 번역하지만 중국어 발음 '스핀'을 고유명사처럼 쓰는 경우도 있다. 예를 들어 온라인 포털업체 소후(Sohu)의 '소후 스핀'이나 대형 메신저·포털·게임 업체인 텅쉰의 '텅쉰 스핀'은 '视频'을 중국어 발음대로 표기하니 참고하자.

21 '亮点'은 '이목을 끄는 사람이나 사물'이라는 뜻으로 문맥상 '매력'으로 의역했다. 문맥에 따라 '하이라이트'로도 번역한다.

Memo

Part 06

사회

韩暴力犯罪频发 八成民众慨叹社会越发恐怖

❶ 韩国媒体近来不断刊登杀人等暴力犯罪案件，仅看标题就让人不寒而栗。韩国调查机构就暴力犯罪事件对百姓生活的影响进行调查，得出韩国社会越来越恐怖的结论。

❷ 《京乡新闻》网站7日称，韩国一家调查机构当天公布的针对200名11岁至59岁受访者进行的问卷调查结果显示，80%的受访者认为，与10年前相比，如今的韩国社会更恐怖更堕落。其中，86%的受访者是女性，这表明女性不安全感更强烈。此外，83%的受访者称，各种暴力犯罪已使日常生活发生变化，14%的人因担心安全不得不放弃一些日常活动。

❸ 韩国最近的确发生多起暴力犯罪事件，如4月1日晚水原市一名女性被奸杀，4月30日一名20多岁大学生在首尔市一公园内被刺40多刀后死亡。此外，中学生杀人事件等也屡见报端，韩国社会陷入恐惧之中。

❹ 相关问卷调查结果公布后，韩国网民展开了激烈讨论。一些网民批评称，由于政府标榜建设所谓"多元文化社会"，一些外国人的到来导致犯罪事件不断发生。有人称，父母十分担心子女安全，孩子外出要带防身工具。有人分析称，韩国社会对饮酒过于宽容，由于强调人权，处罚只是做做样子，而酒后暴力也是一种隐患。

❺ 虽然人们慨叹治安状况不佳，但仍有不少韩国人坚信韩国是世界上治安良好的国家，并称"深夜仍能在路上安心闲逛的国家并不多见。如果害怕就早点回家，不要满口'恐怖'字眼"。记者在韩国生活多年，总体感觉韩国治安不错，反而是媒体对暴力犯罪的痴迷报道渲染了恐怖气氛，引发民众滋生恐怖之感。

<来源：环球时报>

韓 폭력범죄 기승…국민 80%, 무서워지는 사회에 탄식

① 최근 들어 살인 등 [1]폭력범죄가 [2]연이어 한국 언론을 장식하고 있다. 기사 제목만 봐도 [3]간담이 서늘해진다. 한국의 한 조사기관이 폭력범죄가 국민 생활에 끼치는 영향을 조사한 결과 한국 사회가 갈수록 [4]무서워지는 것으로 나타났다.

② [5]경향신문은 7일 자 인터넷판에 [6]이 조사기관이 당일 발표한 설문조사 결과를 보도했다. 11~59세 2백 명을 대상으로 한 이번 조사에서 응답자의 80%가 10년 전보다 한국 사회가 더 무섭고 타락했다고 밝혔다. 이 중 여성 [7]응답자가 86%를 차지해 여성의 불안감이 더 큰 것으로 나타났다. 이 밖에 응답자 83%가 각종 폭력범죄 때문에 일상생활에 변화가 생겼다고 답했고, 14%가 신변 안전이 우려되어 어쩔 수 없이 일상생활의 일부를 포기했다고 응답했다.

③ [8]최근 한국에서는 4월 1일 밤 수원 여성 성폭행 피살사건과 4월 30일 서울 모 공원 20대 대학생 40여 차례 흉기난자 사망사건 등 폭력범죄가 여러 건 발생했다. [9]이뿐만 아니라 [10]중·고등학생의 살인사건 등이 신문지상에 자주 보도되면서 한국 사회가 공포 분위기에 휩싸였다.

④ [11]폭력범죄 관련 설문조사 결과가 발표된 후 한국 네티즌 사이에서 열띤 논쟁이 벌어졌다. 일부 네티즌은 정부가 '다문화 사회'를 표방하면서 외국인 범죄가 끊이지 않고 있다고 질타했다. 한 [12]네티즌은 부모가 자녀 안전을 걱정해 외출 시 호신용품을 휴대하게 한다고 말했고, 또 다른 네티즌은 한국 사회가 음주에 지나치게 관대하며 인권을 이유로 [13]솜방망이 처벌을 하기 때문에 [14]주취폭력도 [15]사회적 문제가 되었다고 분석했다.

⑤ 허술한 치안에 탄식하는 사람들이 있는 반면, 세계적으로 볼 때 한국의 치안이 [16]좋은 편이라고 믿는 [17]한국인도 적지 않다. "야밤에 마음 놓고 다닐 수 있는 나라가 어디 그리 많냐? '무섭다'고만 외칠 게 아니라 무서우면 일찍 귀가해라"[18]는 것이 그들의 주장이다. 한국에서 생활한 몇 년 동안 기자는 치안이 괜찮은 편이라고 느꼈다. 폭력범죄에 대한 한국 언론의 [19]집중보도가 되레 공포 분위기를 [20]조성해 국민의 두려움을 유발한 것 같다.

1 '案件'은 '사건/사안/안건'이라는 뜻으로 여기서는 '범죄사건'을 의미한다. '폭력범죄'에 그 의미가 포함되었기 때문에 번역 시 생략했다.

2 원문 순서대로 '최근 한국 언론이 살인 등 폭력범죄 기사를 연이어 보도하고 있다'로도 번역할 수 있다. 여기서 '연이어'는 '계속해서'로도 번역할 수 있다.

3 '등골이 오싹해진다'로도 번역할 수 있다. 앞 문장과 합쳐서 '최근 살인 등 기사 제목만 봐도 소름 돋는 폭력범죄 사건이 한국 언론을 장식하고 있다'로도 번역할 수 있다.

4 '흉악해지는'으로도 번역할 수 있다.

5 '경향신문 인터넷판이 7일'으로도 번역할 수 있다.

6 만연체를 피하기 위해 '韩国一家调查机构当天公布的针对200名11岁至59岁受访者进行的问卷调查结果显示'를 두 문장으로 나눠서 번역했다. 그리고 '韩国一家调查机构'를 '이 조사기관'으로 번역해 앞 문장의 '韩国调查机构'와 동일한 기관임을 나타냈다.

7 '受访者'는 '被调查者'라고도 하며 '응답자/조사대상자' 등으로 번역한다.

8 '韩国最近的确发生多起暴力犯罪事件，如4月1日晚水原市一名女性被奸杀，4月30日一名20多岁大学生在首尔市一公园内被刺40多刀后死亡'의 경우, '"网络钓鱼"频现打击加大 网民应注意信息保护'에서 언급했던 것처럼 '如' 뒤에 열거되는 단어나 문장을 '如' 앞에 있는 단어를 수식하는 관형어로 만들어 번역하면 문장이 훨씬 매끄럽고 한국어 문장답다. 따라서 '如4月1日晚水原市一名女性被奸杀，4月30日一名20多岁大学生在首尔市一公园内被刺40多刀后死亡'을 '多起暴力犯罪事件' 앞으로 도치시켜 '관형어+체언' 형식으로 만들어 번역했다. 이 문장에서 '起'는 건(件)이나 횟수를 나타내는 양사로 '건/번/차례'라는 뜻이며, '刀'는 '被刺'와 호응해 칼에 찔린 횟수를 나타내는 차용양사(借用量词·사물을 나타내는 명사가 임시로 양사로 쓰인 것)다. 참고로 '4월 30일 서울 모 공원 20대 대학생 40여 차례 흉기난자 사망사건'은 일명 '신촌 대학생 살인사건'이라고도 한다.

9 '또한'으로도 번역할 수 있다.

10 원래 중국어에서 초등학생은 '小学生', 중학생은 '初中生', 고등학생은 '高中生', 초중고생은 '中小学生'이다. 하지만 '中学生'이 때로는 중학생을 지칭할 때도 있으니 문맥에 따라 알맞게 번역하도록 한다.

11 원문은 '相关问卷调查'이지만 단락 서두인 점을 고려해 '폭력범죄 관련 설문조사'로 대체해 번역하여 의미를 명확히 했다.

12 원문은 '有人'이지만 앞 문장에 '네티즌 사이에서 열띤 논쟁이 벌어졌다'는 전제가 있기 때문에 '네티즌'으로 의역했다.

13 '做做样子'는 '모양새를 내다/제스처를 취하다'라는 뜻으로 문맥상 '솜방망이 처벌'로 의역했다.

14 줄여서 '주폭'이라고도 한다.

15 '隐患'은 '잠복해 있는 위험/겉으로 드러나지 않은 폐해'라는 뜻으로 문맥상 '사회적 문제'로 의역했다.

16 '良好'는 '좋은/양호한/우수한' 등으로 번역한다.

17 '不少韩国人坚信韩国是世界上治安良好的国家'의 경우, '不少韩国人'을 문장 뒤로 도치시켜 '~하는 한국인도 적지 않다'로 번역하면 문장이 매끄럽다. 여기서 '적지 않다'는 '많다'로도 번역할 수 있다.

18 '并称"深夜仍能在路上安心闲逛的国家并不多见。如果害怕就早点回家，不要满口'恐怖'字眼"'에서 '并称'은 '또한 ~라고 하다'라는 뜻으로 문맥상 '~것이 그들의 주장이다'로 의역했다.

19 '痴迷报道'를 문맥상 '집중보도'로 번역했다. '집중포화'라고 의역할 수도 있다.

20 '조장해'로도 번역할 수 있다.

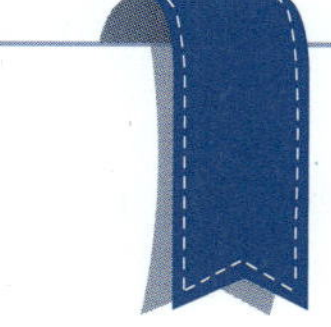

시사상식 (时事知识)

◆ **多元文化社会** 다문화 사회

한 국가나 한 사회 속에 다른 인종 · 민족 · 계급 등 여러 집단의 문화가 함께 공존하는 사회를 일컫는다.

韩大学欲推"半价学费"不容易

① 最近韩国媒体在评述本国大学学费情况时最常用的词汇就是"千万韩元时代"。根据统计，韩国大学学费实际水平位居经合组织第二位，远远高于韩国人均收入水平的排名。今年2月29日，韩国教育科学技术部和韩国大学教育协议会公布了2012年韩国186所4年制一般大学的学费情况，年平均学费为670万韩元。国立和公立大学的学费是415万韩元，私立大学的学费是737万韩元。共有24所大学的学费在800万韩元以上，其中韩国航空大学一年的学费最高，高达858万韩元。

② 那么相对而言，韩国国民的收入又如何呢？根据韩国统计厅今年2月发布的数据，去年韩国家庭月平均收入为384.2万韩元，还不到大学学费的一半。如果某个家庭有2个孩子同时上大学，其家庭负担可想而知。

③ 学费高达近千万韩元的现实，不仅低收入家庭苦不堪言，标准的韩国中产阶级同样承受不住，并对韩国国民的日常生活产生严重的负面影响。家长们在孩子上大学前已经为支付高额的课外补习费不惜血本，孩子进入大学后又要四处借钱筹集学费，因为除了学费，家长还要负担孩子的房租和生活费。很多父母为了供应孩子上学，举债的也不在少数。

④ 为了应对高价学费，很多韩国大学生不得不向银行举债。根据韩国某就业机构最近公布的调查数据，韩国大学生去年因为学费而向相关金融机构贷款的平均数额为1353万韩元，该数据比前一年的1097万韩元多256万韩元。针对全韩国690名大学生所作的调查结果还显示，有63.6%的学生要以借款解决大学学费和生活费问题。

⑤ 正因为高价大学严重影响韩国年轻人的生活质量和对未来的希望，因此去年大学生集体上街游行，要求"半价学费"，而在去年举行的首尔市长选举中，候选人朴元淳能够当选的重要原因之一，就是承诺要给首尔市的小学生提供免费午餐并实现大学的"半价学费"。

<来源：法制日报>

韓 대학, '반값등록금' 추진 어렵네…

최근 [1]한국 언론이 자국의 대학등록금에 대해 논할 때 '천만 원 시대'라는 말을 자주 쓰곤 한다. 통계에 따르면 한국 대학등록금이 OECD 회원국 중 2위를 차지해 한국인 평균 소득 순위를 훨씬 상회하는 것으로 나타났다. [2]올해 2월 29일 한국 교육과학기술부와 한국대학교육협의회가 발표한 2012년 한국 4년제 대학 186곳의 등록금 현황을 살펴보면 연평균 등록금이 670만 원으로 국공립대가 415만 원, 사립대가 737만 원인 것으로 나타났다. 800만 원을 넘은 대학은 24곳으로 이 중 [3]한국항공대학교의 연간 등록금이 858만 원으로 가장 비쌌다.

[4]그렇다면 한국인의 소득 수준은 어떨까? 한국 통계청이 올해 2월에 발표한 데이터에 따르면 작년 [5]가구당 월평균 소득은 384만 2천 원으로 대학 등록금의 절반에도 못 미치는 것으로 나타났다. 만약 [6]자녀 두 명이 대학을 다닐 경우 [7]가계부담이 얼마나 클지 가히 짐작할 수 있다.

[8]등록금이 무려 천만 원에 달하는 현실은 저소득층은 물론 일반 중산층까지 힘들게 만들고 한국인들의 일상생활에 심각한 부작용을 초래한다. [9]학부모들은 자녀의 대학 입학 전에는 고액의 사교육비에 돈을 쏟아붓고, 입학 후에는 여기저기 빚을 내가며 [10]학자금 마련에 여념이 없다. 왜냐하면 등록금 외에도 자녀의 집세, 생활비 등 많은 지출을 부담해야 하기 때문이다. [11]자녀의 대학 공부를 위해 [12]빚을 내는 부모들도 허다하다.

[13]고액 등록금 때문에 많은 대학생이 어쩔 수 없이 은행에서 대출을 받고 있다. 모 취업기관이 최근 발표한 조사 데이터에 따르면 작년 한국 대학생이 등록금 때문에 금융기관에서 받은 [14]대출금이 평균 1353만 원에 달해 전년도의 1097만 원보다 256만 원 늘어난 것으로 나타났다. 전국의 [15]대학생 690명을 대상으로 한 조사 결과 63.6%가 대출로 대학 등록금과 생활비를 [16]해결하는 것으로 나타났다.

고액 등록금이 한국 젊은이들의 [17]삶의 질과 미래의 희망에 악영향을 끼치자 지난해 대학생들이 [18]'반값등록금'을 요구하는 가두시위를 벌였다. 지난해 서울시장 선거에서 박원순 후보가 당선된 주된 이유 중 하나도 서울시 초등학생 무상급식 제공과 대학 '반값등록금' 실현을 [19]공약으로 내세웠기 때문이다.

1 순서를 도치시켜 '한국 언론이 '천만 원 시대'라는 말을 자주 인용해 자국의 대학등록금을 거론하기도 한다'로도 번역할 수 있다. '本国'는 '본국'이 아닌 '자국'으로 번역한다. '学费'는 '학비/등록금/학자금' 등으로 번역하며 여기서는 '반값'과의 호응을 고려해 '등록금'으로 번역했다.

2 매끄러운 문장 연결을 위해 원문의 마침표와 쉼표를 그대로 따르지 않고 재구성해 번역했다. 번역 시 원문의 문장부호를 100% 살리면 좋겠지만, 중국어와 한국어의 특성이 다르기 때문에 경우에 따라 원문의 의미를 제대로 전달하기 위해 재구성할 수도 있다. '올해 2월 29일'은 '지난 2월 29일'로도 번역할 수 있다.

3 원문 순서대로 '한국항공대학교의 연간 등록금이 가장 비싼 858만 원이었다'로도 번역할 수 있다. '一年'은 '한 해'를 의미하므로 문맥상 '연간'으로 번역했다.

4 '那么相对而言'은 '그렇다면 비교해서 말하자면'이라는 뜻으로 여기서 '그렇다면'에 이미 화제전환의 의미가 있으므로 간결한 번역을 위해 '相对而言'을 생략하고 번역했다.

5 '家庭'은 '가정/가구/가족/가계' 등으로 번역하며 여기서는 문맥상 '가구'로 번역했다.

6 한국어가 '명사+수량사' 순인 점을 고려해 '2个孩子'를 '두 명의 자녀'가 아닌 '자녀 두 명'으로 번역했다.

7 '가정부담'이 아닌 '가계부담'으로 번역한다.

8 순서를 도치시켜 '무려 천만 원에 달하는 등록금은'으로도 번역할 수 있다. '高达'는 '(수치/수량/금액이) 높은 수준에 달하다'라는 뜻으로 '무려 ~에 달하다/무려 ~나 되다' 등으로 번역하면 좋다.

9 '家长'은 '부모/학부모/보호자/가장' 등으로 번역한다. 학교 · 자녀 관련 텍스트에서는 주로 '학부모'로 번역하는 경우가 많다.

10 한 문장에서 '学费'가 두 번 나왔는데 전자는 '공부를 위해 들어가는 모든 비용'을, 후자는 '순수히 학교에 들어가는 비용'을 의미한다. 따라서 전자의 '学费'는 '학자금', 후자의 '学费'는 '등록금'으로 번역했다.

11 원문 내용이 대학에 관한 것임을 고려해 '대학'을 첨가해 번역했다.

12 원문 순서대로 '많은 부모들이 자녀의 대학 공부를 위해 빚을 내기도 한다'로도 번역할 수 있다.

13 '고가 등록금'이라고 번역하지 않는다.

14 순서를 도치시켜 '평균 대출금이 전년도의 1097만 원보다 256만 원 늘어난 1353만 원에 달하는 것으로 나타났다'로도 번역할 수 있다.

15 한국어가 '명사+수량사' 순인 점을 고려해 '690名大学生'을 '690명의 대학생'이 아닌 '대학생 690명'으로 번역했다.

16 '조달'로도 번역할 수 있다.

17 '生活'은 '생활/삶/인생' 등으로 번역한다. 여기서 '生活质量'은 '생활 수준'으로도 번역할 수 있다.

18 '集体上街游行，要求"半价学费"'를 한 문장으로 합쳐서 '반값등록금'을 요구하는 가두시위를 벌였다'로 번역했다.

19 '承诺'는 '약속/공약' 등으로 번역한다. 여기서는 선거 관련 내용이므로 문맥상 '공약'으로 번역했다.

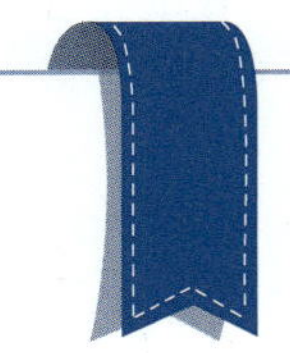

시사상식 (时事知识)

◆ **"3无+1半" 政策** '3무1반' 정책

2012년 총선(국회의원 선거)을 앞두고 민주당이 내세운 복지정책이다. 3무는 무상급식·무상보육·무상의료를 일컫고 1반은 반값등록금을 말한다. 이를 계기로 여야 간 백가쟁명식의 복지 공약 경쟁이 시작되었다.

- 무상급식 **免费午餐**
- 무상보육 **免费保育**
- 무상의료 **免费医疗**
- 반값등록금 **半价学费**

韩国连续8年自杀率第一 性犯罪和贫困是主因

9月10日是世界卫生组织和国际自杀预防协会确定的"世界预防自杀日"，而韩国的自杀率已经连续八年在经济合作与发展组织（OECD）成员国中排名第一，这也引起韩国国内的深刻反思。

韩国统计厅此前发表的资料显示，仅2010年韩国一年的自杀人数就达15566人，比十年前增加了141%，平均每天就有43人自杀。

据分析，韩国自杀率居高不下和其民众面临的经济问题有密切关系。据统计，韩国65岁以上老人的贫困率为48.5%，是OECD成员国的3.4倍之多，这也直接导致了韩国的自杀群体有"高龄化"趋势，在抑郁症、疾病、孤单等老年人常常面对的负面因素影响下，贫困成为了压垮其心理防线的"最后一根稻草"。另一方面，韩国社会中严重的性犯罪问题也是一大诱因。据悉，韩国女性的自杀率高达OECD平均值的4倍之多，这是性犯罪问题造成的恶劣影响的直接体现。韩国强奸犯罪率常年高居世界前几位，多国政府和媒体因此将韩国描述成"性犯罪频发"的国家，对韩国的国际形象造成严重损害。而前段时间韩国曝出的强奸幼女案引发全民探讨"化学阉割"，其性犯罪问题之积病已久也可见一斑。

除此之外，自杀也已成为韩国青少年的第一大死亡原因。而韩国诸多如前总统卢武铉、演员朴龙河、崔真实等名人的自杀也被认为是影响青少年使其模仿的重要原因。韩国极高的自杀率所折射的是其深重的社会问题，其中涉及到经济、国民意识、犯罪问题等等，冰冻三尺非一日之寒。而韩国政府也远未对自杀问题报以足够重视，甚至期望在不增加预算的情况下自杀率会自动下降。相比较而言，其东亚近邻日本用于预防自杀的预算达每年3000亿韩元，而韩国政府投入的只有20亿韩元。在预防自杀的领域，韩国还有很远的路要走。

<来源：观察者网>

한국 자살률 8년 연속 1위…성범죄와 빈곤이 주요 원인

❶ 9월 10일은 세계보건기구(WHO)와 국제자살예방협회(IASP)가 ¹제정한 ²'세계자살예방의 날'이다. 그런데 한국의 자살률은 8년 연속 경제협력개발기구(OECD) ³회원국 중 1위를 차지해 한국 사회에서 ⁴자성의 목소리가 일고 있다.

❷ 한국 통계청이 얼마 전 발표한 자료에 따르면 ⁵2010년 한 해에만 한국의 자살자 수가 10년 전보다 무려 141% 증가한 1만 5566명에 달해 하루 평균 43명이 자살한 것으로 나타났다.

❸ 분석에 따르면 ⁶한국의 높은 자살률은 국민들이 겪는 경제적 문제와 밀접한 관련이 있다. 통계 결과 한국의 65세 이상 노인 빈곤율은 48.5%로 OECD회원국의 ⁷3.4배나 된다. 이는 자살자의 ⁸'고연령화'를 직접적으로 초래하기도 했다. 우울증·질병·고독 등 노인들이 흔히 처하는 ⁹어려운 상황 속에서 빈곤은 심리적 마지노선을 무너뜨리는 ¹⁰'마지막 잎새'가 되었다. 그 밖에 한국사회의 심각한 성범죄 역시 자살의 주요 원인 중 하나다. 한국 여성의 자살률이 OECD 평균치보다 무려 4배나 높은데 이는 성범죄의 악영향이 빚어낸 결과다. 한국의 성폭행률은 오랫동안 세계 상위권에 속해왔기 때문에 ¹¹각국 정부와 언론이 한국을 ¹²'성범죄 천국'으로 비유하여 국제적 이미지가 크게 훼손되었다. 얼마 전 발생한 여아 성폭행 사건으로 인해 전국적으로 '화학적 거세' 논의가 일기도 했다. ¹³한국의 성범죄 문제가 이미 오랜 사회적 문제임을 알 수 있다.

❹ 이외에도 자살은 한국 청소년의 사망원인 1위이기도 하다. 노무현 전 대통령, 탤런트 박용하, 최진실 등 많은 유명인의 자살 역시 청소년 모방자살의 주요 원인으로 인식되고 있다. 한국의 높은 자살률은 ¹⁴경제적 문제·국민 의식·범죄 문제 등 한국의 심각한 사회 문제를 여실히 드러낸 것으로 결코 하루아침에 생긴 문제가 아닌 오랫동안 누적되어 온 사회적 병폐다. ¹⁵한국 정부의 자살 문제에 대한 인식 역시 부족해 예산을 늘리지 않고 자살률이 ¹⁶저절로 줄어들기를 기대하고 있다. ¹⁷이웃국가인 ¹⁸일본이 자살예방 예산에 매년 3000억 원을 쓰는 반면 한국 정부의 관련 예산은 고작 20억 원이다. 자살 예방에 있어 한국은 아직도 갈 길이 멀다.

1 '确定'을 문맥상 '확정하다'가 아닌 '제정하다'로 번역했다.

2 중한번역 시 자주 범하는 오류 중 하나가 바로 중국어 큰따옴표를 한국어에 그대로 표기하는 것이다. 한국어는 직접 대화 및 남의 말(속담·소리)을 인용할 때에 큰따옴표를 쓰고, 마음속 말·강조·비유·고유명사·외래어 및 큰따옴표 안에 들어가는 큰따옴표에 작은따옴표를 쓴다. 반면 중국어는 모두 큰따옴표를 쓰고 큰따옴표 안에 들어가는 큰따옴표에 작은따옴표를 쓴다.

   예) "엄마 무슨 일이에요?" (직접 대화) / "천리 길도 한걸음부터"라는 말이 있다 (속담 인용) / "쾅"하는 소리가 났다 (소리 인용) / '누가 있는 건가?'라는 생각이 들었다 (마음속 말) / 대통령은 "국민 모두 '이런 일이 다시 발생해서는 안 된다'고 목소리를 높이고 있습니다"라고 말했다 (큰따옴표 안에 들어가는 큰따옴표를 작은따옴표로 표기)

   习近平称，"防治空气污染是北京面临的'最突出的'问题。" (큰따옴표 안에 들어가는 큰따옴표를 작은따옴표로 표기)

   따라서 "세계자살예방의 날"이 아닌 '세계자살예방의 날'로 번역해야 한다.

3 '成员国'는 '성원국'이 아닌 '회원국'으로 번역한다.

4 많은 번역 입문자가 '引起深刻反思'를 '깊은 반성을 불러일으켰다'고 번역할 것이다. 매끄러운 번역을 위해 '자성/반성/성찰의 목소리가 일었다'로 번역하자.

5 '仅2010年'에서 '仅'은 '2010년 딱 그 한 해'라는 범위의 한정을 나타낸다.

6 술어(谓语)인 '居高不下'를 '自杀率' 앞으로 도치시켜 '관형어+체언' 형식으로 만들어 번역하면 간결하면서도 뒤 문장과 연결이 매끄럽다.

7 '之多'는 '많다'를 강조한 것이다. '多'와 '之多'를 혼동하지 말자. 예를 들어 '5倍多'이면 '다섯 배가 좀 넘었다'는 것이고, '5倍之多'는 '무려 다섯 배나 된다'는 것이다. 따라서 '3.4배나 된다'로 번역했다.

8 문맥상 '고령화'로 번역하지 않는다. '고령화'란 65세 이상의 고령자 인구가 총인구에서 차지하는 비율이 높아지는 현상을 일컫는 반면 '고연령화'는 연령대가 높아지는 추세를 지칭하니 혼동하지 말자.

9 많은 번역 입문자가 '负面因素影响'을 '부정적인 요소의 영향'으로 직역할 것이다. 그러나 도착어의 문맥을 고려하지 않고 원문에만 치중한 직역은 어색할 뿐만 아니라 올바른 의미 전달이 안 된다.

10 '最后一根稻草'는 '마지막 지푸라기'라는 뜻으로 '심리적 마지노선을 무너뜨리는'과의 호응을 고려해 '마지막 잎새'로 의역했다.

11 '多国政府'를 '많은 나라의 정부'나 '여러 정부'로 번역하면 어색해서 '각국 정부'로 번역했다.

12 '성범죄가 빈번한 나라/성범죄 빈번국'보다는 '성범죄 천국'이 매끄럽고 더 강한 의미 전달을 할 수 있다.

13 '其性犯罪问题之积病已久也可见一斑'에서 '其'는 한국을 지칭한다. 《江南Style》为何这么火？'에서 언급했던 것처럼 중국어 원문에 지시대명사가 나올 경우 꼭 등가로 번역하지 않아도 되며 문맥에 따라 적절한 대체어를 넣어 번역하도록 하자.

14 '其中涉及到经济、国民意识、犯罪问题等等'을 '其深重的社会问题' 앞으로 도치시켜 '관형어+체언' 형식으로 만들어 '경제적 문제·국민 의식·범죄 등 한국의 심각한 사회문제'로 번역했다. 여기서 '其中涉及到'는 '그중 ～을 포함하고 있다'라는 뜻으로 앞으로 도치시키면서 생략하고 번역했다.

15 많은 번역 입문자가 '韩国政府也远未对自杀问题报以足够重视'를 '한국 정부의 자살 문제에 대한 충분한 중시가 아직 멀었다'로 번역할 것이다. 하지만 이 문장은 '한국 정부가 자살 문제에 대한 충분한 인식이 없다'라는 의미이므로 '한국 정부의 자살 문제에 대한 인식 역시 부족해'로 간결하게 번역하는 것이 좋다.

16 '自动'을 '자동'이 아닌 '저절로'라고 번역하자.

17 '其东亚近邻'에서 '其'는 한국을 지칭한다. 여기서 '东亚'는 '동아시아'라는 뜻이나 간결한 번역을 위해 생략했다.

18 '相比较而言'은 '비교해 말하자면'이라는 뜻인데 번역 과정에서 직역하지 않고 '이웃국가인 일본이 자살예방 예산에 매년 3000억 원을 쓰는 반면'으로 대체해 번역했다.

시사상식 (时事知识)

◆ **世界卫生组织** 세계보건기구

WHO(World Health Organization)라고도 한다. 보건분야의 유엔전문기구로 1948년 국제보건사업의 지도조정 · 회원국 정부의 보건 부문 발전을 위한 원조제공 · 전염병과 풍토병 및 기타 질병 퇴치활동 · 보건 관련 단체 간의 협력관계 증진 등을 목적으로 발족되었다.

◆ **世界预防自杀日** 세계자살예방의 날

매년 9월 10일로 전 세계에 생명의 소중함과 자살문제의 심각성을 널리 알리고 대책을 마련하기 위한 날이다. 세계보건기구(WHO)와 국제자살예방협회(IASP)가 2003년에 제정했다.

◆ **经济合作与发展组织** 경제협력개발기구

OECD(Organization for Economic Cooperation and Development)라고도 한다. 이 단체는 회원국 간 상호 정책조정과 정책협력을 통해 회원국의 경제 · 사회발전을 공동으로 모색하고 나아가 세계 경제 문제에 공동으로 대응하기 위한 정부 간 정책 논의 및 협력기구다.

◆ **化学阉割** 화학적 거세

남성호르몬인 테스토스테론을 고갈시켜 성욕을 억제시키는 것을 목적으로 약물을 투여하는 것이다. 한국에서는 2011년부터 시행에 들어갔다. 치료 약물로는 남성 전립선암과 여성 자궁내막증 치료제로 쓰이는 호르몬 억제제가 사용된다. 화학적 거세의 문제점은 효과가 나타나려면 상당한 시간 · 인력 · 비용이 필요하며 약의 효능이 떨어진 후 재범의 위험이 있다. 또한 호르몬 불균형으로 암 유발, 신체와 외모가 여성화되는 약물 부작용이 나타날 수 있다.

韩媒称韩国正式跻身"发达国家"行列

❶ 韩国《朝鲜日报》与LG经济研究院28日共同发布研究成果，引入"20-50俱乐部"概念，称韩国将于下个月成为世界第7个满足人均GDP超过2万美元、总人口超过5000万的国家，这意味着韩国正式跻身发达国家。韩国总统李明博28日在例行演说中也提到，韩国即将加入发达国家行列。

❷ 韩国《朝鲜日报》28日的报道称，目前全世界满足发达国家标准的只有美国、日本、德国、法国、意大利和英国。根据韩国统计厅的推算，今年6月23日，韩国国内人口（包括外国人）将首次突破5000万人。报道认为，跻身"20-50俱乐部"意味着韩国正式跻身发达国家行列，具有重要意义。而跨过这一壁垒后，大部分国家会始终保持这一水平，人口和国民收入均出现增长。只有德国在上世纪90年代初受两德统一的影响，国民收入短暂跌破2万美元，但随即恢复。

❸ 韩国金融研究院院长尹畅贤表示："第二次世界大战后独立的国家中，韩国是唯一进入20-50俱乐部的国家。诺贝尔经济学奖得主、芝加哥大学教授罗伯特·卢卡斯曾将韩国的经济发展称之为'奇迹'，可以说奇迹已成为了现实。"韩国《东亚日报》29日发表社论称，韩国进入"20-50俱乐部"是发出了进入先进强国的信号，现在韩国的GDP为世界第15位，出口额世界第7位。社论认为，虽然一些城市国家的人均GDP比韩国高，但称不上强国，而加拿大和澳大利亚由于人口不够根本不可能进入"20-50俱乐部"，中国、俄罗斯、印度的人均GDP又有较大差距，因此在短时间内世界上不会再有国家加入该俱乐部。

❹ 以购买力评估为准，韩国人均GDP早在2010年就达到29997美元，高于意大利（29480美元），接近日本（33885美元）和法国（33910美元）。日本是世界上首个跨入"20-50俱乐部"的国家（1987年），此后分别是美国、法国和意大利、德国、英国。

❺ 报道称，在国际社会上，人均收入2万美元是衡量一个国家是否进入发达国家行列的收入标准。另外，人口5000万人则是划分人口强国和小国的标准。

<来源：环球时报>

韓 언론, 한국 '선진국' 대열 합류 보도

조선일보와 LG경제연구원이 28일 공동 발표한 연구 결과에 따르면 [1]'20-50클럽' 개념에 [2]따라 한국이 [3]내달 세계에서 7번째로 1인당 GDP 2만 달러 이상, 인구 5000만 명 이상인 국가가 되어 정식으로 선진국 대열에 들어선다. 이명박 대통령도 28일 정례 연설을 통해 한국이 곧 선진국 대열에 진입한다고 언급했다.

[4]조선일보는 현재 세계적으로 선진국 기준에 부합하는 나라는 미국, 일본, 독일, 프랑스, 이탈리아, 영국뿐이라고 28일 보도했다. 한국 통계청 추산에 따르면 한국 인구(외국인 포함)가 올해 6월 23일을 기점으로 5000만 명을 넘는다. [5]보도에 따르면 '20-50클럽' 가입은 한국이 정식으로 선진국 대열에 들어서는 것으로 매우 의미심장하다. 대부분 국가가 [6]'20-50' 문턱을 넘어선 후 이 수준을 유지하며 인구와 국민소득이 모두 증가한다. 다만 독일만이 [7]1990년대 초 동서독 통일의 영향으로 국민소득이 잠시 2만 달러 아래로 떨어졌다가 이내 회복했다.

윤창현 한국금융연구원장은 "[8]제2차 세계대전 후 독립한 나라 중 한국만이 '20-50클럽'에 가입했다. [9]노벨경제학상 수상자인 시카고대학의 로버트 루카스 교수가 한국의 경제성장을 '기적'이라 말한 적이 있는데 기적이 현실이 된 셈이다"라고 말했다. 동아일보는 29일 사설을 통해 한국의 '20-50클럽' 가입은 [10]선진강국 진입의 [11]청신호로 현재 한국의 GDP는 세계 15위, 수출액 규모는 7위라고 보도했다. 사설에 따르면 1인당 GDP가 한국보다 높은 [12]도시국가도 일부 있지만 강국으로 볼 수 없으며 캐나다와 호주는 인구수 부족으로, 중국·러시아·인도는 1인당 GDP가 크게 못 미쳐 '20-50클럽'이 될 수 없어 당분간 이 클럽에 가입하는 나라는 없을 것이다.

구매력 평가(PPP) 기준 한국의 1인당 GDP는 2010년에 이미 2만 9997달러를 기록, 이탈리아(2만 9480달러)를 초월했고 일본(3만 3885달러)과 프랑스(3만 3910달러)에 근접했다. 일본이 세계에서 최초로(1987년) '20-50클럽'에 가입했고, 이후 미국, 프랑스, 이탈리아, 독일, 영국이 [13]차례로 이 대열에 합류했다.

[14]보도에 따르면 국제사회에서 1인당 국민소득 2만 달러는 선진국 대열 진입 여부를, 인구 5000만은 인구 강국과 소국을 가르는 기준으로 통용되고 있다.

1 '韩国连续8年自杀率第一 性犯罪和贫困是主因'에서 큰따옴표와 작은따옴표 사용에 대해 언급한 바 있다. 이에 따라 "20-50클럽"이 아닌 '20-50'클럽으로 번역한다.

2 '引入~概念'은 '~개념을 도입하다'라는 뜻이지만 여기서는 직역하면 어색하므로 문맥상 '개념에 따라'로 의역했다.

3 '다음 달'로도 번역할 수 있다.

4 '조선일보는 현재 세계적으로 미국, 일본, 독일, 프랑스, 이탈리아, 영국만이 선진국 기준에 부합한다고 28일 보도했다'로도 번역할 수 있다. '央行时隔三年半首次降息用意几何'에서 언급했던 것처럼 '报道称'을 '보도하기를'로 번역하지 말고 후속절을 먼저 번역한 후에 '~라고 보도했다'로 번역해야 함을 잊지 말자. 단, 보도를 하는 주체가 명시되지 않고 '报道称'이 문장 맨 앞에 나올 경우 '보도에 따르면'으로 번역하면 매끄럽다.

5 '认为'는 '여기다/생각하다/보다'라는 뜻으로 기사체에선 더 다양하게 번역할 수 있다. '报道认为'는 '보도에 따르면'으로 번역할 수 있다.

6 '而跨过这一壁垒后, 大部分国家会始终保持这一水平'처럼 '这'가 연달아 나올 경우 둘 다 '이'로 번역하면 어색하고 명확한 의미 전달이 안 된다. 이런 경우 둘 중 하나를 앞에 나온 구체적 명칭이나 대체어를 써서 번역하는 것이 좋다. 따라서 "20-50' 문턱을 넘어선 후 이 수준을 유지하며'로 번역했다.

7 '上世纪90年代'는 '지난 세기 90년대/20세기 90년대'가 아닌 '1990년대'로 번역한다.

8 줄여서 '2차 대전'으로도 번역할 수 있다.

9 중국어의 직책과 인명 표기에서 직책에 표기된 모점(、)을 두 사람으로 오역하는 경우가 많다. 이는 한국어의 '겸'과 같은 뜻이니 주의하자. 그리고 '央行时隔三年半首次降息用意几何'에서 언급했던 것처럼 한국어는 '인명+소속+직책' 순이지만, 인명 뒤에 소속이나 직책 등이 두 개 이상 표기 될 경우 하나를 앞으로 도치시켜 번역하는 것이 매끄럽다. 따라서 '诺贝尔经济学奖得主、芝加哥大学教授罗伯特 · 卢卡斯'를 '노벨경제학상 수상자인 로버트 루카스 시카고대학 교수' 혹은 '노벨경제학상 수상자인 시카고대학의 로버트 루카스 교수'로 번역할 수 있다. 여기서는 관련 기사를 참고해 '노벨경제학상 수상자인 시카고대학의 로버트 루카스 교수'로 번역했다.

10 '강국'과 '대국'은 개념이 다르다. '강국'은 주로 질적인 면, '대국'은 주로 양적인 면이 강조된다. 일반적으로 '대국'이 된 후 '강국' 실현에 힘쓴다. 예를 들어 '경제대국'을 이룬 후 '경제강국' 실현을 위해 노력한다.

11 문맥상 좋은 신호를 뜻하기 때문에 '청신호'로 의역했다. 반대 개념으로는 '적신호'가 있다.

12 '도시국가'란 도시 자체가 하나의 국가로 존재하는 것으로 싱가포르 · 모나코 · 바티칸이 대표적이다.

13 '分别是'를 문맥상 '차례로'로 의역했다.

14 원문대로 번역하면 '보도에 따르면 국제사회에서 1인당 국민소득(GDP) 2만 달러가 선진국 대열 진입 여부를 가늠하는 기준으로 통용되고 있다. 그 밖에 인구 5000만은 인구 강국과 강국과 소국을 가르는 기준이다'가 된다. 하지만 두 문장 모두가 보도 내용에 해당하기 때문에 굳이 두 문장으로 번역하기보다는 한 문장으로 연결하는 게 더 매끄럽고 깔끔하다. 원문을 보면 선진국의 소득 기준을 '人均GDP2万美元', '人均收入2万美元'으로 썼는데 여기서 '1인당 GDP'와 '1인당 국민소득'은 같은 개념이다. 관련 내용은 시사상식을 참고하자.

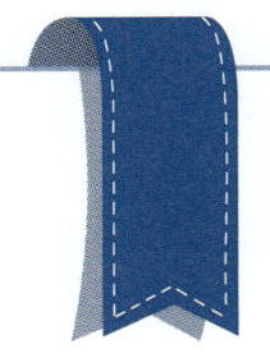

시사상식 (时事知识)

◆ **20-50俱乐部** 20-50클럽

5000만 명 이상의 인구 규모를 가진 국가이면서 1인당 국민소득 2만 달러 이상을 달성한 국가를 일컫는다. 이는 한 국가가 높은 수준의 국가경쟁력을 갖추기 위해서는 국민경제 규모의 기준이 되는 1인당 국민소득과 함께 적정선의 인구경쟁력도 갖추어야 한다는 의미다. 실제로 인구는 많지만 국민소득이 낮고, 국민소득은 높지만 인구가 적은 경우가 많아 한 국가가 이 두 가지 조건을 충족시키는 게 쉽지 않다.

◆ **人均GDP** 1인당 GDP

국민의 생활 수준 비교 시 기준으로 삼는 1인당 GDP는 1인당 국민소득과 혼용해서 쓴다. 예전에 1인당 국민소득은 국민총생산(GNP) 혹은 국민총소득(GNI)을 기준으로 계산했지만 요즘은 주로 국내총생산(GDP)을 기준으로 한다. GDP란 한 국가의 모든 경제주체가 일정 기간 생산활동에 참여해 창출한 부가가치 또는 최종 생산물의 시장가격을 합친 금액이다. GDP를 기준으로 1인당 국민소득을 계산하는 가장 큰 이유는 경제 글로벌화 때문이다. 즉 자국민이 외국에 나가서 돈을 벌거나 외국인이 자국에 들어와 돈을 버는 일이 많아지면서 국민을 기준으로 하는 GNP 혹은 GNI로 계산하는 것이 어려워졌기 때문이다. 참고로 1인당 GDP 혹은 1인당 국민소득은 구매력평가지수(PPP)를 기준으로 계산하기도 한다.

◆ **购买力评估** 구매력 평가

PPP(Purchasing Power Parity)로 표기하기도 한다. 경제학적으로 복잡한 개념이나 쉽게 말하면 특정 통화가 서로 다른 나라에서 동일한 특정 재화를 얼마나 살 수 있는지를 측정하는 방법을 일컫는다.

结婚为何越来越晚

① 　韩国京畿道家庭与妇女研究所日前公布的研究结果显示，近年来韩国40岁以后才首次结婚的人数显著增加。此外，2011年，40岁以后才首次提出结婚申请的韩国人比2010年增加了58.2%，比2001年增加了两倍。类似的"晚婚潮"不仅出现在韩国。日本厚生劳动省先前发布的数据显示，日本人的初婚年龄从"60后"25.7岁，"90后"可能将提升到28.2岁。

② 　"晚婚潮"走俏的同时，"不婚"似乎也成为潮流。日本国立社会保障人口问题研究所进行的"出生动向基本调查"显示，在18至35岁年龄段的未婚者中，表示"一辈子不打算结婚"的男性比例为9.4%，同比增长2.3%，女性比例高达6.8%，同比增长1.2%。

③ 　越来越多的晚婚与不婚现象，首先与现实因素息息相关，经济因素是之一。京畿道家庭与妇女研究所安泰永在接受媒体采访时表示，人们只有在财政有保障后才会结婚，但这种保障通常要年龄很大时才会实现。对越来越多的人来说，他们需要具有足够的资本，为买车、买房、孩子教育、保险等事项做好充分准备，才能结婚。在经济形势并不乐观的当下，结婚似乎成了一件"奢侈品"。

④ 　现实因素中，适婚男女的比例问题也值得关注，因为这使得"新娘"或"新郎"成了稀缺资源。韩国统计厅于2011年发布的《2010年人口普查》显示，2011年本国适婚年龄层的男女比例已是1.19：1，2012年这一比例预计将达1.23：1。

⑤ 　越来越多的晚婚与不婚现象，还与人们的观念层面的因素相关。一方面，伴随着社会地位的变化和受教育程度的提高，女性改变了对自我角色的设定。她们不再把自己视为婚姻而存在的附属，而是要通过努力提升自我的主体地位。另一方面，新生代的价值观与生活态度发生了很大变化。在他们眼中，婚姻不再是必需品。此外，在一些国家，"只要家庭，不要婚姻"的理念也使得结婚率越来越低。

<来源：新华网>

결혼이 점점 늦어지는 이유

한국 [1]경기도가족여성연구원이 얼마 전 발표한 연구결과에 따르면 최근 몇 년간 [2]40세 이상 [3]초혼자 수가 현저히 증가한 것으로 나타났다. 2011년에 40세 이상 초혼자는 2010년보다 58.2% 증가해 2001년보다 [4]3배 늘었다. 이 같은 '만혼 풍조'가 한국에만 있는 것은 아니다. 일본 후생노동성이 앞서 발표한 데이터에 따르면 일본인의 초혼 연령이 [5]'1960년대생'은 25.7세였으나 '1990년대생'은 28.2세로 높아질 것으로 보인다.

'만혼 풍조'와 함께 '결혼 기피' 현상도 유행하고 있다. 일본 국립사회보장인구문제연구소가 실시한 '출생동향기본조사'에 따르면 [6]18세~35세의 미혼자 중 '평생 결혼하지 않겠다'는 남성이 9.4%로 전년도 동기대비 2.3% 증가, 여성은 6.8%로 전년도 동기대비 1.2% 증가했다.

[7]점차 만연하는 만혼 풍조와 결혼 기피 현상은 현실적인 [8]이유와 밀접한 관련이 있는데 [9]경제적 원인이 그중 하나다. 경기도가족여성연구원의 안태영 연구원은 언론과의 인터뷰에서 [10]경제적으로 안정되어야 결혼을 할 수 있는데 이는 어느 정도 나이가 차야 가능하다고 말했다. 자동차 구입, 주택 마련, 자녀 교육, 보험 가입 등을 위한 충분한 재력을 갖춰야 결혼할 수 있다는 [11]사람이 점차 늘고 있다. 경제상황이 좋지 않은 오늘날, 결혼은 일종의 '사치품'이 되었다.

[12]결혼적령기 남녀비율 역시 주목해야 할 현실적 문제다. 왜냐하면 [13]이로 인해 '신부'나 '신랑'의 [14]부족 현상이 빚어졌기 때문이다. 한국 통계청이 2011년에 발표한 '2010년 [15]인구조사' 결과에 따르면 2011년 한국의 결혼적령기 남녀비율이 1.19:1로 2012년에는 1.23:1에 달할 것으로 보인다.

만혼과 결혼 기피의 증가 현상은 사람들의 [16]가치관과도 관련이 있다. [17]먼저 사회적 지위의 변화와 교육 수준의 향상으로 인해 여성의 역할에 변화가 생겼다. [18]여성들은 더 이상 자신을 결혼의 부속물로 여기지 않고 자신의 지위 향상을 위해 노력한다. 또한 신세대 가치관과 생활 태도에도 큰 변화가 생겨 더 이상 결혼을 필수라고 생각하지 않는다. 이 밖에도 일부 국가에서 유행하는 [19]'가정은 YES, 결혼은 NO'의 [20]풍조 역시 결혼율을 점점 떨어뜨리고 있다.

1 원문은 '京畿道家庭与妇女研究所'이지만 한국의 정식 기관명이므로 '경기도가족여성연구원'으로 번역했다. 참고로 '妇女'는 '부녀자'가 아닌 '여성'으로 번역한다. 한국어의 '부녀자'는 '기혼 여성'을 뜻하지만 중국어의 '妇女'는 '성인 여성'을 의미한다.

2 '40세 이후'가 아닌 '40세 이상'으로 번역하는 게 매끄럽다.

3 '혼인신고를 처음 하다'는 뜻으로 문맥상 '초혼자'로 번역하면 간결하면서도 명확하다.

4 앞에서 중국어 배수에 대해 언급한 바 있다. 따라서 '增加了两倍'는 '2배 증가'가 아닌 '3배 증가'이다.

5 중국에서는 1960년대생을 '60后', 1970년대생을 '70后', 1980년대생을 '80后', 1990년대생을 '90后'로 부른다. 중국 관련 문장일 경우 '60后'를 외래어의 한국어 표기법(부록 참고)에 따라 '류링허우'로 번역하지만 일본의 상황이므로 '1960년대생'으로 번역했다.

6 구체적인 나이가 명시되어서 '年龄段'을 생략하고 번역했다. '年龄段'은 '연령대'라는 뜻으로 문맥에 따라 생략하고 번역하기도 한다.

   예) 20岁年龄段 20대 / 30岁年龄段 30대

7 '만혼 풍조와 결혼 기피 현상'과의 호응을 고려해 '越来越多'를 '점차 만연하는'으로 의역했다.

8 문맥상 '요소'가 아닌 '이유'로 번역했다. '因素'는 '요소/요인/원인/이유' 등으로 번역한다.

   예) 遗传因素 유전요소 / 戏剧性因素 극적인 요소 / 不安定因素 불안요인 / 环境因素 환경요인 / 经济因素 경제적 원인 / 组合因素 복합적 이유

9 앞의 '因素'는 '이유'로 번역했고 뒤의 '因素'는 '원인'으로 번역했다.

10 '财政有保障'은 문맥상 '재정적 안정'이 아닌 '경제적 안정'으로 의역했다.

11 원문대로 '점점 많은 사람에게 있어 그들은'으로 번역하면 어색하므로 문맥상 '~ 사람이 점차 늘고 있다'로 의역했다.

12 '适婚男女的比例问题也值得关注'를 '现实因素中' 앞으로 도치시켜 '관형어+체언' 형식으로 만들어 번역했다. 문맥상 '因素'를 생략하고 '问题'로 대체해 번역하면 한층 간결하다.

13 '使'를 '이로 인해/이 때문에'와 같은 연결사로 대체해 번역하면 문장이 간결하고 연결도 매끄러워진다.

14 '稀缺资源'을 '희소자원'으로 직역하면 어색하므로 '부족 현상'으로 의역했다.

15 '인구센서스'로도 번역할 수 있다.

16 '观念'은 '관념/생각/사고/가치관/의식/발상' 등으로 번역한다. 여기서 관념으로 번역하면 어색하므로 가치관으로 번역했다.

   예) 固有观念 고정관념 / 消费观念 소비의식

17 많은 번역 입문자가 이를 사전적 의미대로 '한편으로는 A하고 또 한편으로는 B하다'로 번역하는데 이는 어색할 뿐만 아니라 번역 초보의 티가 물씬 난다. 문맥상 연결사로 대체해 '먼저 사회적 지위의 변화와 교육 수준의 향상으로 인해 여성의 역할에 변화가 생겼다. 또한 신세대 가치관과 생활 태도에도 큰 변화가 생겨 더 이상 결혼을 필수라고 생각하지 않는다'로 번역했다.

18 '她们'을 '그녀들'로 번역하면 어색하다. 여기서 '她们'은 앞에서 나온 '女性'을 지칭한 인칭대명사이다. 이 경우 인칭대명사를 그대로 직역하는 것보다 지칭하는 주체를 명시해 주면 의미 전달이 명확해진다.

19 "只要家庭，不要婚姻"은 '결혼이란 제도는 싫지만 가정은 이루고 싶다'라는 의미다. 따라서 '가정은 YES, 결혼은 NO'로 간결하게 번역했다.

20 '理念'은 '이념/관념/신념/생각/가치관/믿음' 등으로 번역한다. 여기서는 문맥상 '풍조'로 의역했다.

   예) 经济理念 경제이념 / 人生理念 인생신념

시사상식 (时事知识)

◆ **日本厚生劳动省** 일본 후생노동성

일본의 행정기관으로 사회 복지·사회 보장·공중보건의 향상과 증진·노동 조건과 환경 개선·일자리 확충 등을 관장한다.

校园暴力：花季之伤

① 在韩国，2011年12月，大邱市的一名中学生因不堪忍受校园暴力而自杀，举国震惊。2012年1月6日，韩国延世大学社会福利研究所公布了一组让人震惊的数据：一项针对1140名首尔和京畿道的初中和高中在校生展开的问卷调查显示，48%的青少年曾遭遇校园暴力。在日本，校园暴力问题也日益严重。据日本文部科学省统计，2010年被确认的欺凌案件达77830件，比2009年度增加6.7%。在英国，2006年至2010年间，平均每年有约440件凶器被没收。英国政府2011年的一份报告披露，校园暴力事件在一年中已经翻番至1000件上下。

② 校园暴力在各国频繁发生，让人忧心。因为这些发生在未成年人身上的残酷事件，会给他们带来巨大的生理与心理创伤，也许一生都难以平复。

③ 韩国政府于6日公布了"根除校园暴力综合对策"。其中包括实行旨在预防暴力的"双班主任制"、严惩（停职、免职、革职）隐瞒校园暴力的教师、通过集体活动陶冶学生性情（体育课时间增加50%）等内容。分析人士指出，由于政策之间缺乏有机结合，其实效性难以保障。

④ 遏制校园暴力，不仅要有刚性的政策，也需要有柔性的措施。美国的一些学校非常注重从儿童就开始进行"人人生来平等"的教育。这样的道德教育会一直延续到高等教育阶段，从而培养学生对他人的尊重。一种善良教育的方式在德国推行。父母会特意送孩子们小狗、小金鱼等礼物。幼儿园的老师会养很多的小动物，让孩子们轮流负责饲养和照顾。他们希望孩子在细致照顾弱小生命的过程中，体会同情之心与帮助弱小者的道义。在加拿大，教育家玛丽·高登则把感化好斗学生的重任交给了那些吃奶的娃娃。让学生在与婴儿的相处中，体悟关爱之心、理解之道与忍耐之情。

⑤ 因此，校园里安置金属探测器、摄像头、设置常驻警察的硬性方法是必要的，同时，关注学生的内心世界、塑造正确的人生观也同样重要。学生们需要被教授知识，而他们的情感世界与内心世界，更需要被悉心关注与呵护。只有如此，花季少年才能真正享受他们花季的美好。

<来源: 人民日报海外版>

학교폭력, 꽃다운 나이의 깊은 상처

2011년 12월 [1]대구시의 한 [2]중학생이 [3]학교폭력을 견디지 못하고 자살해 전국을 충격에 빠뜨렸다. [4]2012년 1월 6일에는 연세대학교 사회복지연구소가 서울시와 경기도의 중·고등학생 1140명을 대상으로 실시한 설문조사 결과 48%의 청소년이 학교폭력을 당한 적이 있다는 놀라운 데이터를 발표했다. [5]일본의 학교폭력 문제 역시 점점 심각해지고 있다. 일본 문부과학성 통계에 따르면 2010년 확인된 이지메 사건이 7만 7830건으로 2009년보다 6.7% 증가했다. 2006~2010년 영국에서는 연평균 440개의 흉기가 압수되었다. 영국정부의 2011년 보고서에 따르면 학교폭력 사건이 1년 동안 [6]2배 증가해 1000건 [7]정도 되는 것으로 나타났다.

학교폭력이 각국에서 빈번히 발생하면서 사람들의 우려를 낳고 있다. 왜냐하면 미성년자에게 벌어지는 이 잔혹한 사건들이 당사자에게 엄청난 신체적·정신적 상처를 남겨 평생 치유되기 어려울 수 있기 때문이다.

한국정부는 6일 '학교폭력근절 종합대책'을 발표했다. 여기에는 폭력 예방을 위한 '복수담임제', 학교폭력을 은폐한 교사에 대한 엄중 조치(정직·[8]해임·파면), 단체활동을 통한 인성 교육(체육수업 시수 50% 확대) 등이 포함되어 있다. [9]이에 대해 [10]분석가들은 정책 간 유기성이 떨어져 실효를 거두기 어려울 것으로 보고 있다.

학교폭력 [11]예방을 위해서는 [12]강경책도 필요하지만 유화책도 필요하다. 미국의 일부 학교는 어려서부터 '인간은 평등하다'는 교육에 큰 비중을 둔다. 이러한 도덕 교육이 [13]고등교육까지 지속되어 타인을 존중하는 마음을 길러준다. 독일에서는 [14]'착한 교육'을 시행한다. 부모가 아이에게 강아지나 금붕어를 선물하고 유치원 교사가 작은 동물들을 많이 키워 아이들이 돌아가며 사료를 주고 돌보게 한다. 아이들이 작고 여린 생명을 정성껏 돌보면서 동정심과 약자를 돕는 도의를 깨닫게 하려는 것이다. 캐나다에서는 교육가인 메리 고든이 젖먹이 아기를 통해 공격적 성향의 학생들을 감화시키는 교육법을 시도했다. 학생들이 아기와 함께 있으면서 배려심, 이해심, [15]인내심을 배우도록 한 것이다.

[16]이처럼 교내에 금속탐지기·감시카메라·상주경찰 배치 등의 [17]물리적 조치도 [18]필요하지만 학생들의 내면세계에 관심을 기울이고 [19]올바른 인생관을 정립하게 하는 것도 중요하다. 학생들의 지식 함양도 중요하지만 그들의 [20]감성과 내면세계에 대한 정성 어린 관심과 보호가 더욱 절실하다. 그래야만 사춘기 아이들이 꽃다운 시절을 제대로 보낼 수 있다.

1 '在韩国'는 대구가 한국의 도시라는 것을 중국 독자에게 인지시키기 위해 쓴 것으로 한국어로 번역 시 생략해도 무관하다.

2 중국어에서 '中学生'은 '중·고등학생'을 지칭한다. 하지만 앞에서 언급했던 것처럼 '中学生'이 때로는 '중학생'을 지칭하기도 한다. 여기서는 실제로 중학생이 자살한 사건이기 때문에 '중학생'으로 번역했다.

3 '학원폭력/교내폭력'으로도 번역할 수 있다.

4 쌍점(:)으로 연결된 문장은 쌍점 뒤 문장을 앞으로 도치시켜 '관형어(定语)+체언' 형식으로 만들어 번역하면 좋다. 따라서 '一项针对1140名首尔和京畿道的初中和高中在校生展开的问卷调查显示, 48%的青少年曾遭遇校园暴力'를 '一组让人震惊的数据' 앞으로 도치시켜 번역했다. '让人震惊'은 '놀라게 하다/경악하게 하다'라는 뜻으로 문맥에 따라 '충격에 빠지다/쇼킹하다'로도 번역할 수 있다.

5 많은 번역 입문자가 '在日本, 校园暴力问题'를 '일본에서 학교폭력 문제'로 번역할 것이다. '일본의 학교폭력'으로 번역하면 문맥이 어색하지 않고 간결해진다.

6 '翻番'은 '翻一番'과 같은 말로 '2배가 되다'라는 뜻이다. '2013年全球恐爆粮荒 粮食供需逼临界点'의 핵심구문에서 언급했던 것처럼 '翻两番'은 '4배', '翻三番'은 '8배'이며 '翻四番'은 '16배'를 뜻한다.

7 여기서 '上下'는 '내외/안팎'이라는 뜻이지만 '1000건 내외'로 번역하면 어색해 '1000건 정도'로 번역했다.

8 '免职'는 '면직하다/해임하다/해직하다'라는 뜻으로 '학교폭력근절 종합대책'에 교사에 대한 엄중 조치가 '해임'으로 명시된 것을 참고해 '해임'으로 번역했다. 이 문장에서 '엄중 조치'는 '중징계'로도 번역할 수 있다.

9 원문에는 없지만 앞 문장과의 연결성을 고려해 '이에 대해'를 첨가해 번역했다.

10 '分析人士'는 문맥에 따라 '분석가/분석가들'로 번역할 수 있다. 일반적으로 중국어는 특정 단체에 소속된 사람들은 복수형으로 표기하고, 통칭하는 사람들은 단수형으로 표기한다. 통칭하는 사람들을 지칭하는 명칭이 단수형이라도 복수의 의미가 포함되어 있으니 번역 시 참고하자.

　예) 我们学校的老师们 우리 학교 선생님들 / 分析人士 분석가 혹은 분석가들

11 '遏制'은 '억제하다'라는 뜻으로 여기서는 문맥상 '예방하다'로 의역했다.

12 '刚性'은 '강한/고정/필수' 등으로 번역하며 '강한 성질'이라는 의미로 쓰인 경우에는 문맥에 맞게 번역한다. 여기서는 '강압적/물리적'이라는 뜻이므로 '刚性的政策'를 문맥상 '강경책'으로 번역했다.

　예) 刚性指标 고정지표 / 刚性需求 고정수요 / 刚性支出 고정지출 / 刚性管理 엄격한 관리

13 '대학교육'으로도 번역할 수 있다. 초등교육은 초등학교, 중등교육은 중·고등학교, 고등교육은 전문대 이상의 대학교육을 가리킨다. 많은 번역 입문자가 '高等教育'를 '고등학교 교육'으로 생각하는데 이는 '대학교육'을 의미한다.

14 비유법이라 원문에 없는 작은따옴표를 사용해 번역했다.

15 '참을성'으로 번역할 수 있으나 앞 단어와의 통일성을 고려해 '인내심'으로 번역했다.

16 앞 뒤 문장의 연결성을 고려해 '因此'를 '이처럼'으로 의역했다.

17 '硬性'은 '강압적/경직된/완고한/엄격한/하드' 등 문맥에 따라 다양하게 번역할 수 있다. 원문에서는 '학교폭력을 막기 위한 물체나 인력 등을 동원한다'는 의미이기 때문에 '물리적'으로 번역했다. '方法'는 '물리적'과의 호응을 고려해 '조치'로 번역했다.

18 '同时'가 있다고 무조건 '동시에'로 번역하지 말자.

19 '正确'은 '정확하다/올바르다'라는 뜻으로 여기서는 문맥상 '정확한'이 아닌 '올바른'으로 번역한다. '인생관'은 '가치관'으로도 번역할 수 있다.

20 '情感'은 '정감/감정/감성' 등으로 번역한다.

시사상식 (时事知识)

◆ 이지메

일본에서 크게 사회문제가 되고 있는 청소년들의 학교 폭력이나 집단 따돌림 현상을 일컫는다.
한국에서는 '왕따'라고 한다. 전 학급이나 집단에서 다수의 구성원이 약자인 한 대상을 정해 놓
고 집중적으로 괴롭히고 소외시키는 행위로, 특별한 이유 없이 대상을 괴롭힌다. 이지메를 당한
학생은 신체적·정신적으로 깊은 상처를 입고 등교를 거부하거나 심지어 자살하기도 한다.

◆ 고등교육

대학교육(전문대학·4년제 대학)과 대학원교육 등을 일컫는다. 유네스코(**联合国教科文组织**)
의 정의에 따르면 고등교육의 공통된 특성은 다음과 같다.

1. 중등교육을 수료하고 선발시험을 거쳐 진학하는 18세 이상의 남녀를 대상으로 하는 교육

2. 종합대학·단과대학·전문교육을 시행하는 연구기관 등에서 행하는 교육

3. 학문연구와 관련이 있는 전문적 직업교육·기술교육·예술교육·교원양성 등을 행하는 교육

4. 수료자에게 특정한 학위 또는 졸업증서를 주어 사회에서 인정을 받게 하는 교육

Part 07

산업

全球航空市场重心东移

　　长期以来，全球航空业格局没有发生大的变化，美欧市场一直稳居霸主地位。特别是北美市场，无论在客流、物流，还是在盈利、资本市场表现等方面，都让其他地区望尘莫及。但进入21世纪，这种格局开始发生历史性变化。具有标志性意义的事件发生在2009年，那一年亚太地区客流量达到6.62亿人次，首次超过北美地区，成为全球航空运输最大市场。自此，亚太市场一路上行。国际航空运输协会称，2010年，飞往亚太地区航线以及从亚太地区出发、亚太内陆航线的客运量约占全球航线客运量的33%，而北美和欧洲地区航线的客运量约占31%。国际航空运输协会理事长兼首席执行官汤彦麟预测，2011年亚太地区客流量仍然是全球第一。该协会还乐观预测，到2015年，亚太地区航线的客运量将达到37%，而欧洲和北美客运量则会下降至29%。

　　与亚太航空市场形成鲜明反差的是，美欧市场遭遇前所未有的不景气。美国交通部近日表示，2011年美国航班数量创近10年来历史新低。继西班牙航空、匈牙利航空接连停业之后，捷克财政部也计划出售其国有航空公司捷克航空公司。此外，政府持股的波兰航空、爱尔兰航空、葡萄牙航空目前都在寻求私人投资者注资。

　　全球飞机制造业巨头空客和波音均将业务向东倾斜，也说明了全球航空市场重心东移之势。空客公司首席执行官恩德斯在新加坡航空展上表示，"空客的业务已向亚洲倾斜，因为我们大多数业务增长点来自亚洲。"去年空客收到1600份订单，亚洲就贡献了其中的一半。

　　航空业是经济景气的风向标。全球航空市场重心东移，也是亚太地区经济增长强劲的结果。当前，美国经济复苏乏力，欧洲深陷债务危机，亚太经济活力成为世界经济走出阴影的重要依托，而中国经济的平稳较快发展，更是全球航空业发展的重要支点。汤彦麟说，未来十年内，预计中国人均收入水平将达到1.5万美元，人均每年一次的航空旅行将成为可能。在中国实现这一目标后，每年将增加10亿人次的航空旅客运输量。

　　当然，全球航空市场的重心迁移，并不绝对意味着航空产业格局的根本变化。未来，亚太地区如何依托市场力量，在制定国际航空市场规则的过程中成为积极有效的参与者，还是一个重大的课题。

<来源：人民网>

전 세계 항공시장 중심의 동진

❶ 오랫동안 전 세계 항공업 [1]패러다임은 별다른 변화 없이 구미(歐美)시장이 패권적 지위를 지켜왔다. 특히 북미(北美)시장이 여객·화물이나 수익·자본시장에서 모두 다른 지역을 월등히 앞서왔다. 그러나 [2]21세기 들어 [3]기존 패러다임에 [4]일대 지각변동이 일어났다. [5]그 상징적 변화가 2009년에 일어났는데 아태지역이 여객수송량 6억 6200만 [6]명을 기록하며 처음으로 북미지역을 제치고 세계 최대 항공수송시장이 된 것이다. 이때부터 아태시장은 상승세를 타기 시작했다. 국제항공운송협회(이하 IATA)는 2010년 [7]아태지역과 타 지역 간 노선 및 아태지역 간 노선의 여객수송량이 전 세계 여객수송량의 33%, 북미와 유럽지역의 여객수송량이 전 세계의 31%를 차지했다고 밝혔다. [8]IATA 토니 타일러 사무총장 겸 최고경영자(CEO)는 2011년 아태지역의 여객수송량이 여전히 1위를 고수할 것으로 전망했다. 또한 IATA는 2015년까지 아태지역 노선의 여객수송량이 37%로 증가하는 반면 유럽과 북미지역은 29%로 감소할 것으로 예측했다.

❷ [9]구미(歐美)시장이 사상 초유의 불경기를 겪는 모습은 활기를 띠고 있는 아태지역의 항공시장과 선명한 대조를 이룬다. 최근 미국 교통부는 2011년 미국의 항공 운항 편수가 최근 10년 만에 최저치를 기록했다고 밝혔다. 이베리아항공과 말레브헝가리항공이 잇따라 휴업에 들어간 데 이어 체코 재무부 역시 국영기업인 체코항공을 매각할 계획이다. 그 밖에도 정부가 지분을 소유한 LOT 폴란드항공과 에어링구스, 탑포르투갈이 현재 민간투자자 유치를 통한 증자를 모색하고 있다.

❸ 전 세계 굴지의 항공기 제조업체인 에어버스와 보잉사의 업무가 아태지역으로 편중되는 것도 전 세계 항공시장의 중심이 [10]아태지역으로 이동하고 있다는 것을 방증한다. 엔더스 에어버스 CEO는 싱가포르 에어쇼에서 "에어버스 업무의 아시아 [11]쏠림 현상은 아시아에서 성장동력을 얻고 있기 때문이다"라고 밝혔다. 작년 에어버스는 1600건의 신규 수주를 획득했는데 [12]이중 절반이 아시아에서 발주된 것이다.

❹ 항공업은 경기를 가늠하는 바로미터다. 전 세계 항공 시장의 중심이 아태지역으로 이동하는 [13]것은 아태지역의 강한 경제성장 [14]때문이다. 현재 미국 경제 회복이 더디고 유럽이 심각한 재정위기에 빠진 상황에서 아태지역의 경제활력이 세계 경제가 어려움에서 벗어나는 데 중요한 [15]버팀목 역할을 하고 있다. [16]특히 중국 경제의 안정적이고 비교적 빠른 성장은 전 세계 항공업 발전에 [17]든든한 주춧돌 역할을 하고 있다. 타일러 CEO는 향후 10년 내에 중국의 1인당 소득이 1만 5천 달러에 달해 1인당 1년에 한 번씩 항공기 이용이 가능해질 것으로 [18]전망했다. [19]이것이 실현된다면 항공기 여객 수송량이 매년 10억 명씩 증가할 것이다.

❺ 물론 전 세계 항공시장 중심의 이동이 항공업 패러다임의 근본적인 변화를 의미하지는 않는다. 향후 아태지역이 어떻게 시장의 힘을 바탕으로 세계 항공시장의 룰 제정에서 [20]힘 있는 참여자가 될 것인지가 중대한 과제다.

1 '格局'는 '구도/판도/패러다임' 등으로 번역한다.

2 '2000년대 들어'로도 번역할 수 있다. '21세기'란 '2001년~2100년'을 말한다. 한 세기를 1~100년으로 볼 것인지 0~99년으로 볼 것인지에 대해 의견이 분분했으나 통설적으로 1~100년으로 보는 것이 옳다. 한 역사가 시작되던 첫해를 0이 아닌 1년으로 보기 때문이다. 21세기의 시작에 관한 지식은 시사상식을 참고하자.

3 '这种格局'는 '앞에서 말한 그동안의 패러다임'을 의미하므로 문맥상 '기존 패러다임'으로 번역했다.

4 '历史性变化'는 '역사적인 변화'라는 뜻으로 '큰 변화'를 의미한다. 따라서 문맥상 '일대 지각변동'으로 의역했다.

5 한국어에서 '사건'은 '사회적으로 문제를 일으키거나 주목을 받을 만할 일'이라는 뜻이므로 '事件'을 무조건 '사건'으로 직역하면 안 된다. 따라서 문맥상 '그 상징적 변화'로 의역했다.

6 '人次'는 '연인원'을 뜻하며 '명'으로 번역한다.

7 '飞往亚太地区航线以及从亚太地区出发'은 '목적지와 출발지가 각각 아태지역인 노선'을 의미하고 '亚太内陆航线'은 '출발지와 목적지가 모두 아태지역인 노선'을 의미한다. 따라서 '아태지역과 타 지역 간 노선 및 아태지역 간 노선'으로 간결하게 번역했다.

8 한국어는 '인명+소속+직책' 순이지만. 인명 뒤에 소속이나 직책 등이 두 개 이상 표기 될 경우 하나를 앞으로 도치시켜 번역하는 것이 매끄럽다. 여기서는 소속이 하나고 직책이 두 개이기 때문에 소속을 이름 앞으로 도치시키고 직책을 이름 뒤에 배치시켜 번역했다.

9 원문 순서대로 번역하는 것보다 번역문처럼 순서를 도치시켜 번역하는 것이 더 매끄럽다.

10 여기서 동쪽은 '아태지역'을 가리킨다. 따라서 문맥상 '아태지역으로 이동하고 있다'로 의역했다.

11 '편중되다'를 '쏠림 현상'으로 명사화시켜 번역했다.

12 '亚洲就贡献了其中的一半'을 '아시아가 이중 절반을 공헌했다'로 직역하면 어색하다. 따라서 '수주 물량의 절반이 아시아의 것'이라는 의미를 살려 '이중 절반이 아시아에서 발주된 것이다'로 의역했다.

13 원문에는 '也'가 있지만 문맥상 생략하고 번역했다.

14 '是~的结果'는 '~의 결과다'라는 뜻으로 '是亚太地区经济增长强劲的结果'를 그대로 직역하면 어색하다. 따라서 아태지역의 강한 경제성장으로 인해 앞 문장의 결과를 얻었다는 의미를 살려 '항공업은 경기를 가늠하는 바로미터다. 전 세계 항공 시장의 중심이 아태지역으로 이동하는 것은 아태지역의 강한 경제성장 때문이다'로 의역했다.

15 '依托'는 '의지할 곳/의지하다/의탁하다'라는 뜻으로 여기서는 명사로 쓰였다. 따라서 문맥상 '버팀목'으로 의역했다.

16 '而'을 무조건 '그래서' 혹은 '그러나'로 직역하지 말자. 문맥상 순접의 기능인지 혹은 역접의 기능인지를 파악해 문맥에 맞게 번역해야 한다. 여기서 '而'은 순접의 기능이다. '而'과 '更是'의 의미를 살리고 앞 문장과의 연결성을 위해 '특히'를 첨가해 번역했다.

17 '重要'은 '중요한'이라는 뜻으로 '주춧돌'과의 호응을 고려해 '든든한'으로 의역했다. '支点'은 '지렛목/거점'이라는 뜻으로 문맥상 '주춧돌'로 의역했다.

18 미래에 대한 일을 예측한 것이므로 '说'를 '전망했다'로 번역했다.

19 '在中国实现这一目标后'에서 '这一目标'는 앞 문장의 '未来十年内, 预计中国人均收入水平将达到1.5万美元, 人均每年一次的航空旅行将成为可能'을 가리킨다. '在中国实现这一目标后'를 '중국이 이 목표를 실현한 후'로 직역하면 마치 중국이 이 목표를 달성한다는 것처럼 전달되어 앞뒤 문장의 논리가 맞지 않는다. 따라서 앞에서 말한 상황이 현실로 이루어진다는 의미를 살려 '이것이 실현된다면'으로 간결하게 의역했다.

20 '积极有效'는 '적극적이고 효과적이다'라는 뜻으로, '목소리를 낼 수 있는 참여자가 되어야 한다'는 의미이므로 문맥상 '힘 있는 참여자'로 의역했다.

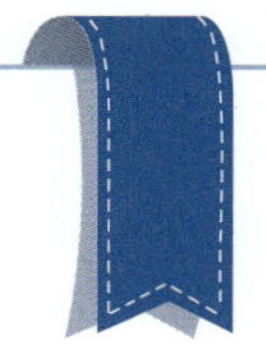

시사상식 (时事知识)

◆ **国际航空运输协会** 국제항공운송협회

IATA(International Air Transport Association)라고 표기한다. 세계 각국의 민간항공사 단체가 모여 1945년에 결성했으며 본부는 캐나다의 몬트리올에, 아시아지역 사무소는 방콕에 있다. 운임 등에 관한 협정은 연 2회 이상 개최되는 회의에서 결정되며 가맹 항공사에 구속력을 행사할 수 있다. 설립 목적은 국제 항공 간의 운임·운항·정비·정산 업무 등 상업적·기술적 활동을 하는 데 있다. IATA의 가맹회원이 되는 자격은 국제민간항공기구(ICAO) 가맹국의 정기항공사업에 종사하고 있는 민간항공사로 국제선을 가진 회사는 정회원, 국내선만 가진 회사는 준회원이 될 수 있다.

◆ 21세기의 시작

많은 사람이 21세기의 시작을 대체로 2000년부터라고 생각한다. 하지만 이론적으로 볼 때 21세기의 시작은 2001년부터이다. 현재 사용하고 있는 달력의 첫 시작은 AD 1년 1월 1일이며 첫 번째 밀레니엄은 AD 1000년 12월 31일까지였다. 밀레니엄(**千年**)은 1000년 단위로 연도를 끊은 것을 말하며 첫 번째 밀레니엄은 1년부터 1000년까지를, 두 번째 밀레니엄은 1001년부터 2000년까지를 지칭한다. 마찬가지로 100년을 한 단위로 하는 세기의 시작과 끝도 1년부터 100년이다. 그럼에도 불구하고 2000년이 갖는 상징성 때문에 많은 사람이 2000년을 21세기와 새로운 밀레니엄의 시작으로 생각하고 있다.

我们应该向韩国汽车学习什么

对于步履艰难的中国自主品牌汽车，韩国汽车的成功应该最值得学习。同样是起步较晚，同样是被已发展了百年的先进汽车工业包围，但韩国汽车却能生生杀出一条血路，不要说整个韩国鲜见外国品牌汽车，迅速崛起的现代起亚汽车正在席卷世界。这不能不令处于困境中的中国自主品牌艳羡。

那么韩国汽车成功的秘诀何在？去韩国街上转一转，跟韩国民众聊聊天，答案似乎不问自明。一个国家的工业发展轨迹其实也是民族性格的某种反映。首先，韩国人很保守，即使是21世纪，很多家长仍让孩子按性别选择男校或女校。这让早恋基本没可能，很多人谈恋爱都是通过传统的相亲方式。这种保守的性格注定了外来的东西短时间内不会受欢迎。虽然韩国汽车市场不大，每年销量只有100多万辆，但这其中90%为韩国五大本土品牌所占据。在韩国，绝大多数民众会购买本土品牌，除了保守、爱国等因素外，本土品牌灵活的购车政策也起了很大作用。比如购买现代汽车，可以办张现代金融的信用卡，用这张卡购车，可以享受10%-20%的折扣。本土品牌汽车的价格也非常便宜，一辆索纳塔NF大约合人民币13万元左右，税、保险、售后服务也比进口车低很多。即使车子出事故，保险费上浮5%，也比进口车的保险便宜很多。而且如果车子开几年不喜欢了，可以用七成的价格再卖给现代汽车，再换新车。因此，韩国街头看不到老旧的车子，消费者三四年就要换台新车。

价格便宜，政策灵活，当然是吸引消费者的一个重要因素，但如果车子质量不好，那再保守、爱国的人也不会购买。但韩国人是个认真的民族，做事力求做到最好。这一点在现代汽车的发展上体现明显，以前的韩国汽车也经历了痛苦的学习过程，也曾被发达汽车工业国家视为"垃圾"，但韩国人的认真劲来了，非要做出点精品出来。现在，以现代汽车为代表的韩国汽车，即使是面对有着百年历史的汽车巨人，也丝毫不会被人小瞧。

相比韩国汽车工业的奋发图强，中国自主品牌目前的环境当然更加恶劣。合资企业低端产品的价格已将自主品牌压得喘不过气来，合资自主品牌的横空出世无疑更是雪上加霜。自主品牌需要自强，提高产品质量，当然是个永恒的话题，但政策也应对自主品牌有所侧重。否则，恐怕过不了几年，中国土生土长的汽车品牌将难觅踪迹。

<来源：北京青年报>

中, 한국 자동차에 배워야 할 점

❶ 행보가 순탄치 않은 중국 ¹국산차에게 한국 자동차는 ²배울 점이 가장 많은 성공모델이다. 중국처럼 자동차 산업이 늦게 태동했고 백 년 전통의 ³자동차 선진국들에게 파상공세를 받고 있음에도 ⁴한국은 활로 개척에 성공했다. 한국 전역에 외제차가 드문 것은 물론이거니와 빠르게 ⁵성장한 현대ㆍ기아차가 세계 무대를 당당히 누비고 있다. 어려움에 빠진 중국 국산차에게 부러운 일이 아닐 수 없다.

❷ 그렇다면 한국 자동차의 성공 비결은 뭘까? 한국 거리에 나가 그곳 시민들과 이야기를 나누다 보면 그 답을 알 수 있다. 사실 한 나라의 ⁶산업 발전 과정에는 그 나라 민족성도 어느 정도 투영되어 있다. ⁷한국의 경우 보수적 성향이 그 첫 번째 답이다. 21세기임에도 한국의 많은 ⁸부모가 자녀를 성별에 따라 남학교 또는 여학교로 진학시킨다. 이런 상황에서 이른 연애는 꿈도 꾸기 어려워 맞선과 같은 전통방식을 통해 연애하는 경우가 많다. 이런 보수적인 성격은 외국 제품이 한국에서 단시일 내에 각광받지 못하는 ⁹원인으로 작용했다. 한국 자동차 시장은 ¹⁰연간 매출량이 1백여만 대 정도밖에 되지 않지만, 그중 90%를 ¹¹한국의 5대 브랜드가 점유하고 있다. 대다수 한국 국민이 국산차를 구매하는 이유로는 보수성ㆍ애국심 외에도 국산 브랜드의 ¹²유연한 판매전략이 큰 몫을 했다. 현대자동차의 경우 고객이 현대카드를 발급받아 이 카드로 자동차를 구매할 경우 10~20%의 할인혜택을 누릴 수 있다. 국산차는 가격도 상당히 저렴하다. NF쏘나타 한 대 가격이 약 13만 ¹³위안이며 자동차세ㆍ보험ㆍ애프터서비스(A/S) 비용도 외제차보다 훨씬 싸다. 사고가 나서 보험료가 5% 인상되어도 외제차 보험료보다 더 저렴하다. 또한 몇 년 타다 싫증이 나면 현대자동차에서 70% 정도의 가격으로 중고보상을 받아 신차구매가 가능하다. 그렇기 때문에 한국에선 낡은 구형차를 찾아보기 어려우며 소비자들은 3~4년 타다가 새 차를 산다.

❸ ¹⁴저렴한 가격과 유연한 정책이 고객 유치의 중요한 요인이지만, 품질이 나쁘면 제아무리 보수적이고 애국심이 있어도 국산차를 구매하지 않을 것이다. ¹⁵한국인들은 ¹⁶성실한 민족으로 무엇이든 최선을 다해 최상의 결과를 만들어낸다. 이는 현대자동차의 발전과정에서도 잘 드러난다. ¹⁷과거 한국의 자동차 산업도 뼈를 깎는 배움의 과정이 있었고 자동차 선진국들에게 '쓰레기' 취급을 받던 시절이 있었다. 하지만 한국인 특유의 성실함으로 최고 제품 만들기에 사활을 걸었고, 오늘날 현대자동차를 필두로 하는 한국 자동차는 백 년 전통의 세계적인 자동차 기업들 앞에서도 당당할 정도로 ¹⁸위상이 올라갔다.

❹ 한국 자동차 산업의 ¹⁹노력과 발전성과에 비하면 중국 국산차가 처한 현실은 더 열악하다. 합자기업의 ²⁰저가형 제품 공세로 질식할 지경인 중국 국산차 업체는 설상가상으로 합자기업의 국산차 출시란 악재까지 만났다. ²¹이런 상황 속에서 국산차가 스스로 체질강화와 품질향상이란 숙명적 과제를 풀어야 함은 물론 정책적 뒷받침도 마련되어야 한다. 이것이 해결되지 않는다면 ²²중국의 국산차는 몇 년 후 사라질지도 모른다.

1　'토종차'로도 번역할 수 있다. 일반적으로 '自主品牌'는 '국산 브랜드/국내 브랜드/토종 브랜드' 등으로 번역한다.

2　좀 더 명확한 의미 전달을 위해 '성공모델'을 첨가해 번역했다.

3　'선진자동차공업'으로 직역하면 의미 전달이 제대로 안되어 문맥상 '자동차 선진국들'로 번역했다.

4　앞에 나온 '자동차'와 중복을 피하기 위해 '汽车'를 생략하고 '한국은 활로 개척에 성공했다'로 번역했다.

5　'崛起'는 '부상/도약/성장' 등으로 번역한다.

6　'工业'는 '산업/공업'으로 번역한다. 산업과 공업은 개념상 차이가 있어 문맥에 맞게 번역해야 한다. 산업은 농림수산업 · 공업 · 서비스업을 아우르는 큰 개념이며 공업은 산업의 하위개념에 해당한다. 집합의 개념으로 말하자면 공업은 물건을 생산하는 과정으로 산업의 부분집합이라고 생각하면 된다. 다음 예시 중 신흥공업경제지역에 대한 설명은 시사상식을 참고하자.

　　예) 工业革命 산업혁명 / 无烟工业 무연산업 / 重化工业 중화학공업 / 第二产业的工业、矿业、建筑业 2차 산업의 공업·광업·건설업 / 工业园区 공업단지 / 新兴工业经济区域 신흥공업경제지역(NIEs)

7　'首先，韩国人很保守'를 원문대로 번역하면 앞 문장과의 연결성이 떨어진다. 따라서 문맥상 '한국의 경우'를 첨가해 '한국의 경우 보수적 성향이 그 첫 번째 답이다'로 의역했다.

8　'家长'은 '부모/학부모/보호자/가장' 등으로 번역하며 여기서는 '부모'로 번역했다.

9　'注定'은 '틀림없이/운명으로 정해져 있다'라는 뜻으로 문맥상 '원인으로 작용했다'로 의역했다.

10　많은 번역 입문자가 '연간'을 '연평균'으로 잘못 알고 있다. '연간'은 '1년 한 해'를 의미한다.

11　'本土'는 '현지/본토/토종/국산' 등으로 번역한다. '韩国五大本土品牌'는 '한국의 5대 국산 브랜드'라는 뜻이나 '한국'과 '국산'이 의미상 중복되므로 간결하게 '한국의 5대 브랜드'로 번역했다.

12　'灵活'는 '유연하다/융통성 있다/탄력적이다' 등으로 번역한다.

13　'원'으로 번역하면 원화가 되므로 반드시 '위안'으로 번역한다.

14　원문 순서대로 번역하면 만연체가 되므로 '저렴한 가격과 유연한 정책'처럼 명사형으로 간결하게 번역했다.

15　원문은 '但韩国人是'이지만 문맥상 '但'을 생략하고 번역했다.

16　'认真'은 '진지하다/착실하다'라는 뜻으로 여기서는 문맥상 '성실하다'로 의역했다.

17　번역 시 원문의 문장부호를 100% 살리면 좋겠지만, 중국어와 한국어의 특성이 다르기 때문에 경우에 따라 원문의 의미를 제대로 전달하기 위해 재구성할 수도 있다. 이 문장 역시 매끄러운 문장 연결을 위해 원문의 마침표와 쉼표를 그대로 따르지 않고 재구성해 번역했다. 중국어와 한국어의 언어 체계와 표현 방식이 다르기 때문에 문장의 중심 내용을 살리면서 도착어의 표현 방식에 맞춰 번역해야 한다. 똑같이 1:1 대응하려는 강박관념을 버리자. 여기서 '垃圾'는 이 문장에서 '깡통'으로도 번역할 수 있다. 그리고 원문의 '痛苦的学习过程'은 '고통의 학습 과정'으로 직역하는 것보다 '뼈를 깎는 배움의 과정'으로 의역하는 것이 매끄럽다.

18　'조금도 무시당하지 않는 기업이 되었다'는 의미를 강조하기 위해 원문에는 없지만 '위상이 올라갔다'를 첨가해 번역했다.

19　'奋发图强'는 '강성해지려고 노력하다'라는 뜻으로 문맥상 '노력과 발전성과'로 의역했다.

20　'低端'은 '저가/저부가가치/로우엔드' 등으로 번역한다.

　　예) 低端产品 저가 제품 / 低端产业 저부가가치 산업 혹은 로우엔드 산업 / 中端产业 미들엔드 산업 / 高端产品 고가 제품 혹은 고급 제품 / 高端产业 고부가가치 산업 혹은 하이엔드 산업

21　매끄러운 문장 연결과 의미 전달을 위해 원문에는 없지만 '이런 상황 속에서'를 첨가해 번역했다.

22　'土生土长'은 '현지에서 나고 자라다'는 뜻이다. '中国土生土长的汽车'은 '중국에서 생산한 자동차'란 의미이므로 '중국의 국산차'로 간결하게 번역했다.

시사상식 (时事知识)

◆ **新兴工业经济区域** 신흥공업경제지역

영문으로 NIEs(Newly Industrializing Economies)로 표기한다. 아시아의 NIEs는 흔히 '4마리의 작은 용'이라 불리었던 타이완 · 싱가포르 · 홍콩 · 한국을 지칭한다. NIEs는 본래 NICs(Newly Industrializing Countries), 즉 신흥공업국이란 용어였으나 1988년 6월 열린 선진 7개국(G7) 정상회의에서 신흥공업경제지역(NIEs)이란 용어로 바뀌게 되었다. 이는 타이완과 홍콩이 국가가 아니라는 중국 측 압력에 캐나다 측이 외교적 문제 발생을 우려하여 정상회의에 관한 모든 보도사항에서 NICs라는 말 대신 NIEs란 용어를 쓰기로 결정했기 때문이다.

◆ **세계 자동차 브랜드 명칭**

◎ 미국과 유럽

- **宝马** BMW
- **路虎** 랜드로버
- **林肯** 링컨
- **宾利** 벤틀리
- **别克** 뷰익
- **奥迪** 아우디
- **克莱斯勒** 크라이슬러
- **福特** 포드
- **标致** 푸조
- **通用** GM
- **劳斯莱斯** 롤스로이스
- **迈巴赫** 마이바흐
- **沃尔沃** 볼보
- **雪佛兰** 쉐보레
- **捷豹** 재규어
- **特斯拉** 테슬라
- **保时捷** 포르쉐
- **菲亚特** 피아트
- **兰博基尼** 람보르기니
- **雷诺** 르노
- **奔驰** 벤츠
- **布加迪** 부가티
- **雪铁龙** 시트로앵
- **凯迪拉克** 캐딜락
- **法拉利** 페라리
- **大众** 폭스바겐

◎ 한국

- **通用大宇** GM대우
- **双龙** 쌍용
- **起亚** 기아
- **现代** 현대
- **雷诺三星** 르노삼성

◎ 일본

- **日产** 닛산
- **铃木** 스즈키
- **马自达** 마쯔다
- **丰田** 토요타
- **三菱** 미쓰비시
- **本田** 혼다

◎ 중국

- **广汽长丰** 광치창펑
- **比亚迪** 비야디(BYD)
- **长城** 창청
- **华晨** 화천
- **东风** 둥펑
- **吉利** 지리
- **奇瑞** 치루이
- **华普** 화푸
- **第一汽车/一汽** 디이치처/이치
- **长安** 창안
- **哈飞** 하페이
- **红旗** 훙치

Part

08

에너지

油价近期难以大涨

① 　　7月1日起，欧盟对伊朗实行石油禁运。有分析认为，此举可能会提升全球油价。但综观各方面情况，油价不会在近期出现大幅上涨。

② 　　今年上半年，油价先扬之后又急速下跌，第二季度猛跌22％，创下2008年以来最大的跌幅。6月28日，国际油价再次大跌，纽约商品交易所8月交货的轻质原油期货价格下跌2.52美元，收于每桶77.69美元，北海布伦特原油期货价格下跌至每桶91.36美元。此次油价持续走低，更多反映了人们对世界经济走势的悲观看法。虽然近日举行的欧盟领导人峰会就解决欧债危机达成突破性协议，极大提振了市场信心，导致国际油价29日飙升，纽约商品交易所8月交货的轻质原油期货涨到每桶84.96美元，涨幅为9.36％，但似不代表趋势。

③ 　　首先，欧债危机未见好转。虽有西班牙将获救助等利好消息短时间内提振市场，但作用十分有限。欧债危机不仅加剧了人们对世界经济形势恶化的担忧，也直接打击了人们对未来世界石油需求的预期，压低了油价。在美国，经济走势依然疲软，复苏乏力。新兴市场国家如金砖国家等，其经济增速也出现放缓的势头。油价是世界经济的晴雨表，目前经济疲弱的态势，直接反映在近期的油价走势上。

④ 　　其次，供求关系和地缘政治等也导致了近期油价的下跌。据国际能源署估算，石油输出国组织（欧佩克）成员每天生产2940万桶石油即可实现市场均衡，但目前的实际产量超出100多万桶；沙特4、5月份日产油量基本保持在1000万桶，为近年来产量高点。欧佩克维持高产量主要是为了缓解中东地区地缘政治原因可能导致的石油供给减少，而短期内，无论是伊朗还是叙利亚，情况都不十分明朗。

⑤ 　　美国因素和中东局势也影响油价下跌。一是目前美国的原油库存量在5月中旬达3.825亿桶，创22年最高纪录；二是美国喊出的"能源自给"压低了人们对未来油价的预期；三是美元近期有所走强，也相应压低了油价；四是近期油价中的地缘政治风险溢价降低，随着利比亚局势的趋稳和埃及新总统的当选，2011年席卷中东的大动荡对原油价格的影响渐微。

⑥ 　　尽管油价不会在近期出现大幅上涨，但市场基本面也不支持油价的大幅下跌，目前世界石油需求依然较大，随着世界经济基本面好转，油价将重归涨势，特别是目前世界地缘政治依然紧张，美伊拉锯仍在持续，叙利亚局势动荡不止，埃及、利比亚等国局势尚存变数，任何变故都可在短时间内迅速推高油价。

<来源：新华网>

유가 단기 내 급등 가능성 낮아

유럽연합(EU)이 7월 1일부터 이란산 원유 금수조치를 단행했다. 이 조치가 국제유가 상승으로 이어질 [1]것이라는 분석이 나오고 있지만, 상황들을 종합해보면 [2]단기 내에 [3]유가 급등은 없을 것으로 보인다.

올해 상반기 유가는 상승 후 급격히 하락했다. [4]특히 2분기에 무려 22%나 폭락해 2008년 이후 최대 하락폭을 기록했다. 6월 28일 국제유가가 다시 큰 폭으로 떨어졌다. 뉴욕상업거래소(NYMEX) [5]8월 인도분 서부텍사스산 원유(WTI) 선물가격이 2.52달러 떨어진 [6]배럴당 77.69달러로 거래를 마쳤고, 북해산 브렌트유 선물가격이 배럴당 91.36달러로 하락했다. 이번 유가의 지속적인 하락세는 [7]세계 경제 동향에 대한 비관적 시각이 크게 반영된 것이다. 비록 최근 EU 정상회의가 유럽 재정위기에 관한 획기적인 해결책을 내놓아 시장의 신뢰가 크게 [8]회복되면서 뉴욕상업거래소 8월 인도분 서부텍사스산 원유 선물가격이 9.36% 상승해 배럴당 84.96달러를 기록하는 등 29일 국제유가가 급등했지만 이것이 [9]원유시장의 동향을 완전히 대변하는 것은 아니다.

첫째, 유럽 재정위기가 호전되고 있지 않기 [10]때문이다. 스페인 구제금융 지원 등의 호재가 단기적으로 시장에 활기를 주었지만, [11]그 효과가 극히 제한적이다. 유럽 재정위기가 세계 경제 악화 우려를 가중시키고 세계 석유 수요 전망에도 직격타를 날려 유가를 하락시켰다. [12]미국 경제가 여전히 약세와 더딘 회복세를 보이고, 브릭스 등 신흥시장의 경제성장도 둔화세를 보이고 있다. 유가는 세계 경제의 바로미터로 현재의 경제 부진이 유가의 단기 동향에 [13]곧바로 반영된다.

둘째, 수급 관계와 지정학적 원인 등이 최근 유가 하락을 야기했기 때문이다. 국제에너지기구(IEA)의 추산에 따르면 석유수출국기구(OPEC) 회원국이 하루 평균 2940만 배럴의 석유를 생산할 때 수급 균형이 유지되는데, 현재 실제 생산량이 1백만 배럴을 넘고 있는 실정이다. 사우디아라비아의 4~5월 하루 평균 원유 생산량은 [14]1천만 배럴 정도로 근래 들어 최고치를 기록했다. [15]OPEC이 높은 생산량을 유지하려는 것은 최근 이란이나 시리아 모두 상황이 좋지 않은 등 중동지역의 지정학적 문제로 인한 석유 공급 감소의 영향을 줄이기 위해서다.

[16]셋째, 미국발 요인과 중동 정세도 유가 하락에 영향을 미쳤기 때문이다. [17]먼저 미국의 원유 재고량이 5월 중순 3억 8250만 배럴로 22년 만에 최고치다. 둘째, 미국의 '에너지 자급 정책'이 유가 전망을 위축시켰다. 셋째, 최근 미 달러의 소폭 강세 역시 유가 하락에 일조했다. 넷째, 최근 리비아 정세가 안정되고 이집트 신임 대통령이 선출되면서 2011년 중동에 감돌았던 불안감이 유가에 미친 영향이 점차 줄어드는 등 유가의 지정학적 위험 프리미엄이 감소했다.

단기 내 유가 급등은 없겠지만 [18]시장의 펀더멘털도 견고해 유가 급락도 일어나지 않을 것이다. [19]왜냐하면 현재 세계 석유 수요가 여전히 크고 세계 경제 펀더멘털의 호전으로 유가가 상승세로 돌아설 것이기 때문이다. [20]특히 미국과 이란의 줄다리기, 시리아 정세 불안, 이집트와 리비아 등 불안한 지정학적 정세의 변수로 인해 세계의 지정학적 정세가 불안하여 어떤 사건이든 단기 내에 유가 급등을 초래할 수 있다.

1 두 문장을 따로 번역하는 것보다 하나로 연결해 번역하는 것이 더 매끄럽다.

2 '近期'는 '가까운 시기'라는 뜻으로 '근시일/최근/단기/단기 내' 등으로 번역할 수 있다. 여기서는 문맥에 맞춰 '단기/단기 내(에)' 혹은 '최근'으로 번역했다.

3 '油价大幅上涨'을 '유가 급등'으로 명사화시켜 번역했다.

4 상반기 유가 하락 중에서 2분기 하락폭이 상당히 컸음을 강조하기 위해 원문에는 없지만 '특히'를 첨가해 번역했다.

5 뉴욕상업거래소에서 거래되는 '轻质原油'는 '서부텍사스산 원유(WTI)/서부텍사스산 중질유(WTI)'로 번역한다.

6 '배럴'은 석유용량의 단위로 'bbl'로도 표기한다. 옛날에 석유를 운반하는데 사용된 나무통에 어원을 두고 있다. 미터법에서 1배럴은 159ℓ에 해당한다.

7 '人们'은 문맥에 따라 다양하게 번역하거나 생략할 수 있다.

8 '提振'은 경제 분야에서 '살리다/부양하다/활성화하다' 등으로 번역한다. 여기서는 '신뢰'와의 호응을 고려해 '회복되면서'로 의역했다.

9 원문에는 없지만 '원유시장의'를 첨가해 번역하여 '동향'의 주체를 명확히 했다.

10 앞 문장과의 연결성을 고려해 '때문이다'를 첨가해 번역했다.

11 '作用'은 '작용/역할/효과', '十分'은 '매우/대단히/충분히', '有限'은 '한계가 있다/제한적이다/한정적이다' 등으로 번역할 수 있다. 여기서 '作用'을 '그 효과'로 번역해 앞 문장의 '호재'가 미치는 효과임을 명확히 했다.

12 두 문장을 따로 번역하는 것보다 하나로 연결해 번역하는 것이 더 매끄럽다.

13 여기서 '直接'는 '직접'보다 '곧바로'로 번역하는 것이 더 매끄럽다.

14 '基本'은 '기본의/주요한'이라는 뜻의 형용사와 '대체로/거의'라는 뜻의 부사로 쓰인다. 이 문장은 '대체적으로 1천만 배럴을 유지한다'는 의미이므로 간결하게 '1천만 배럴 정도'로 번역했다.

15 '而短期内，无论是伊朗还是叙利亚，情况都不十分明朗'이 '中东地区地缘政治原因'에 해당하므로 앞으로 도치시켜 '관형어(定语)+체언' 형식으로 만들어 번역했다. 그리고 '无论是A还是B'를 무조건 'A이든 B이든'으로 번역하지 말자. 여기서는 '이란이나 시리아 모두'로 번역하는 것이 간결하고 매끄럽다.

16 '美国因素和中东局势也影响油价下跌'가 셋째 이유에 해당하므로 원문에는 없지만 '셋째'를 첨가해 번역했다.

17 앞 단락에 나온 '첫째', '둘째'와 중복되는 것이 싫다면 '穆迪上调韩国主权评级'에서 언급했던 것처럼 기호를 이용해 병렬관계로 풀 수도 있다. 따라서 '▲ 미국의 원유 재고량이 5월 중순 3억 8250만 배럴로 22년 만에 최고치 기록 ▲ 미국의 '에너지 자급 정책'으로 유가 전망 위축 ▲ 미 달러 소폭 강세가 유가 하락에 일조 ▲ 리비아 정세 안정과 이집트 신임 대통령 선출로 2011년 중동에 감돌았던 불안감이 유가에 미치는 영향이 줄어드는 등 유가의 지정학적 리스크 감소'로도 번역할 수 있다. '四是近期油价中的地缘政治风险溢价降低，随着利比亚局势的趋稳和埃及新总统的当选，2011年席卷中东的大动荡对原油价格的影响渐微'를 순서대로 번역하면 문장의 연결성이 떨어진다. 따라서 '地缘政治风险溢价降低'의 이유인 '随着利比亚局势的趋稳和埃及新总统的当选，2011年席卷中东的大动荡对原油价格的影响渐微'를 앞으로 도치시켜 번역하면 더 매끄럽고 의미 전달이 명확하다. 여기서 '위험 프리미엄'은 '리스크 프리미엄'이라고도 하며, '当选'은 '당선되다'라는 뜻으로 '당선/선출'로 번역할 수 있다.

18 '支持'은 '지지(하다)/지원(하다)/서포트(하다)' 등으로 번역하며 여기서는 문맥상 '일어나다'로 의역했다. '급락'은 '폭락'으로도 번역할 수 있다.

19 시장의 펀더멘털이 견고해 유가 급락을 일으키지 않을 이유를 설명하는 것이므로 앞 문장과의 연결성을 고려해 원문에는 없지만 '왜냐하면'을 첨가해 번역했다.

20 '美伊拉锯仍在持续，叙利亚局势动荡不止，埃及、利比亚等国局势尚存变数'가 앞 문장 '世界地缘政治依然紧张'에 해당된다. 따라서 문장의 연결성과 관형어가 발달한 한국어의 특징을 고려해 '美伊拉锯仍在持续，叙利亚局势动荡不止，埃及、利比亚等国局势尚存变数'를 '世界地缘政治依然紧张' 앞으로 도치시켜 번역했다. 여기에서 '줄다리기'는 '기싸움'으로도 번역할 수 있다.

시사상식 (时事知识)

◆ **金砖国家** 브릭스 국가

2003년 골드만삭스 그룹 보고서에서 처음 등장한 용어로 브라질(Brazil)·러시아(Russia)·인도(India)·중국(China) 등 4개국의 영문 머리글자를 따서 만들었다. 이들 4개국은 1990년대 말부터 빠른 성장을 거듭하면서 새로운 신흥경제국으로 주목받기 시작했다. 2010년 12월 남아공이 정식 회원국으로 가입하면서 브릭스는 기존 영문명 'BRIC's'에서 'BRICS'로 바뀌었다. 경제 전문가들은 2030년 무렵이면 이 국가들이 세계 최대의 경제권으로 도약할 것으로 보고 있다.

◆ **石油输出国组织/欧佩克** 석유수출국기구/OPEC

1960년 9월 이라크·이란·쿠웨이트·사우디아라비아·베네수엘라가 바그다드에서 창설한 국제기구다. 회원국은 이라크·이란·쿠웨이트·사우디아라비아·베네수엘라·카타르·리비아·아랍에미리트(UAE)·알제리·나이지리아·에콰도르·앙골라 등 총 12개국이다. 설립 목적은 회원국들의 석유정책 조정을 통해 상호 이익을 확보하는 한편, 국제석유시장의 안정을 유지하기 위함이다.

中国将稀土"武器化"

❶ 　　有迹象表明，中国开始加强对稀土资源的保护。稀土是导弹、信息通信等必需的材料，是21世纪的战略资源。最近，中国一名全国人大代表指出，中国稀土储量占全球总量的53%，但因为盲目开采，稀土资源减少严重，应加大生产和出口管理。部分官员和学者指出，稀土资源是工业的"维他命"和高科技产业的必需原料，被各国看作"未来经济武器"，应积极控制稀土资源向海外流失。

❷ 　　一名全国人大代表提交议案，建议政府成立专门机构负责稀土的生产、销售以及出口，同时要求减少稀土出口量，以此来获取稀土价格决定权。已故中国领导人邓小平曾指出："中东有石油，中国有稀土"，强调了稀土的经济、军事和战略价值。中国出口稀土的70%为韩国和日本所购得，用于高精尖电子和国防工业。最近日韩开始把从中国进口的稀土资源进行战略储备。

❸ 　　目前，中国加强了对稀土盲目开采的治理，加大稀土研发人力培养，并计划建立稀土研究实验室，加强对稀土资源的保护和管理。

<来源：环球时报>

중국의 희토류 '무기화'

중국이 [1]희토류 보호를 강화하려는 [2]조짐이 보인다. 희토류는 미사일·정보통신 등 분야의 필수 [3]소재로 21세기의 전략적 자원이다. 최근 전국인민대표대회(이하 전인대)의 한 대표가 중국의 희토류 [4]매장량이 전 세계의 53%에 달하지만 [5]무분별한 채굴로 희토류가 심각하게 줄어들고 있어 생산과 수출관리 강화에 힘써야 한다고 [6]주장했다. 일부 [7]정부 인사와 학자들은 희토류는 [8]산업의 [9]'비타민'이자 [10]첨단 산업의 필수 소재로 각국이 이를 '미래 경제의 무기'로 보기 때문에 희토류의 해외 유출을 적극적으로 규제해야 한다고 [11]지적했다.

전인대의 한 대표는 [12]정부가 희토류의 생산·판매·수출을 관리하는 전담기관을 설치하고 희토류 수출을 줄여 희토류 가격 결정권을 확보해야 한다는 안건을 상정했다. [13]중국 지도자였던 고(故) 덩샤오핑(鄧小平)은 "중동에 석유가 있다면 중국에는 희토류가 있다"라며 희토류의 경제적·군사적·전략적 가치를 강조한 바 있다. 중국이 수출하는 희토류 중 70%가 [14]한국과 일본에 수출되어 최첨단 전자·방위산업에 쓰이고 있다. 최근에는 한일 양국이 [15]중국산 희토류의 전략적 비축에 나섰다.

현재 중국은 희토류의 무분별한 채굴 [16]관리 강화와 희토류 연구개발(R&D) 인재 육성에 힘쓰고 있고 앞으로 희토류 연구실험실을 설립해 희토류 보호와 관리를 강화할 [17]예정이다.

1 '稀土资源'은 '희토류'로 번역한다.

2 '有迹象表明'은 후속절 뒤로 도치시켜 '~할 조짐이 보인다/~할 기미가 보인다'로 번역한다.

3 '材料'는 '재료/자료/원료/소재'라는 뜻으로 여기서는 문맥상 '소재'로 번역했다.

4 '储量'은 '매장량'을 뜻한다. 관련 용어를 살펴보자.
> 예) 预测储量 추정 매장량 / 探明储量 확인 매장량 / 可采储量 가채 매장량

5 '盲目开采'는 '맹목적 채굴'이 아닌 '무분별한 채굴'로 번역한다.

6 '指出'는 '지적하다'라는 뜻으로 여기서는 전인대에서 자신의 의견을 피력한 것이기 때문에 문맥상 '주장했다'로 의역했다.

7 많은 번역 입문자가 '官员'을 '관원'으로 번역한다. '정부 인사/정부 관료'로 번역하자.

8 산업과 공업에 관한 자세한 설명은 '我们应该向韩国汽车学习什么'에서 언급한 바 있으니 참고하자.

9 중국어로 '비타민'은 '维生素'라고도 한다. '韩国连续8年自杀率第一 性犯罪和贫困是主因'에서 언급했던 것처럼 한국어는 직접 대화 및 남의 말(속담·소리)을 인용할 때에 큰따옴표를 쓰고, 마음속 말·강조·비유·고유명사·외래어 및 큰따옴표 안에 들어가는 큰따옴표에 작은따옴표를 쓴다. 반면 중국어는 모두 큰따옴표를 쓰고 큰따옴표 안에 들어가는 큰따옴표에 작은따옴표를 쓴다. '维他命'에 큰따옴표를 붙인 것은 '희토류가 산업에서 비타민과 같은 존재'라는 점을 비유하려고 사용한 것이므로 한국어로 번역할 때 작은따옴표로 처리한다. 중국어 문장에서 직접 대화 및 남의 말(속담·소리)을 인용한 것이 아닌데 큰따옴표를 썼다면 한국어로 번역할 때 반드시 작은따옴표로 표기하자.

10 '하이테크 산업'으로도 번역할 수 있다.

11 '역설하다/강조하다'로도 번역할 수 있다.

12 '政府成立专门机构负责稀土的生产、销售以及出口'를 순서대로 '정부가 전담기관을 설치하여 희토류의 생산·판매·수출을 책임지도록 하다'로 번역하는 것보다 순서를 도치시켜 '정부가 희토류의 생산·판매·수출을 관리하는 전담기관을 설치하다'로 번역하는 것이 더 매끄럽다. 이 문장은 '有饭吃'와 같은 구조로 볼 수 있다. 이는 '밥이 있어 먹다'가 아닌 '먹을 밥이 있다'라는 뜻이다. 이러한 구조의 문장은 뒤에 있는 '동사'나 '동사구'를 첫 번째 빈어(宾语) 앞으로 도치시켜 '관형어+체언'으로 만들어 번역한다. 그 밖에 '同时'을 무조건 '동시에'로 번역하지 말자. 문맥에 맞춰 '한편/또한'으로 번역하거나 생략하고 자연스럽게 연결하는 방법을 시도해보자.

13 '已故中国领导人邓小平'에서 '已故'는 '이미 세상을 떠나다/이미 서거하다'라는 뜻으로 한국어로 번역할 때 '고(故)'로 표기한다. 많은 번역 입문자가 한중번역 시 '고(故) 노무현 대통령'을 '故前总统卢武铉'으로 번역하는데 '已故前总统卢武铉'으로 번역해야 한다. 여기서 '中国领导人'은 '邓小平'이 현 중국 지도자가 아닌 점을 고려해 '중국 지도자였던'으로, '邓小平'은 근대사 이후 인명이므로 '덩샤오핑(邓小平)'으로 번역했다.

'央行时隔三年半首次降息用意几何'에서 언급했던 것처럼 근대사 이후의 중국 인명을 한국어로 번역 시 중국어 발음을 한국어의 외래어 표기법 원칙에 따라 표기한다.(부록 참고) 독자의 이해를 돕기 위해 이름 뒤에 괄호를 표기하고 괄호 안에 중국어(간체자) 인명이 아닌 한자(정체자) 인명을 표기한다. 이 표기 원칙은 지명에도 해당한다. 따라서 '习近平主席'는 '습근평 주석'이 아닌 '시진핑(习近平) 주석'으로, '北京'은 '북경'이 아닌 '베이징(北京)'으로 번역한다.

그러나 근대사 이전의 중국 인명과 현재 쓰이지 않는 역사 지명은 한국어 한자 발음으로 표기한다. 예를 들어 '孔子', '孟子', '李白', '杜甫'는 '공자', '맹자', '이백', '두보'로, '隋', '唐'은 '수(나라)', '당(나라)'으로 표기한다.

14 '为~所购得'는 '~에 의해 구입되다/~가 구입하다'라는 뜻의 피동문이지만 주어와의 호응을 고려해 '한국과 일본에 수출되어'로 의역했다.

15 '从中国进口'를 '중국산'으로 간결하게 번역했다.

16 '治理'에 관한 설명은 이미 '"网络钓鱼"频现打击加大 网民应注意信息保护'에서 언급한 바 있다. 여기서는 문맥상 '관리하다'로 번역했다.

17 '계획이다'로도 번역할 수 있다.

시사상식 (时事知识)

◆ 稀土资源 희토류

원자번호 57부터 71까지의 15개 원소인 란탄(镧)·세륨(铈)·프라세오디뮴(镨)·네오디뮴(钕)·프로메튬(钷)·사마륨(钐)·유러퓸(铕)·가돌리늄(钆)·테르븀(铽)·디스프로슘(镝)·홀뮴(钬)·에르븀(铒)·튤륨(铥)·이테르븀(镱)·루테튬(镥)과 이와 성질이 매우 유사한 스칸듐(钪)·이트륨(钇)을 추가한 17개 원소를 일컫는다. 광물 형태로는 희귀하여 '자연계에 매우 드물게 존재하는 금속 원소'라는 의미에서 희토류라는 이름이 붙었다. 하지만 실제로 희토류는 그 이름에 비해서는 상대적으로 지구상에 풍부하게 매장되어 있다. 현대사회에서 희토류는 전기 및 하이브리드 자동차·풍력발전·태양열 발전 등 21세기 저탄소 녹색성장에 필수적인 영구자석 제작에 꼭 필요한 물질이다.

2010년부터 중국은 자국 내 희토류 생산량과 수출량을 제한하고 희토류에 부과하는 세금을 대폭 인상하는 등 희토류를 정부 통제 속에 무기화하려는 모습을 보이고 있다. 이에 따라 희토류 가격 또한 급등하고 있다. 이에 미국과 호주 등은 다시 폐광된 광산을 재가동하거나 새로운 생산지를 개발하는 등 다양한 방법으로 대처할 예정이다. 희토류를 전량 수입에 의존하는 우리나라도 국내외 희토류 광산을 직접 개발하는 등 안정적인 희토류 수급을 위한 대책 마련이 시급한 상황이다.

◆ 全国人民代表大会 전국인민대표대회

중국 국가의사 결정기관으로 줄여서 전인대라고 부르기도 한다. 집행기관인 국무원과 법원이 전인대에 대한 책임을 진다는 점이 삼권 분립제의 국회와는 차이가 있다. 성·자치구·직할시·군이 선출하는 대표로 구성되며, 각 소수민족도 대표를 가진다. 임기는 5년으로 1년에 1회 개회한다.

Part

09

艾滋病是可以防控的

① 卫生部近日公布的数据显示，2012年1至10月我国新报告艾滋病病毒感染者和病人68802例；截至2012年10月底，艾滋病病毒感染者和病人492191例，存活的感染者和病人383285例。12月1日是第25个"世界艾滋病日"，今年的主题是"行动起来，向零艾滋迈进"。有关专家表示，虽然目前没有有效的治疗药物，但艾滋病可防可控，通过抗病毒治疗可控制病情。

② 过去，艾滋病一直被视为世纪瘟疫，人人谈艾色变，认为这是不治之症，感染必死。卫生部疾控局相关人士表示，感染艾滋病并不可怕，可怕的是不积极治疗。随着医疗技术的发展，艾滋病就像糖尿病、高血压一样，被业内人士普遍认定为慢性病，虽然目前还不能完全治愈，但只要按要求服药，寿命可以延长十几年甚至几十年，终身带毒终身服药是可以控制病情的。

③ 中国疾病预防控制中心性病艾滋病预防控制中心主任吴尊友表示，如果怀疑自己有感染艾滋病病毒的潜在因素，应该及时到定点机构去检测。这是治疗艾滋病病毒感染者和病人的前提条件，一旦确诊，可以及时对症治疗。有些人来检测时已经是晚期，治疗效果差了很多。

④ 中国国务院《艾滋病防治条例》规定，艾滋病病毒感染者、艾滋病患者及其家属同时享有婚姻、就业、就医、入学等合法权益并受法律保护。与此相对的是，固有观念使艾滋病感染者群体处境艰难，在不少人的意识中，艾滋病仍意味着罪恶、可耻和危险。

⑤ 吴尊友说，艾滋病病毒感染者和病人遭受就学就业歧视、家人邻里疏远的情况相当普遍。曾有一个艾滋病人对他说，饭桌上只要他一坐下，所有人就都走了。这主要是社会大众对艾滋病的认识不够引发的莫名其妙的担心、恐惧，导致了莫名其妙的歧视。

⑥ 专家透露，由于多种原因，目前我国的艾滋病检查率不高，大约有50%的艾滋病感染者不知道自己感染了艾滋病。虽然我国医疗部门和疾控部门合作得非常好，从艾滋病确诊到开展抗病毒治疗平均只需两三个月的时间，但是近两年我国艾滋病死亡病人中约有70%的人没来得及服用抗病毒药物。控制艾滋病病情的关键还是及早检测、及早治疗。

<来源: 人民日报海外版>

예방과 억제가 가능한 에이즈

① 중국 위생부가 최근 발표한 데이터에 따르면 2012년 [1]1월~10월 중국에 새로 보고된 [2]인간면역결핍바이러스(이하 HIV) 감염자와 에이즈 환자가 [3]6만 8802명에 달해 [4]2012년 10월 말 현재 그 수가 [5]총 49만 2191명, 생존자가 38만 3285명인 것으로 나타났다. [6]올해 12월 1일은 제25회 '세계 에이즈의 날'로 [7]이번 [8]주제는 [9]'Getting to Zero(감염 ZERO, 차별 ZERO, 사망 ZERO)'이다. 관련 전문가는 현재 효과적인 치료제는 없지만, 에이즈는 예방과 억제가 가능하며 항바이러스제 치료로 병세를 조절할 수 있다고 밝혔다.

② 예전에 에이즈는 세기의 전염병으로 불렸다. 사람들은 [10]에이즈를 두려워하며 불치병으로 여겨 걸리면 죽는다고 생각했다. 위생부 질병예방통제국의 관계자는 진짜 무서운 것은 에이즈 감염이 아니라 소극적 치료라고 말했다. 의료기술의 발달로 에이즈는 [11]의료계에서 당뇨병, 고혈압 같은 만성질환으로 인식되고 있다. 현재 완치는 [12]불가능하지만 지시대로 약을 복용하면 십여 년 혹은 수십 년까지 생명을 연장할 수 있다. 일생동안 바이러스를 지녀야 [13]하지만 평생 약물치료를 하면 병세를 [14]조절할 수 있다.

③ [15]중국 질병예방통제센터 성병·에이즈예방통제센터의 우쭌유(吳尊友) 센터장은 HIV 감염 [16]가능성이 있다고 [17]의심되면 [18]신속히 지정기관에 가서 검사를 받을 것을 권고했다. 이는 HIV 감염자와 에이즈 환자 치료의 [19]기본조치로 확진 후 대증치료를 할 수 있다. [20]어떤 사람은 말기에서야 검사를 받는데 이럴 경우 치료 효과가 크게 떨어진다.

④ 중국 국무원의 [21]「에이즈예방치료조례」 규정에 따르면 HIV 감염자와 에이즈 환자 및 가족 모두 결혼·취업·치료·입학 등의 합법적인 권리가 있고 법적으로 보호받는다. [22]그러나 실제로는 사회의 [23]선입견 때문에 에이즈 감염자들이 어려움을 겪고 있고 많은 사람이 여전히 에이즈를 죄악·수치·위험의 대상으로 치부한다.

⑤ 우쭌유 센터장은 HIV 감염자와 에이즈 환자가 취학과 취업 시 차별받고 가족과 이웃의 외면을 받는 것이 [24]비일비재하다고 말했다. 한 에이즈 환자는 우쭌유 센터장에게 자신이 식탁에 앉으면 모두 일어나 가버린다고 토로했다. [25]이는 에이즈에 대한 사회적 인식 부재로 생긴 불필요한 걱정과 두려움이 야기한 차별인 것이다.

⑥ 전문가는 여러 가지 이유로 현재 중국의 에이즈 검사율이 낮고 50% 가량의 에이즈 감염자가 자신의 감염 사실을 모른다고 지적했다. 중국의 의료당국과 질병통제부처 간에 협력이 잘 이루어져 에이즈 확진에서 항바이러스제 치료까지 평균 2~3개월 밖에 걸리지 않음에도, 최근 몇 년간 중국의 에이즈 사망자 중 70%가 제때 항바이러스제를 복용하지 않은 것으로 나타났다. 에이즈 병세 조절을 위해서는 조기 검사와 조기 치료가 매우 중요하다.

1 중국어로 '1월~10월'은 '前10个月'라고도 한다.

2 '艾滋病病毒感染者'은 'HIV 감염자'로, '艾滋病病人'은 '에이즈 환자'로 번역한다.

3 '例'는 발생한 환자 사례 건수를 나타내는 양사로 '~예'가 아닌 '~명'으로 번역한다.

4 '截至~'는 '~에 이르다'라는 뜻의 시간적 기준을 나타내는 동사다. '~현재/~까지'로 번역한다.
　예) 截至4月 4월 현재 / 截至现在 현재까지

5 원문에는 없지만 HIV 감염자와 에이즈 환자의 누적 인원수임을 나타내기 위해 '총'을 첨가해 번역했다.

6 여기서 '第25个'는 '25번째', 즉 '제25회'를 의미한다.

7 원문은 '今年的'이지만 앞에 이미 '올해'라는 시간적 기준이 나오므로 '이번'으로 대체해 번역했다.

8 여기서 '主题'는 '슬로건'으로도 번역할 수 있다. 일반적으로 '主题'는 '주제/테마/기조' 등으로 번역한다.
　예) 会议主题 회의주제 / 主题公园 테마파크 / 主题演讲 기조연설

9 '行动起来, 向零艾滋迈进'은 영어를 중국어로 번역한 것이다. 한국에서는 이를 'Getting to Zero(감염 ZERO, 차별 ZERO, 사망 ZERO)'로 번역했다. 외국어 슬로건은 각국마다 모국어와 정서에 맞게 번역해 표기한다.
　예) 2008년 베이징올림픽 슬로건 同一个世界, 同一个梦想 / 하나의 세계, 하나의 꿈 / One World, One Dream

10 '谈艾色变'은 성어 '谈虎色变'을 응용한 것이다.

11 '业内人士'는 '업계인사'라는 뜻이다. 여기서는 직역하면 의미가 모호하므로 '의료계'로 의역했다.

12 번역 시 '虽然'이 있다고 무조건 '비록'을 붙이지 않아도 된다.

13 원문에는 역접을 나타내는 어휘가 없지만 내포된 의미를 살리기 위해 '하지만'을 첨가해 번역했다.

14 '병세를 통제하다'보다 '병세를 조절하다'로 번역하는 것이 더 매끄럽다.

15 소속 명칭이 길어서 '소속+인명+직책' 순으로 번역했다. 그리고 앞에서 '控制'를 '조절하다'로 번역했지만 여기서 '中国疾病预防控制中心性病艾滋病预防控制中心'은 중국의 기관명으로 고유명사에 속하기 때문에 원문 원칙과 한국에서 표기하는 방식에 따라 '중국 질병예방통제센터 성병·에이즈예방통제센터'로 번역했다. '主任'은 한국의 '주임'이 아닌 '센터장/최고책임자/과장' 등으로 번역하므로 기관명이 '센터'인 점을 고려해 '센터장'으로 번역했다. '吳尊友'는 근대사 이후의 중국 인명이므로 중국어 발음을 한국어의 외래어 표기법 원칙에 따라 표기하고 괄호 안에 중국어(간체자) 인명이 아닌 한자(정체자) 인명을 표기했다. 따라서 '중국 질병예방통제센터 성병에이즈예방통제센터의 우쭌유(吳尊友) 센터장'으로 번역했다.

16 여기에서 '潜在因素'는 '잠재적 요소'보다 '가능성'으로 번역하는 것이 더 매끄럽다.

17 번역 시 '如果'가 있다고 무조건 '만약'을 붙이지 않아도 된다.

18 '及时'는 '즉시/신속히/제때에' 등으로 번역한다. 여기서는 문맥상 '신속히'로 번역했다.

19 '前提条件'은 '전제조건/선결조건'이라는 뜻으로 여기서는 문맥상 '기본조치'로 의역했다.

20 여기서 '有些人'은 '일부 사람'보다 '어떤 사람'으로 번역하는 것이 더 매끄럽다.

21 '防治'는 '예방과 치료'의 의미가 내포되어 있다.

22 직역하는 것보다 '그러나 실제로는'으로 의역하는 것이 더 매끄럽고 의미 전달이 명확해진다.

23 '固有观念'을 문맥상 '선입견'으로 의역했다.

24 '相当普遍'은 '상당히 보편적이다'라는 뜻으로 문맥상 '비일비재하다'로 의역했다.

25 모점(、)은 단어와 단어 혹은 구(小句)와 구의 병렬 관계를 나타내는 문장부호다. 따라서 '에이즈에 대한 사회적 인식 부재로 생긴 불필요한 걱정과 두려움'으로 번역했다. 문맥상 전자의 '莫名其妙'는 '불필요한'으로 의역했고, 후자의 '莫名其妙'는 내용상 없어도 무방해 중복을 피하고자 생략했다.

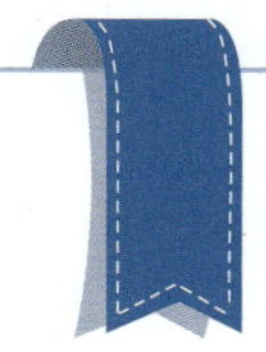

시사상식 (时事知识)

◆ **卫生部** 중국 위생부

의료위생 부문을 총괄하는 중국 국무원 소속의 내각 부처이다.

◆ **艾滋病病毒感染者** HIV 감염자

인간면역결핍바이러스(HIV, human immunodeficiency virus)에 감염된 보균자로 질병 증상이 거의 없어 외관상 건강해 보이나 타인에게 전파력이 있다. 인간면역결핍바이러스란 후천성면역결핍증(AIDS)을 일으키는 바이러스로 인체의 면역기능을 파괴한다. 일반적으로 이 바이러스에 감염된 뒤 에이즈가 나타나기까지는 수개월에서 수년이 걸리며 평균 잠복 기간은 성인의 경우 10년 정도이다. 가장 큰 특징은 인체 중 체액 내에서 생존한다는 점이다. 따라서 이 바이러스는 체액을 통해서 감염되고 그중에서도 혈액·정액·질 분비물·모유의 감염도가 높다. 반면 같은 체액이지만 소변이나 침·눈물 등은 농축도가 낮기 때문에 감염확률이 매우 낮다. 주요 감염경로는 성적 접촉, 감염된 혈액 수혈이나 혈액제제의 사용, 주사기의 공동사용, 수직감염(모체를 통한 감염), 직업적인 노출(의료기관이나 에이즈 바이러스 연구기관의 종사자들이 감염되는 경우)이 있다.

◆ **艾滋病病人** 에이즈 환자

에이즈 환자는 HIV의 감염으로 면역기능이 현저히 저하되어 폐렴·뇌막염·암의 일종인 카포시 육종 등의 질병이 나타난 사람을 일컫는다. 에이즈는 후천성면역결핍증으로 영어로 AIDS(Acquired Immune Deficiency Syndrome)라고 표기한다. 감염 초기인 급성 감염기에는 특별한 증상이 별로 없다. 개인에 따라서 감기나 독감·메스꺼움·설사·복통 같은 증상이 나타날 수 있으나 특별한 치료 없이도 대부분 호전되므로 감기에 걸렸다가 나은 것으로 생각할 수 있다. 급성 감염기 이후 8~10년 동안은 일반적으로 아무 증상이 없으며 외관상으로도 정상인과 같다. 이때를 무증상 잠복기라고 하는데, 증상은 없어도 바이러스는 활동하고 있으므로 체내 면역체계가 서서히 파괴되면서 남에게 바이러스를 옮길 수 있다. 오랜 잠복기 이후 에이즈로 이행하는 단계가 되면 발열·피로·두통·체중감소·식욕부진·불면증·오한·설사 등의 증상이 지속적으로 나타나고, 이 단계에서 면역력이 더욱 떨어지면서 다양한 피부질환이 나타난다. 감염 말기가 되면 정상인에게 잘 나타나지 않는 각종 바이러스·진균·기생충·원충 등에 의한 기회감염이 나타나며 악성종양이나 치매 등에 걸려 결국 사망하게 된다. 치료방법은 크게 바이러스 자체에 대한 치료와 감염·종양 등 합병증에 대한 치료로 나눌 수 있다. 그러나 아직까지 예방백신이나 완치할 수 있는 치료제는 없다.

警惕"三手烟"的温柔一刀 最大受害者是儿童

❶ 　　一手烟、二手烟对人体的危害，人们耳熟能详。但"三手烟"的危害，知之甚少。而实际上，专家指出，室内PM2.5浓度比室外更高，最大元凶就是"三手烟"。

❷ 　　什么是"三手烟"？记者了解到，"三手烟"是美国哈佛癌症中心2009年提出的概念，指吸烟者将烟熄灭后的若干时间内，烟雾在室内建筑和物品表面残留的有毒物质。这些有毒物质人们毫无所觉，但时间长了，却可能遭受它的"温柔一刀"。

"三手烟"最大受害者是儿童

❸ 　　据悉，"三手烟"中所含的有毒成分包括氢氰酸、丁烷、甲苯、砷、铅、一氧化碳、放射性元素钋210和其他十余种高度致癌的化合物。这些有毒物质短期内影响不明显，但是长时间却足以伤害呼吸系统，对婴幼儿的影响尤其明显。

❹ 　　市儿童医院呼吸科主任赵德育告诉记者，"三手烟"中的细小颗粒能损害孩子的呼吸道纤毛，造成肺功能损伤，引起咳嗽、哮喘、支气管炎等疾病。而"三手烟"中的重金属颗粒侵入神经系统，还会影响婴幼儿智力发育。儿童暴露在"三手烟"时间越长，其阅读能力越差，甚至可能导致婴幼儿出现神经中毒症状。

❺ 　　"一些家长知道不要当着孩子面吸烟，在外面抽完了烟再进房间，但这样并不能让孩子避免烟害。"赵德育说，由于"三手烟"会在人体残留很久，而吸烟者的呼吸道中也会残留有害物质，因而当他们接触孩子时，仍然会对他们产生"毒害"。美国的一项研究显示，即使在室外抽烟，吸烟者家庭婴儿体内的尼古丁含量仍比不吸烟家庭的婴儿高出7倍。

消除"三手烟害"，新版禁烟条例禁设室内吸烟区

❻ 　　据记者了解，在我国，"三手烟害"不仅远远没有引起一般市民的重视，就连学术界对它的关注和研究也很少。但是在国外，防止三手烟害已经成为共识。在欧美发达国家，已经不设室内的吸烟区，比如在欧美的机场找不到抽烟的地方。世卫组织的《烟草控制框架公约》也建议在室内完全禁用。

❼ 　　去年3月，卫生部修订《公共场所卫生管理条例实施细则》，新增加了"室内公共场所禁止吸烟"的内容，规定在宾馆、饭店、咖啡馆、酒吧、茶座等7个大类，28个小类公共场所全面禁止吸烟，但尚未规定工作场所禁止吸烟。

<来源：南京日报>

침묵의 일격 '3차 흡연' 경계…최대 피해자는 어린이

❶ 직접흡연과 간접흡연이 인체에 미치는 [1]폐해는 [2]잘 알려져 있지만, '3차 흡연'의 폐해는 [3]알려진 게 거의 없다. 그러나 실제로 [4]전문가들은 PM2.5 농도가 실외보다 실내가 높은 주된 원인으로 '3차 흡연'을 지목한다.

❷ [5]그렇다면 '3차 흡연'이란 무엇일까? [6]기자가 취재한 바에 따르면 '3차 흡연'은 미국 하버드 암센터가 2009년에 제시한 개념으로 흡연자가 담배를 끈 후 일정 시간 동안 담배 연기가 실내 [7]구조물과 물건 표면에 남긴 유독물질을 말한다. 사람들은 이 유독물질을 전혀 느끼지 못하지만, 장기간 지속되면 이로 인한 '침묵의 일격'을 당할 수 있다.

'3차 흡연'의 최대 피해자는 어린이

❸ '3차 흡연'의 유독물질로는 [8]시안화수소산(일명 청산가리), 부탄, 톨루엔, 비소, 납, 일산화탄소, 방사성원소 폴로늄 210 및 10여 종의 [9]발암물질이 있는 것으로 [10]알려져 있다. [11]이 유독물질들의 폐해는 단기간 내에 확연히 드러나지 않지만, [12]장기간 축적되면 호흡기를 손상시키며 [13]영유아에게는 더욱 위험하다.

❹ 시립어린이병원 호흡기과의 자오더위(趙德育) [14]과장은 [15]기자와의 인터뷰에서 "'3차 흡연'의 미세입자가 어린이의 호흡기 섬모를 파괴해 폐 기능을 손상시켜 기침 · 천식 · 기관지염 등의 질환을 일으킬 수 있다"고 말했다. '3차 흡연'의 중금속입자는 신경계로 침투해 영유아의 지능[16]발달에 영향을 줄 수 있다. [17]또한 어린이가 '3차 흡연'에 노출될수록 읽기 능력이 떨어지고 영유아는 신경성 중독이 나타날 수도 있다.

❺ [18]자오더위 과장은 "자녀 앞에서 흡연하면 안 된다는 걸 아는 일부 부모들이 실외에서 흡연 후 실내로 들어오는데 이렇게 해서는 자녀를 담배 폐해로부터 보호할 수 없다. '3차 흡연'은 체내 잔류시간이 길고 흡연자의 호흡기에도 유독물질이 남아있기 때문에 자녀와 접촉 시 '유독물질의 폐해'를 줄 수 있다"고 지적했다. 미국의 한 연구 결과 실외 흡연을 하는 가정의 아기라도 체내 니코틴 함량이 비흡연자 가정 아기의 [19]8배나 되는 것으로 나타났다.

[20]新금연조례, '3차 흡연 폐해' 해소 위해 실내 흡연구역 설치 금지

❻ 취재 결과 중국에서는 [21]'3차 흡연 폐해'가 [22]거의 알려지지 않고 학계조차도 이에 대한 관심과 연구가 별로 없다. 그러나 외국에서는 3차 흡연 폐해 방지에 대한 인식이 이미 보편화되었다. 구미(歐美)지역의 선진국들은 공항에 흡연장소가 없는 등 실내 흡연구역 설치를 금지하고 있다. 세계보건기구(WHO)의 「담배규제협약」에도 실내 흡연의 전면 금지를 [23]권고하고 있다.

❼ 작년 3월 중국 위생부는 「공공장소 위생관리조례 시행세칙」을 [24]개정해 호텔 · 음식점 · 카페 · 술집 · 찻집 등 7대 업종 28개 유형의 공공장소에서 전면 금연을 시행하는 '실내 공공장소 금연'에 관한 내용을 [25]추가했다. 하지만 직장은 [26]아직 금연구역으로 지정되지 않았다.

1 '危害'는 '폐해/피해/위험' 등으로 번역할 수 있다.
   예) 农作物的危害 농작물 폐해 혹은 농작물 피해 / 受到危害 피해를 입다 / 危害程度 위험정도

2 '但"三手烟"的危害'와의 연결성을 고려해 문맥상 '잘 알려져 있다'로 번역했다.

3 '知之甚少'는 '아는 것이 매우 적다'라는 뜻으로 문맥상 '알려진 게 거의 없다'로 번역했다.

4 직역하면 어색하므로 '전문가들은 PM2.5 농도가 실외보다 실내가 높은 주된 원인으로 '3차 흡연'을 지목한다'로 번역했다.
   '元凶'은 '원흉'이라는 뜻으로 문맥에 따라 '주범/주된 원인' 등으로 번역한다.

5 원문에는 없지만 앞 문장과의 연결성을 고려해 '그렇다면'을 첨가해 번역했다.

6 '记者了解到'에서 '了解'는 '打听(물어보다/알아보다)'이라는 뜻이다. 문맥상 '기자가 취재한 바에 따르면'으로 의역했다.

7 '건물'로도 번역할 수 있다. '室内建筑'에서 '建筑'는 '건축물'보다 '구조물/건물'로 의역하는 게 매끄럽다.

8 원문에는 없지만 독자의 이해를 돕기 위해 '시안화수소산' 뒤에 '(일명 청산가리)'를 첨가해 번역했다.

9 '高度致癌的化合物'는 간결하게 '발암물질'로 번역했다.

10 '据悉'는 '아는 바에 의하면 ~라고 한다'라는 뜻으로 주로 '소식에 따르면/~라고 한다'로 번역한다. 여기서는 문맥상 '~
   로 알려져 있다'로 번역했다. 참고로 '소식에 따르면'은 중국어로 '据消息称'이라고도 한다.

11 직역하는 것보다 '이 유독물질들의 폐해는 단기간 내에 확연히 드러나지 않는다'로 번역하는 것이 더 매끄럽고 의미 전달
   도 명확하다. 여기서 '影响'은 '有毒物质'와의 호응을 고려해 '폐해'로 의역했다.

12 '长时间却足以伤害呼吸系统'을 '시간이 오래되면 호흡기를 충분히 손상시킬 수 있다'로 직역하는 것보다 '장기간 축적
   되면 호흡기를 손상시킨다'로 번역하는 것이 더 간결하고 의미 전달도 명확하다.

13 '影响'이 앞 문장에도 나오므로 중복을 피하기 위해 '对婴幼儿的影响尤其明显'을 '영유아에게는 더욱 위험하다'로 의역
   했다.

14 중한번역에서 어려운 부분 중 하나가 중국어 직책을 한국어로 번역하는 경우다. 왜냐하면 중국의 직책과 한국의 직책이
   글자는 같아도 의미가 달라 1:1 대응이 어렵기 때문이다. '主席', '总裁', '总经理', '董事长', '主任' 등이 그 좋은 예다. '主
   席'는 중국과 베트남의 국가주석과 김일성 주석 외에는 '회장/이사장/총재/의장/위원장' 등으로, '总裁'는 '대표이사/회장/
   CEO/총재' 등으로, '总经理'는 '대표이사/사장/본부장 등으로, '经理'는 한국의 '경리'가 아닌 '과장/차장/부장/매니저' 등으
   로, '董事长'은 '이사장/회장' 등으로, '主任'은 한국의 '주임'이 아닌 '센터장/최고책임자/과장' 등으로 번역한다. 여기서 '主
   任'은 병원 분과별 책임의사를 지칭하므로 '과장'으로 번역했다.

15 직역하는 것보다 '시립어린이병원 호흡기과의 자오더위(赵德育) 과장은 기자와의 인터뷰에서 "'3차 흡연'의 미세입자가
   어린이의 호흡기 섬모를 파괴해 폐 기능을 손상시켜 기침 · 천식 · 기관지염 등의 질환을 일으킬 수 있다"고 말했다'로 번
   역하는 것이 매끄럽다.

16 '发育'는 '발육/발달/성장' 등으로 번역한다.

17 원문에는 없지만 앞 문장과의 연결성을 고려해 '또한'을 첨가해 번역했다. '越~越~' 구문을 무조건 원문 구조대로 직역
   하려 하지 말고 문맥에 맞게 간결하게 번역하도록 하자. 따라서 '어린이가 '3차 흡연'에 노출될수록'으로 번역했다.

18 '赵德育说'를 문장 앞으로 도치시키고 두 문장(말한 내용)을 하나로 연결해 번역했다. '这样并不能让孩子避免烟害'는 문
   맥상 '이렇게 해서는 자녀를 담배 폐해로부터 보호할 수 없다'로 의역했다.

19 앞에서 언급했던 것처럼 '배수 증가'에 대한 한국어와 중국어의 개념 차이가 있는 점에 유의하자. '高出~倍'도 이에 해당
   하므로 중국식 배수로 계산해서 번역해야 하는 것을 잊지 말자. 따라서 '高出7倍'는 '8배 증가'로 번역해야 한다.

20 원문 순서대로 번역하면 "3차 흡연 폐해' 해소, 新금연조례 실내 흡연구역 설치 금지'가 되어서 내용의 연결성이 떨어진
   다. '消除"三手烟害", 新版禁烟条例禁设室内吸烟区'는 '3차 흡연의 폐해를 해소하기 위해 新금연조례가 실내 흡연구
   역의 설치를 금지했다'는 의미로 이를 '新금연조례, '3차 흡연 폐해' 해소 위해 실내 흡연구역 설치 금지'로 간결하게 번역
   했다.

21 앞부분에서는 '3차 흡연'에만 작은따옴표를 사용했지만, 이 문장에서는 원문 원칙에 따라 원문 "三手烟害"와 맞추기 위해
　작은따옴표를 '폐해'까지 적용해 '3차 흡연 폐해'로 번역했다.

22 '일반 시민의 인식이 거의 없다'는 의미로 문맥상 '거의 알려지지 않고'로 간결하게 번역했다.

23 '建议'는 '제안하다/건의하다/권고하다' 등으로 번역한다.

24 '修订'이 법 · 조례와 호응할 경우 '개정하다'로 번역한다.

25 '新增加'는 문맥상 '추가했다'로 의역했다.

26 '尚未'는 서면어에서 잘 나오는 어휘로 '尚'은 '还', '未'는 '没/不'에 해당한다.

시사상식 (时事知识)

◆ **PM2.5 초미세먼지**

지름 2.5㎛(마이크로미터) 이하의 미세먼지를 일컫는다. 초미세먼지 입자이기 때문에 호흡기
깊숙이 침투해 폐 조직에 붙어 호흡기 질환을 일으킨다. 또한 혈관으로 흡수돼 뇌졸중이나 심
장질환을 일으키는 것으로 알려져 있다. 황산염 · 질산염 · 암모니아 등의 이온성분과 금속화합
물 · 탄소화합물 등의 유해물질로 이루어져 있으며 주로 자동차 배기가스에서 발생한다. 미국 ·
일본 · EU 등은 PM2.5를 환경기준으로 설정한 반면 우리나라는 PM10을 환경기준으로 삼고 있
다.

世卫组织报告认为非传染性疾病是21世纪的主要威胁

① 　世界卫生组织16日在日内瓦发布《2012世界卫生统计报告》，对收集自194个国家和地区的卫生及医疗数据进行了分析，相关数据包括人类预期寿命、死亡率、医疗卫生服务体系等方面。报告指出，日趋加剧的非传染性疾病已成为人类健康的头号杀手，占目前世界上死亡人口的三分之二。报告强调，要建立起一个全球性的监控框架，预防并控制此类疾病的发生。

② 　几十年来，随着医学的进步和发展，人类对传染性疾病的控制不断得到加强，相比之下，非传染性疾病的发病率却不断增加，范围也不断扩大。根据报告中所列举的数据，目前非传染性疾病按危害程度排列，依次为心血管病、癌症、慢性呼吸系统疾病、糖尿病等。其中，全球三分之一的成年人患有高血压，十分之一的成年人患有糖尿病。报告将最新的统计结果与2008年的数据进行了对比，由此可以看出非传染性疾病的威胁呈不断加剧之势。2008年，全球共有5700万人死亡，其中63%的人死于非传染性疾病。而随着全球人口增长和平均寿命的延长，预计到2030年，全球死于非传染性疾病的人口将增至5500万。其中，死于心血管疾病的人口将从2008年的1700万增加到2500万，死于癌症的人口则由760万增至1300万。

③ 　报告在分析导致非传染性疾病的原因时指出，一些不良的生活习惯，如吸烟、缺乏运动、不健康的饮食、过度饮酒等，很容易导致高血压、高血糖、高血脂、肥胖症等健康问题，进而诱发非传染性疾病。其中，80%的心血管疾病患者都是因不良的生活习惯而患病的。

④ 　报告还指出，非传染性疾病在发达国家与发展中国家的发病率存在较大差异。其中，发达国家便利的诊断与低廉的治疗费用，大大减少了高血压的发病率，但在发展中国家和欠发达国家，近一半的成年人患有高血压。

⑤ 　另外，肥胖，也成为了人类健康的主要威胁。根据报告提供的数据，过去30年间，全球的肥胖人口翻了一番，目前已达5亿。在美洲地区有62%的成年人超重，其中又有26%的人被认为肥胖；欧洲的肥胖人口比例为9%，而东南亚地区这一比例则最低，仅为3%。从全球来看，女性比男性更容易患肥胖症，从而也增加了罹患糖尿病、心血管疾病的风险。

⑥ 　为了加强对非传染性疾病的预防和控制，联合国大会去年11月在纽约召开了高级别会议，并通过了一项政治宣言，要求世界各国在多方面采取行动应对非传染性疾病的挑战。

<来源：国际在线>

WHO 보고서, 비전염성 질환이 21세기의 주요 위협요소

① 세계보건기구(WHO)가 16일 제네바에서 발표한 「2012년 세계보건통계보고서(이하 보고서)」는 194개 [1]국가의 [2]보건 및 의료 데이터를 분석한 것으로 [3]인간의 기대수명, 사망률, 보건의료서비스 시스템 등의 내용이 포함되어 있다. [4]보고서는 갈수록 심각해지는 비전염성 질환이 [5]인류 건강을 해치는 첫 번째 원인으로 [6]현재 전 세계 사망자의 2/3가 이로 인해 사망하고 있다고 지적했다. [7]또한 글로벌 모니터링 [8]시스템을 [9]구축해 [10]비전염성 질환의 발생을 예방·억제해야 한다고 강조했다.

② 수십 년간 [11]의학이 발전하면서 [12]인류는 [13]전염성 질환을 잘 억제해 왔지만, 비전염성 질환은 오히려 발병률이 높아지고 범위도 확대되고 있다. 보고서에 열거된 데이터를 보면 현재 비전염성 질환의 위험도 순위가 심혈관 질환, 암, 만성 호흡기 질환, 당뇨병 등의 순으로 나타났다. 그중 고혈압은 전 세계 성인의 1/3이, 당뇨병은 1/10이 앓고 있다. [14]최신 통계 결과와 2008년 데이터를 비교한 보고서 결과를 보면 비전염성 질환의 위험도가 점차 높아지고 있음을 알 수 있다. 2008년 전 세계 사망자 5700만 명 중 63%가 비전염성 질환으로 사망했다. 전 세계 인구증가와 평균수명의 연장으로 2030년이 되면 비전염성 질환에 의한 사망자 수가 5500만 명으로 증가할 것으로 보인다. 그중 심혈관 질환 사망자가 2008년의 1700만에서 2500만 명으로, 암 사망자가 760만에서 1300만 명으로 증가할 것으로 예상된다.

③ 비전염성 질환의 발생 [15]원인에 대해 보고서는 [16]흡연, 운동 부족, 나쁜 식습관, 과음 등의 잘못된 생활습관이 고혈압, 고혈당, 고지혈증, 비만 등의 건강문제를 야기해 비전염성 질환을 유발한다고 지적했다. 그중 심혈관 질환 환자의 80%가 모두 나쁜 생활 습관에 의해 발병한 것으로 드러났다.

④ 또한 보고서는 비전염성 질환 발병률이 선진국과 개도국 간에 비교적 큰 차이를 보인다고 지적했다. 선진국의 편리한 진단과 저렴한 치료비가 고혈압 발병률을 크게 줄인 [17]반면 개도국과 [18]후진국은 절반가량의 성인들이 고혈압을 앓고 있는 것으로 나타났다.

⑤ 그 밖에 비만 역시 인류 건강을 해치는 주요 [19]위협요소다. [20]보고서 데이터에 따르면 지난 30년간 전 세계 비만 인구가 [21]2배 증가해 현재 5억에 달한다. 미주 지역의 경우 성인 62%가 과체중이고 그중 26%가 비만이며, 유럽의 비만 인구는 9%, 동남아 지역은 3%로 가장 낮았다. 전 세계적으로 볼 때 여성이 남성보다 [22]비만이 될 확률이 높아서 당뇨병, 심혈관 질환의 발병 위험도 더 높다.

⑥ 비전염성 질환의 예방·억제를 강화하기 위해 유엔(UN) 총회는 작년 11월 뉴욕에서 고위급 회의를 열어 [23]세계 각국이 비전염성 질환 대처를 위해 다각적인 행동을 취할 것을 촉구하는 정치선언문을 [24]채택했다.

1 '国家和地区'는 홍콩·마카오·타이완 등을 고려한 중국어 표현 방식으로 중한번역 시 '地区'를 생략하고 '국가'로 번역한다.

2 '卫生'은 '위생/보건'으로 번역한다.

3 '相关数据包括人类预期寿命、死亡率、医疗卫生服务体系等方面'을 '관련 데이터는 인류의 예측수명, 사망률, 의료위생서비스 체계 등 방면을 포함한다'로 직역하지 말자. 여기서 '相关数据'는 앞에 이미 '数据'가 나오므로 중복을 피하기 위해 생략하고 번역하는 것이 매끄럽다. 그리고 '人类'는 '인간'으로, '预期寿命'은 '기대수명'으로, '医疗卫生服务体系'는 '보건의료서비스 시스템'으로 번역한다. '方面'은 '中日韩自由贸易区'에서 언급했던 것처럼 한국어에서 '방면'은 '강남 방면', '인천 방면' 등 주로 방향을 일컫는 반면, 중국어의 '方面'은 '~측/~면/영역/분야'로 번역하거나 생략하기도 한다. 여기서는 문맥상 '내용'으로 의역하면 적합하다. 따라서 앞 문장과의 연결성을 고려해 '인간의 기대수명, 사망률, 보건의료서비스 시스템 등의 내용이 포함되어 있다'로 번역했다.

4 원문이 보고서에 관한 내용일 경우 '报告'는 '보고'가 아닌 '보고서'로 번역한다.

5 '头号杀手'에서 '头号'는 '첫째의/최상의'라는 뜻이고, '杀手'는 '자객/킬러/생명체의 목숨을 위협하는 요소'라는 뜻이다. 여기서는 '최고의 자객/최대 위협요소'를 뜻하므로 '人类健康的头号杀手'를 문맥상 '인류의 건강을 해치는 첫 번째 원인'으로 의역했다.

6 '占目前世界上死亡人口的三分之二'은 '현재 세계 사망인구의 2/3를 차지하다'라는 뜻이다. 앞 문장과의 연결성을 고려해 '현재 전 세계 사망자의 2/3가 이로 인해 사망하고 있다'로 의역했다.

7 원문은 '报告'이나 앞에 나온 '报告'와의 중복을 피하기 위해 '또한'으로 대체해 번역했다.

8 '框架'는 '뼈대/프레임/구조'라는 뜻으로 '监控'과의 호응을 고려해 '시스템'으로 의역했다.

9 '建立'는 '세우다/형성하다'라는 뜻으로 '시스템'과의 호응을 고려해 '구축해'로 번역했다. 많은 번역 입문자가 '建立'를 무조건 '건립하다'로 번역한다. 하지만 '建立'는 어떤 빈어(宾语)와 호응하는지에 따라 다양한 번역이 가능하다.
   예) 建立政策 정책을 수립하다 / 建立战略伙伴关系 전략적 동반자 관계를 구축하다 / 建立标准 기준을 마련하다 / 建立自由贸易区 자유무역지대를 창설하다

10 여기서 '此类疾病'은 '비전염성 질환'을 지칭한다. 따라서 '이런 유형의 질환'으로 직역하지 않고 '비전염성 질환'으로 번역해 의미 전달을 명확히 했다.

11 '进步和发展'를 '医学'와의 호응을 고려해 '발전하다'로 간결하게 번역했다.

12 '人类'는 '인류/인간'으로 번역한다.

13 '人类对传染性疾病的控制不断得到加强'을 '인류의 전염성 질환에 대한 통제가 계속 강화되다'로 직역하면 어색하므로 '인류가 전염성 질환을 잘 억제하고 있다'로 의역하는 것이 좋다. 뒤에 나오는 '相比之下'와의 연결성을 고려해 '인류가 전염성 질환을 잘 억제해 왔지만'으로 번역했다.

14 '报告将最新的统计结果与2008年的数据进行了对比，由此可以看出非传染性疾病的威胁呈不断加剧之势'를 '보고서는 최신 통계 결과와 2008년 데이터를 대비했다. 이로써 비전염성 질환의 위협이 증가세를 나타냄을 볼 수 있다'로 직역하면 어색하고 의미 전달도 잘 안 된다. 따라서 문장의 연결성을 고려해 '최신 통계 결과와 2008년 데이터를 비교한 보고서 결과를 보면 비전염성 질환의 위험도가 점차 높아지고 있음을 알 수 있다'로 번역했다.

15 '요인'으로도 번역할 수 있다.

16 '관형어(定语)+체언' 형식으로 만들어 번역했다. '不良的生活习惯'은 '불량한 생활습관'이 아닌 '잘못된 생활습관'으로 번역한다.

17 앞뒤 문장의 연결성을 고려해 '但'을 '그러나'가 아닌 '반면'으로 번역했다.

18 '欠发达国家'는 '저개발국/저개발국가'로도 번역할 수 있다.

19 원문에는 없지만 '요소'를 첨가해 의미 전달을 명확히 했다.

20 '根据报告提供的数据'는 문맥상 '提供'을 생략하고 '보고서 데이터에 따르면'으로 간결하게 번역했다.

21 '翻了一番'은 '1배가 되었다'가 아닌 '2배가 되었다'로 번역해야 한다. 참고로 '翻两番'은 '4배', '翻三番'은 '8배', '翻四番'은 '16배'이다.

22 '更容易患肥胖症'은 '더 쉽게 비만이 된다'라는 뜻으로 문맥상 '비만이 될 확률이 높아서'로 의역했다.

23 '通过了一项政治宣言，要求世界各国在多方面采取行动应对非传染性疾病的挑战'에서 '要求世界各国在多方面采取行动应对非传染性疾病的挑战'이 '政治宣言'에 해당되므로 앞으로 도치시켜 '관형어＋체언' 형식으로 만들어 번역했다. '정치선언'은 '정치선언문'으로도 번역할 수 있다.

24 '通过'가 '의안/법안/선언문' 등과 호응할 경우 '채택하다/채택되다/통과하다/통과되다'로 번역하는 것이 적절하다.

시사상식 (时事知识)

◆ 非传染性疾病 비전염성 질환

병원체 감염에 의한 전염성 질환 이외의 질환을 일컬으며 발병 요인은 다음과 같다.

① 유전적 요인: 부모 모두가 고혈압인 경우, 자녀의 고혈압 발병률이 정상 혈압을 유지하는 부모의 자녀보다 2.5배 이상 높으며, 뇌출혈은 부모와 자식 간에 0.49의 상관율이 있다. 학계에서는 암의 유전성에 대해서는 부정하고 있으나, 개인적 요소가 환경적 요인과 상호작용하여 암을 유발하는 것으로 알려져 있다.

② 생활습관: 생활습관이 남성 악성종양 발생의 35%, 여성의 55%에 영향을 주는 것으로 알려져 있다. 과식·과음·과다 지방 섭취가 비만의 원인이 되어 관상동맥성 심장질환·고혈압·당뇨병·골관절염 등을 일으키며 뜨거운 음식은 식도암·후두암·위암 등의 발병률을 증가시키는 것으로 알려져 있다.

③ 기호: 흡연은 악성종양 발생의 30% 영향을 주는 것으로 알려져 있으며, 만성 호흡기 질환과 순환기계 질환 등을 유발하기도 한다. 음주는 고혈압·암·간경화증·동맥경화증·뇌장애·비타민 결핍증 등을 유발한다.

④ 사회·경제적 수준: 소화성 궤양이나 고혈압은 정신적·신경적 요인의 영향을 많이 받기 때문에 정신적 긴장감이 큰 도시인에게 많이 발병한다. 또한 사회계층에 따라서 상류층에서는 당뇨병·심장병·유방암 등이 많은 반면 하류층에서는 결핵·장티푸스·위암·자궁암 등이 많다. 결혼 상태에 따라서 미혼 여성에게는 유방암 발병률이 높은 반면, 조혼·다산·성적파트너가 많은 여성에게는 자궁암 발병률이 높다.

환경

极端天气为何越来越多?

7月21日，北京遭遇61年来的最大暴雨。近日，台风"苏拉"、"达维"、"海葵"又袭击了我国东南沿海。回顾近几年的气象记录，我国出现多项破历史记录的极端天气事件：2005年，江西发生超百年一遇特大洪水；2006年，川渝遭受百年一遇干旱；2008年，南方发生历史罕见低温雨雪冰冻灾害；2010年，西南地区发生特大干旱。

极端天气不仅在中国频发，整个世界似乎都"不好过"。2007年，英国遭遇200年一遇暴雨；2010年，巴基斯坦出现世纪大洪水，俄罗斯发生百年大旱；2011年，美国龙卷风造成几百人死亡。究竟是什么原因使极端天气频现？未来一段时期全球气候会怎样变化？我们又该如何应对？日前，记者采访了国家气候中心气候变化适应室副主任周波涛。

全球变暖加速气候变化

极端天气为何越来越多？周波涛表示，可能与全球变暖有关。他认为，全球气候变暖后，大气中能量分布会发生变化，比如蒸发加大、水循环速率加快等，从而造成极端事件偏多。

以干旱和洪涝为例，气候变暖后，陆地和海洋表面的气温都会增加，更容易发生蒸发和蒸腾，大气中水汽含量就会增加，可容纳的水分就会增多。这意味着要达到降水条件，就需要更多的水汽。如果大气达不到饱和状态，大气就会不断吸收水分，使得陆地更加干燥，形成干旱。而一旦大气达到饱和状态，由于大气含水量的增加，容易形成强降水，从而可能导致洪涝灾害。此外，由于南北半球热量、水汽交换加强，气候就更容易变得异常。

周波涛说，随着全球变暖，21世纪全球极端事件发生的频率和强度将可能增加。预计未来大多数陆地区域会更多地处在"水深火热"中。

应培育气象灾害风险意识

据统计，近10年来，全球每年因气象或气候灾害造成的经济损失高达500亿美元，死亡人数达22000人。伴随全球气候变化而来的负面影响，各国的粮食安全、水资源和能源保障等都将面临更大的挑战。

周波涛表示，边远山区是极端天气发生时最容易受灾的地区，这些地区防御强降水、山崩和滑坡泥石流等自然灾害能力薄弱，人们获取气象信息的渠道有限，遇到灾情也不知道如何自救逃生。做好这些地区的防灾减灾工作，不仅要完善防御气象灾害的基础设施，还要让人们学会如何应对。

因此，最重要的就是加强气象灾害风险评估和管理，培育气象灾害风险意识。公众应该多了解气候变化方面的常识，平时多关注天气预报，在台风、暴雨等极端天气事件发生前做好预防。

<来源：光明日报>

격렬기상, 왜 잦아지는가?

① [1]7월 21일 베이징에 61년 만의 최대 폭우가 쏟아진 데 이어 최근에는 태풍 '사올라', '담레이', '하이쿠이'가 중국 동남 연해안을 강타했다. 최근 몇 년 동안의 기상기록을 [2]살펴보면 [3]2005년 장시성(江西省)은 100년 만의 홍수, 2006년 촨위(川渝·쓰촨과 충칭)지역은 100년 만의 가뭄, 2008년 남부지역은 보기 드문 한파와 폭설, 2010년 서남부지역은 최악의 가뭄을 겪는 등 중국에 [4]사상 초유의 [5]격렬기상이 여러 건 발생했다.

② 격렬기상은 중국뿐만 아니라 전 세계적으로 [6]나타나고 있다. 2007년 영국에서는 200년 만의 폭우가 내렸고, 2010년 파키스탄에서는 세기의 대홍수가, 러시아에서는 100년 만의 큰 가뭄이 발생했으며, 2011년 미국에서는 토네이도로 수백 명이 사망했다. 그렇다면 격렬기상이 잦아지는 원인은 뭘까? 앞으로 한동안 전 세계 기후에 어떤 변화가 생길 것이며 우리는 어떻게 대응해야 하는 걸까? 얼마 전 기자는 [7]국가기후센터 기후변화적응실의 저우보타오(周波濤) 부실장을 만나 인터뷰했다.

지구온난화가 기후변화 가속화 시켜

③ [8]격렬기상이 잦아지는 원인에 대해 저우보타오 부실장은 지구온난화와의 관련 가능성을 지적했다. 그는 기후온난화로 인해 [9]증발량 증가, 물 순환 속도 가속화 등 대기 중의 에너지 분포에 변화가 생겨 격렬기상이 빈번해졌다고 밝혔다.

④ 가뭄과 홍수의 예를 보면 기후온난화로 육지와 해수면 온도가 상승하면서 [10]증발이 더 쉽게 일어나기 때문에 대기 중의 수증기량이 증가하고 포화수증기량도 늘어난다. 이는 비가 내리려면 더 많은 수증기가 있어야 한다는 것을 의미한다. 만약 대기가 [11]불포화 상태이면 계속해서 수분을 흡수하려 해 육지가 건조해져 [12]가뭄을 유발한다. [13]반면 포화 상태이면 [14]대기 중의 수증기량 증가로 호우가 잘 발생해 침수 피해를 유발할 수 있다. 그 밖에 남반구와 북반구 간의 열과 [15]수증기 대류가 자주 일어나면서 [16]이상기후가 더 쉽게 나타난다.

⑤ [17]저우 부실장은 지구온난화로 인해 21세기에 세계적으로 격렬기상의 빈도와 강도가 높아질 것이라고 말했다. 앞으로 대다수 육지 지역이 [18]'더 심각한 수해와 가뭄'에 시달릴 것으로 보인다.

기상재해에 대한 위험의식 고취시켜야

⑥ 통계에 따르면 최근 10년간 기상 및 기후 재해로 인한 전 세계의 [19]연간 경제적 손실액이 500억 달러, 사망자가 2만 2천 명에 달한다. [20]지구온난화의 악영향으로 인해 각국이 [21]식량안보, 수자원·에너지 확보 등에서 더 큰 문제에 직면하게 될 것이다.

⑦ 저우 부실장은 산간오지는 격렬기상 발생 시 재해에 가장 취약한 곳으로 [22]호우·산사태·토사류 등 방재 능력이 부족하며 주민들이 기상정보를 얻기 어렵고 재난 시 대피요령을 모른다고 지적했다. 이런 지역의 방재 작업을 위해서는 기상재해 방재시설 완비는 물론 [23]주민들이 대처요령을 익히게 해야 한다.

⑧ 따라서 기상재해의 위험성 평가와 관리 강화, 기상재해에 대한 위험의식 고취가 [24]급선무이다. [25]국민들은 기후변화에 관한 상식을 숙지하고 평상시에 일기예보에 귀 기울여 태풍·폭우 등 격렬기상이 발생하기 전에 철저한 [26]대비를 해야 한다.

1 번역하면 두 문장 간의 연결성이 떨어지므로 한 문장으로 연결해 번역했다.

2 '回顾'는 '되돌아보면'이라는 뜻으로 문맥상 '살펴보면'으로 번역했다.

3 쌍점(:) 뒤의 내용이 '极端天气事件'에 해당하므로 앞으로 도치시켜 번역했다. 그리고 '江西', '川渝' 등 중국 지명을 번역할 때는 중국어 발음을 한국어의 외래어 표기법 원칙에 따라 표기한다.(부록 참고) 독자의 이해를 돕기 위해 지명 뒤에 괄호를 표기하고 괄호 안에 중국어(간체자) 지명이 아닌 한자(정체자) 지명을 표기한다. '川渝'처럼 두 지역을 약자로 표기한 것은 번역 시 독자의 이해를 돕기 위해 '(川渝 · 쓰촨과 충칭)'와 같은 표기를 첨가해주면 좋다.

4 '破历史记录的'는 '역사상 기록을 깬'이라는 뜻으로 문맥상 '사상 초유의'로 간결하게 번역했다.

5 '极端天气事件'에서 '极端天气'는 자연현상이므로 '격렬기상사건'가 아닌 '격렬기상'으로 번역하는 것이 적합하다.

6 '不好过'는 '지내기 어렵다'라는 뜻으로 이를 직역하면 어색하다. 이 비유법의 뉘앙스를 꼭 살리고 싶다면 '격렬기상으로 인해 중국은 물론 전 세계가 몸살을 앓고 있다'로 의역할 수 있다.

7 소속명이 길어서 '소속+이름+직책' 순서로 번역했고 이름 뒤에 한자 인명을 표기했다.

8 저우보타오 부실장이 질문 받은 내용이므로 '격렬기상이 잦아지는 원인에 대해'로 연결해 번역했다.

9 '比如蒸发加大、水循环速率加快等'이 '大气中能量分布会发生变化'에 해당하므로 앞으로 도치시켜 번역했다.

10 '蒸发'와 '蒸腾'은 의미가 중복되어 '증발'로 간결하게 번역했다.

11 '不到饱和状态'는 '포화 상태가 되지 못하다'라는 뜻으로 '불포화 상태'로 간결하게 번역했다.

12 직역하는 것보다 어휘 간의 호응을 고려해 '가뭄을 유발하다'로 번역하는 것이 더 매끄럽다.

13 '而'을 문맥에 맞춰 '반면'으로 번역했다.

14 '大气含水量'은 '대기의 수분량'을 뜻하며 번역의 일관성을 위해 '대기 중의 수증기량'으로 번역했다.

15 직역하는 것보다 어휘 간의 호응을 고려해 '수증기 대류'로 번역하는 것이 더 매끄럽다.

16 직역하면 어색하므로 '이상기후가 더 쉽게 나타난다'로 번역하는 것이 좋다.

17 앞에서 이미 이름이 한 번 언급되었기 때문에 간결하게 '성씨+직책' 형식으로 번역했다.

18 성어 '水深火热'는 원래 '극심한 고통'이라는 뜻으로 여기서는 큰따옴표를 붙여 비유법으로 사용했다. 말 그대로 '水深'은 '물이 깊다', '火热'는 '불이 뜨겁다'라는 의미를 나타내므로 문맥상 '더 심각한 수해와 가뭄'으로 간결하게 번역했다.

19 '每年'은 '매년/해마다'라는 뜻으로 문맥상 '연간'으로 번역했다.

20 '伴随全球气候变化而来的负面影响'은 '전 세계 기후변화로 인한 부정적 영향'이 아닌 '지구온난화의 악영향'으로 번역하는 것이 더 매끄럽다.

21 '粮食'는 '양식'이 아닌 '식량'으로 번역한다.

22 직역하는 것보다 '호우 · 산사태 · 토사류 등 방재 능력이 부족하다'로 간결하게 번역하는 것이 더 매끄럽다. 여기서 '这些地区'는 앞 문장에 '边远山区'와 '地区'가 나오므로 중복을 피하기 위해 생략하고 번역했다.

23 여기서 '人们'을 '사람들'이라고 번역하면 대상범위가 너무 광범위하므로 문맥상 '주민들'로 번역했다.

24 '最重要的就是'를 뒤로 도치시켜 '～가 급선무이다'로 의역할 수도 있다.

25 '公众'은 '대중'이라는 뜻으로 문맥상 '국민들'로 의역했다.

26 '预防'은 '예방'이지만 태풍 · 폭우와 같은 자연현상은 인간이 예방할 수 없으므로 '대비'로 번역하는 것이 적절하다.

시사상식 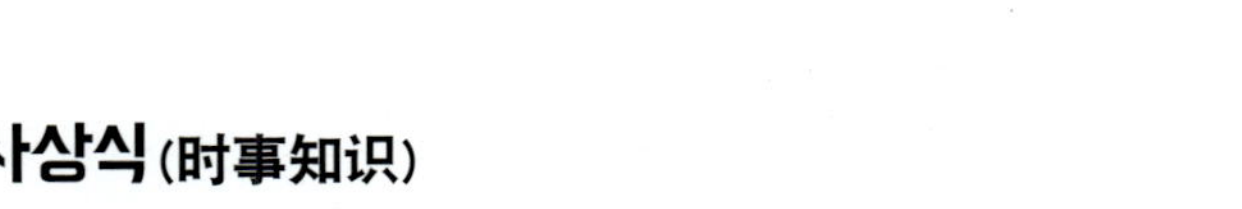(时事知识)

◆ **极端天气** 격렬기상

호우 · 태풍 · 낙뢰 · 폭염 등 막대한 피해를 가져오는 극단적인 기상 현상을 말한다. 지구온난화로 인해 지난 20∼30년간 세계 각지에서 호우 빈도와 태풍 · 허리케인 강도가 증가해 많은 피해를 입었다. 2007년 기후변화에 관한 정부간 협의체(IPCC, **政府间气候变化专门委员会**)는 앞으로도 지구온난화가 진행될 것으로 예상했으며, 이에 따라 격렬기상 발생 빈도 역시 증가할 것으로 보고 있다.

◆ 기상과 기후

기상(날씨)과 기후는 모두 같은 대기현상이므로 많은 공통점을 가지고 있으나, 기상은 시시각각으로 변하는 순간적인 대기현상을 일컬으며 기후는 장기간의 대기현상을 종합한 것이다.

气候变化的原因

① 目前的气候变化，全球科学家的共识是：有90%以上的可能是人类自己的责任，我们今日所作的决定和选择，会影响气候变化的走向。

② 气候变化已是不争的事实。今日，我们的地球比过去两千年都要热。如果情况持续恶化，于本世纪末，地球气温将攀升至二百万年来的高位。

我们何以制造了气候变化？

③ 过去一百多年间，人类一直依赖石油煤炭等化石燃料来提供生产生活所需的能源，燃烧这些化石能源排放的二氧化碳等温室气体是使得温室效应增强、进而引发全球气候变化的主要原因。还有约1/5的温室气体是由于破坏森林、减少了吸收二氧化碳的能力而排放的。另外，一些特别的工业过程、农业畜牧业也会有少许温室气体排放。

④ 在中国，煤炭在能源消费总量中占主导地位。1979年至2005年，煤炭资源消费在总能源消费中的平均比重为72.4%。在各种能源消费量的相对变化上，虽然煤炭占总能源消费量的比重呈现缓慢下降的趋势，但其绝对消费量却在不断上升，目前，煤炭消费占约67%，加之中国能源效率并不高，如此高度依靠煤炭发展是不可持续的，面对日益严重的全球变暖问题，我们只有一个选择：必须立即采取行动。

温室气体是元凶

⑤ 地球大气层是由一层层气体组成，气体把热量罩住，维持了地球上的生命。可是，燃烧化石燃料和采伐森林，增强了温室效应，加上原有气体天棚，导致了更多热量被笼罩。结果，全球气温不断上升，使世界气候失去平衡。

⑥ 尽管二氧化碳是人类排放最主要的温室气体，但我们也同时排放其他可以困住热能的气体。《京都议定书》涵盖了二氧化碳以外的五种气体：甲烷、氧化氮、氢氟化碳、全氟化碳和六氟化硫。而且，水蒸气也是温室气体，但人类产生的水蒸气不会进入大气层。

⑦ 人为二氧化碳排放的主要来源是能源生产和交通运输中的化石燃料燃烧。土地用途的改变和森林采伐也释放更多二氧化碳到大气中去。而树木等植物作为天然的"碳仓库"，会吸收二氧化碳，但一旦被毁，这些碳便又会释放到大气层中去。一旦二氧化碳进入大气，大部分二氧化碳可以停留50-200年，一些更可永久停留。

<来源：绿色和平>

기후변화의 원인

[1]현재 기후변화의 90% 이상이 인간의 책임이며 오늘날 우리가 내리는 결정과 선택이 기후변화 추이에 영향을 줄 수 있다는 것이 전 세계 과학자들의 공통된 인식이다.

기후변화는 이제 [2]엄연한 사실이 되었다. 현재 우리가 사는 지구는 지난 2천 년 그 어느 때보다 덥다. 상황이 계속 악화된다면 [3]21세기 말 지구 온도는 2백만 년 만에 [4]최고치에 달할 것이다.

기후변화의 원인은?

지난 1백여 년간 인간은 석유·석탄 등 화석연료를 생활에 필요한 에너지로 [5]사용해왔다. [6]이러한 화석연료를 연소할 때 배출되는 [7]이산화탄소(CO_2) 등의 [8]온실가스가 온실효과를 심화시켜 기후변화를 유발하는 주된 원인이다. [9]이 밖에 온실가스의 1/5이 삼림 파괴로 인한 [10]이산화탄소 흡수력 감소로 배출된 것이며, [11]특정 산업 과정과 농업·목축업도 소량의 온실가스를 배출한다.

[12]중국의 경우 석탄이 [13]전체 에너지 소비에서 [14]주된 비중을 차지한다. 1979년~2005년, 전체 에너지 소비 가운데 석탄의 비중이 평균 72.4%였다. [15]에너지별 소비량의 상대적 변화를 보면 [16]석탄의 소비 비중이 완만한 감소세를 보이고 있지만, 그 절대적 소비량은 오히려 꾸준히 증가하고 있다. [17]현재 석탄의 소비 비중이 67%이고 중국의 에너지 효율성이 그다지 높지 않다. 이런 석탄 의존형 발전은 지속되기 어렵다. 날로 심각해지는 지구온난화 앞에서 우리가 할 수 있는 선택은 단 하나다. 지금 바로 행동으로 옮겨야 한다는 것이다.

온실가스가 주범

지구 대기층은 기체로 겹겹이 싸여 있고 이 기체들이 지구상의 [18]열에너지를 가둬두어 지구상 [19]생물체의 생명이 유지된다. [20]그러나 화석연료 연소와 삼림 벌목으로 온실효과가 심화되고 기존의 기체층이 더 많은 열에너지를 가두면서 기온이 계속 상승하고 이로 인해 지구의 기후 균형이 깨지게 되었다.

인간이 배출하는 대표적인 온실가스로는 이산화탄소가 있지만, 이 밖에도 우리 인간은 열에너지를 가두는 여러 가스를 배출한다. 교토의정서는 이산화탄소 외에도 메탄(CH_4), 아산화질소(N_2O), 수소불화탄소(HFCs), 과불화탄소(PFCs), 육불화황(SF_6) 등 온실가스 5종을 [21]감축대상에 포함시켰다. 수증기도 온실가스에 속하지만 인간이 발생시키는 수증기는 대기층까지 올라가지 못한다.

이산화탄소의 주요 인위적 배출원으로는 에너지 생산과 교통 운송 과정에서 연소되는 화석연료가 있다. 토지용도 변경과 삼림 벌목도 이산화탄소를 대기층으로 더 많이 방출시키는 [22]배출원이다. 나무 등의 식물들이 천연 '탄소창고'로서 이산화탄소를 흡수하는데, 일단 파괴되면 이 이산화탄소들이 대기층으로 방출된다. 이산화탄소가 대기층에 유입되면 대부분 50~200년간 잔류하며 그중 일부는 영구히 잔류한다.

1 쌍점(:) 뒤의 내용을 '全球科学家的共识是' 앞으로 도치시켜 번역했다. '共识'는 '공통된 인식/공동인식/공감대/합의' 등으로, '今日'는 '오늘/지금/오늘날' 등으로, '走向'은 '향방/추세/추이/흐름' 등으로 번역한다.

2 '是不争的事实'는 '부정할 수 없는 사실이다/엄연한 사실이다/명백한 사실이다' 등으로 번역한다.

3 여기서 '本世纪末'는 '이번 세기 말'보다 '21세기 말'로 번역하는 것이 더 매끄럽고 의미 전달도 명확하다.

4 '高位'는 '높은 지위/윗부분/큰 자릿수'라는 뜻으로 문맥상 '최고치'로 의역했다.

5 '提供'은 '제공하다/공급하다'라는 뜻으로 문맥상 '사용해왔다'로 의역했다.

6 앞 문장의 '화석연료'와 통일감을 주기 위해 '化石能源'을 '화석에너지'가 아닌 '화석연료'로 번역했다.

7 원문에는 없지만 이산화탄소의 기호명 'CO$_2$'를 덧붙이고 괄호처리를 해 의미를 명확히 했다.

8 '气体'는 '가스/기체'로 번역한다.

　　예) 温室气体 온실가스 / 惰性气体 불활성 기체

9 '还有'를 문맥상 '이 밖에'로 번역했다.

10 직역하는 것보다 '이산화탄소 흡수력'으로 번역하는 것이 간결하고 의미 전달도 명확하다.

11 '工业过程'과의 호응을 고려해 '特别'를 문맥상 '특정'으로 의역했다.

12 중국의 상황을 예로 드는 것이기 때문에 '在中国'를 문맥상 '중국의 경우'로 의역했다.

13 많은 번역 입문자가 '总量'을 무조건 '총량'으로 번역하는데, 문맥에 따라 '규모/총 횟수' 등으로 번역한다는 점을 명심하자.

　　예) 经济总量 경제규모 / 整容手术的总量 총 성형 횟수

　　참고로 '总'은 '총/전체의/전반적인'이라는 뜻으로 문맥에 따라 다양하게 번역할 수 있다.

　　예) 总回收率 총회수율 / 在总人口中所占的比率 전체 인구(총인구)에서 차지하는 비율

14 '占主导地位'는 '주도적인 지위를 차지한다'라는 뜻으로 문맥상 '주된 비중을 차지한다'로 의역했다.

15 원문은 '各种能源消费量'으로 문맥상 '에너지별 소비량'으로 번역했다.

16 선행절 '煤炭资源消费在总能源消费中的平均比重'에서 '总能源'을 번역했기 때문에 중복을 피하기 위해 후속절 '煤炭占总能源消费量的比重'에서 '总能源'을 생략하고 문맥상 '석탄의 소비 비중'으로 간결하게 번역했다.

17 원문은 각 문장이 쉼표와 쌍점(:)으로 연결되었다. 앞에서 언급했던 것처럼 여러 개의 쉼표로 연결된 중국어 문장을 번역할 때는 문맥에 맞게 적절히 마침표로 끊어주면 한결 매끄럽고 더 명확한 의미 전달을 할 수 있다. 그리고 의미를 강조하기 위해 어감상 쌍점 뒤의 문장을 앞으로 도치시켜 번역하지 않았다. 예를 들어 '내가 사랑하는 사람은 세상에서 단 하나, 바로 너.' 여기에서 강조되는 말이 '바로 너'이다.

18 '열'로도 번역할 수 있다.

19 원문에는 없지만 명확한 의미 전달을 위해 '생물체의'를 첨가해 번역했다.

20 매끄러운 문장 연결을 위해 원문의 마침표와 쉼표를 그대로 따르지 않고 재구성해 번역했다.

21 원문에는 없지만 명확한 의미 전달을 위해 '감축대상에'를 첨가해 번역했다.

22 원문에는 없지만 명확한 의미 전달을 위해 '배출원이다'를 첨가해 번역했다.

시사상식 (时事知识)

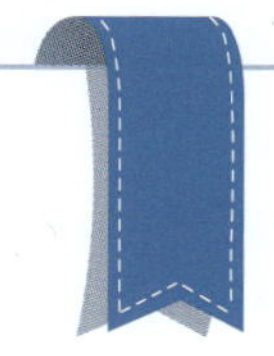

◆ **温室气体** 온실가스

이산화탄소(**二氧化碳**)·메탄(**甲烷**)·아산화질소(**氧化氮**)·수소불화탄소(**氢氟化碳**)·과불화탄소(**全氟化碳**)·육불화황(**六氟化硫**) 등 온실효과 및 지구온난화를 일으키는 6가지 기체를 일컫는다. 온실가스와 관련된 용어들을 살펴보자.

- 온실효과(**温室效应**): 대기 중의 수증기·이산화탄소·오존 등이 온실의 유리와 같은 작용을 하여 지구 표면의 온도를 높이는 현상이다.

- 지구온난화(**全球变暖**): 여러 가지 환경 파괴 때문에 지구 표면의 평균 온도가 상승하는 현상이다.

- 교토의정서(**京都议定书**): 1997년 12월 일본 교토에서 개최된 유엔기후변화협약 제3차 당사국 총회에서 채택한 온실가스 감축목표에 관한 의정서. 지구온난화를 규제하고 방지하기 위한 유엔기후변화협약(**联合国气候变化框架公约**)의 구체적 이행방안으로 의무 감축 국가가 제1차 의무 공약 기간(2008∼2012년)에 온실가스 배출량을 1990년 대비 5.2%를 감축한다는 목표치를 규정하였다.

부록

- 중한번역 필수 용어
- 중국어 병음 한국어 표기법

(국제신용평가기관) 무디스	穆迪	경착륙	硬着陆
(국제신용평가기관) 스탠더드앤드푸어스(S&P)	标准普尔 / 标普	고금리	高息
(국제신용평가기관) 피치	惠誉	고정환율	固定汇率
(증시) 상승세/불스마켓	牛市	골드만삭스	高盛集团
(증시) 하락세/베어마켓	熊市	공공임대주택	公租房
1차 상품	初级产品	공금지출	公款消费
IMF 위기/아시아 외환위기	亚洲金融危机	공급과잉	供大于求 / 供过于求
JP모건체이스	摩根大通	공급부족	供不应求
가계부채	家庭负债	공급사슬/공급망	供应链
가공무역	加工贸易	공업생산액	工业产值
가처분소득	可支配收入	공적채무	公共债务
거시경제	宏观经济	과잉유동성	流动性泛滥
거시조절	宏观调控	구매관리자지수(PMI)	采购经理人指数
거품경제/버블경제	泡沫经济	구매력평가(PPP)	购买力评估
건전성 감독	审慎监管	국가신용등급	主权信用评级
경기과열	经济过热	국내총생산(GDP)	国内生产总值
경기부양책	经济刺激政策 / 经济刺激措施 / 提振经济计划	국민순생산(NNP)	国民生产净值
경기선행지수	经济先行指数	국민총생산(GNP)	国民生产总值
경기순환	商业周期/经济周期	국민총소득(GNI)	国民收入总值 / 国民总收入
경기재침체/더블딥	双谷经济衰退 / 二次探底/双谷底衰退 / 双重衰退	국부펀드	主权财富基金 / 主权基金
경기침체	经济衰退/经济萧条	국제결제은행(BIS)	国际清算银行
경기회복	经济复苏	국제수지	国际收支
경상수지	经常项目收支 / 经常收支	국제신용평가사	国际信用评级机构
경쟁우위	竞争优势	국제통화기금(IMF)	国际货币基金组织
경제 살리기/경기 부양/경기 진작	搞活经济 / 刺激经济 / 提振经济	국채수익률	国债收益率
경제고통지수	经济痛苦指数	근원소비자물가지수	核心消费者物价指数
경제단일화/경제통합	经济一体化	금리인상	加息 / 升息
경제대공황	经济大萧条	금리인하	降息
경제력	经济实力	금융경제/화폐경제	虚拟经济
경제생산액	经济产值	기대인플레이션율	预期通胀率
경제성장률	经济增长率	기술집약형	技术密集型
경제적용주택	经济适用房	기업지배구조	企业治理结构
		기여도	贡献度
		기저효과	基数效应

기준금리	基准利率	미국 연방준비제도(Fed)	美联储
나스닥(NASDAQ)	纳斯达克	미스트 국가(MIST) / 믹트 국가(MIKT)	迷雾四国
내수	内需	미시경제	微观经济
넥스트 일레븐(N-11)	新钻十一国	민감품목	敏感项目
노동생산성	劳动生产率	버블효과	泡沫效应
노동시장 참여율	劳动参与率	벤처기업	风险企业
노동집약형	劳动密集型	변동폭	波幅
뉴딜정책	新政体系 / 新政	변동환율	浮动汇率
닛케이지수	日经指数	보장형 주택	保障性住房
다국적 기업	跨国企业	보호무역주의	贸易保护主义
다우존스	道琼斯	본원통화	基础货币
달러인덱스	美元指数	부가가치	附加值
담보대출	抵押贷款	부가가치세	增值税
대규모 예금인출/뱅크런	挤兑	부실채권	呆账 / 坏账
대차대조표	资产负债表	분할납부/할부	分期付款
대출기준금리	贷款基准利率	브릭스 국가(BRICS)	金砖国家
대형 원자재 상품	大宗商品	블랙프라이데이	黑色星期五
도미노 현상	骨牌效应 / 多米诺效应	비스타 국가(VISTA)	展望五国
디레버리징	去杠杆化	비용/코스트	成本
디플레이션	通货紧缩 / 通缩	산업 내 무역	产业内贸易
레버리징	杠杆化	상승폭	升幅 / 涨幅
리디노미네이션	更改币值	상장	上市
리먼브라더스	雷曼兄弟公司	상품무역	货物贸易
리스크 회피 심리	避险情绪	생산가능인구/생산연령인구	工龄人口 / 劳动年龄人口
마이너스 성장	负增长	생산자물가지수	生产者物价指数 / 生产价格指数
메린린치	美林公司	생활물가지수	生活物价指数
명목금리	名义利率	서브프라임 모기지 위기/ 서브프라임위기	次级抵押贷款危机 / 次贷危机
모건스탠리	摩根士丹利 / 大摩	선물(先物)	期货
무역구제	贸易救济	선불카드	预付卡
무역장벽	贸易壁垒	선순환	良性循环
무역적자	贸易逆差 / 贸易赤字	세계경제포럼(WEF)/ 다보스포럼	世界经济论坛 / 达沃斯论坛
무역파트너/교역대상국	贸易伙伴	소비욕구	消费意愿
무역흑자	贸易顺差		
무이자	零利息		

소비자물가지수(CPI)	消费者物价指数 / 居民消费价格指数 / 消费物价指数
소비자신뢰지수	消费者信心指数
손해배상/피해보상	损害赔偿
수급	供需 / 供求
수익률	回报率
수입 인플레이션	输入性通货膨胀 / 输入型通胀
수출선행지수	出口先行指数
수출주도형 경제성장	出口导向型经济增长
순이익/순익	净利润 / 净利
스태그플레이션	停滞膨胀 / 滞胀
스톡옵션	股票期权
스필오버 효과	外溢效应 / 溢出效应
시베츠 국가(CIVETS)	灵猫六国
시장점유율	市场份额 / 市场占有率
시중은행	商业银行
시퀘스터	自动削减计划
신흥공업경제지역(NIEs)	新兴工业经济区域
신흥시장/이머징마켓	新兴市场
실물경제	实体经济
실질 국내총생산(GDP)	实际国内生产总值 / 实际GDP
쌍둥이적자	双赤字
아베겟돈	安倍末日
아베노믹스	安倍经济学
악순환	恶性循环
안정적 성장	稳增长
애그플레이션	农业通胀
약세	走软 / 走弱
양적완화정책	量化宽松政策
엥겔지수	恩格尔系数
역내무역	区域贸易
역수입	再进口
역수출	再出口
역외거래	离岸交易
연방공개시장위원회(FOMC)	联邦公开市场委员会
연착륙	软着陆
연체율	拖欠率
영업수입	营业收入 / 营收
영업이익	营业利润
예금기준금리	存款基准利率
오퍼레이션 트위스트	扭曲操作
외국인직접투자(FDI)	外国直接投资 / 外商直接投资
외화보유액/외환보유액	外汇储备
우량주/블루칩	蓝筹股 / 绩优股
위험 프리미엄	风险溢价
유동성	流动性
유동자금	流动资金
유럽재정위기	欧洲债务危机 / 欧债危机
유럽중앙은행(ECB)	欧洲央行
유로안정화기구(ESM)	欧洲稳定机制
유로존	欧元区
유휴자금	游资
이익배당	分红
인플레이션	通货膨胀 / 通胀
잉여노동력	剩余劳动力
자금투입/증자	注资
자금회수/투자철회	撤资
자유무역지대(FTA)	自由贸易区
자유무역협정(FTA)	自由贸易协定
재정절벽	财政悬崖
재테크	理财
저가임대주택	廉租房
전기 대비	环比
전년도 동기 대비	同比
제조업활동지수	制造业活动指数
종잣돈/시드머니	种子基金
주식거래일시중지/서킷 브레이크	停板
주택담보대출/모기지론	住房抵押贷款 / 按揭贷款
중앙은행	中央银行 / 央行

증권거래소	证券交易所
증시대폭락/크래쉬	崩盘
지급준비율	存款准备金率
지니계수	基尼系数
창조경제	创意经济
채권	债券
채무불이행/디폴트	倒帐 / 债务违约
체감경기	感受景气
출구전략	退市计划 / 退出战略
출하량	出货量
케인스학파	凯恩斯学派
코리아 디스카운트	韩国折价
코스닥(KOSDAQ)	科斯达克
코트라(KOTRA)	大韩贸易投资振兴公社
콜금리	隔夜拆借利率 / 同业拆借利率
크라우드소싱	众包
토빈세	托宾税

통화 스와프	货币互换 / 货币掉期
통화 평가절상	升值
통화 평가절하	贬值
통화바스켓	一篮子货币
파생금융상품	衍生性金融商品 / 衍生金融工具
패니메이	房利美
펀더멘털	基本面
페이퍼 컴퍼니	皮包公司 / 空壳公司
프레디맥	房地美
프리미엄	溢价
피드백	反馈
하락폭	降幅 / 跌幅
핫머니	热钱
항생지수	恒生指数 / H股指数
헤지펀드	对冲基金
헷징	规避风险

(SNS) 팔로우/팔로잉	关注		노트북 컴퓨터	笔记本电脑
(과학지) 사이언스	科学		다운로드	下载
(워드프로그램) 복사	复制		단축키	快捷键
(워드프로그램) 붙여넣기	黏贴		대규모집적회로(LSI)	大规模集成电路
(워드프로그램) 잘라내기	剪切		댓글달기	跟帖 / 回帖
(인터넷) 커뮤니티	社区		데스크탑 컴퓨터	台式电脑
(인터넷) 포스팅	发帖		데이터 사용요금	上网流量费 / 流量费
(해커 조직) 어나니머스	匿名者		도메인 주소	域名地址
3D프린터	3D打印机 / 三维打印机		도킹	对接
3망통합	三网融合		돋보기	放大镜
E-러닝/전자학습	电子化学习		동영상	视频
HDTV	高清电视		듀얼코어	双核
IPTV	网络电视		디지털 방송	数字广播
LCD	液晶显示器 / 液晶屏		디지털 컨버전스	数字融合
MIT공대	麻省理工学院		디지털 TV	数字电视
M-러닝/모바일학습	移动学习		디지털미디어방송(DMB)	数字多媒体广播
USB	USB闪存盘 / U盘/优盘		디지털카메라	数码相机
감지센서	传感器		랑데부	交会
개방형/오픈소스	开源式		로그인	登录
결제 플랫폼	支付平台		로딩	加载
계정/아이디	账号		롱텀에볼루션(LTE)/4G	长期演进技术 / 第四代移动通信技术
공식 홈페이지	官方网站		리트윗(RT)	转发
공유	分享		리퍼폰	翻新机
과학수업	科普课		마우스	鼠标
관심글 담기	收藏		마이크로블로그/웨이보	微博
구글 글래스	谷歌眼镜		마이크로소프트(MS)	微软
구매대행 사이트	代购网店 / 代购网		마이크로칩	微芯片
그래픽 프로세서	图形处理器		마이크로프로세서	微处理器
금속탐지기	金属探测器		멀웨어(Malware)	马威尔病毒
기술이전	技术转移 / 技术转让		멀티미디어	多媒体
나노입자	纳米粒子		멀티미디어 메시지(MMS)	彩信
나로호	罗老号		멀티태스킹	多任务
내비게이션 서비스	导航服务		메모리 반도체	内存芯片 / 存储半导体
노키아	诺基亚		메신저	即时通讯

모바일 콘텐츠	移动内容	소스코드	源代码
모바일기기	移动终端 / 移动设备	소프트웨어	软件
모토로라	摩托罗拉	솔루션	解决方案
무선랜(WLAN)	无线局域网	스마트러닝	智能学习
무선주파수인식(RFID) 기술/ 전자태그 기술	射频识别技术	스마트폰	智能手机
미국항공우주국(NASA)	美国航空航天局	스턱스넷	震网
반도체칩	半导体芯片	스트리트 뷰	街景
방화벽	防火墙	스파이웨어	间谍软件
백신프로그램	杀毒软件	스팸메시지	垃圾信息
백업	备份	스팸메일	垃圾邮件
보안검색	安全检查	시나닷컴	新浪网
복제/클론	克隆	실리콘밸리	硅谷
본체/바디	机身	싸이월드	赛我网
봇넷	僵尸网络	쌍방향/인터렉티브	互动
브라우저	浏览器	아날로그 방송	模拟广播
브라운관 TV	显像管电视	아날로그 TV	模拟电视
블랙박스	黑匣子	아이콘	图标
블랙베리	黑莓	아이템	道具
블로그	博客	악성소프트웨어	恶意软件
블루투스	蓝牙	악성코드	恶意代码
빅데이터	大数据	악성코드 은닉사이트	挂马网页
사물인터넷	物联网	안드로이드폰	安卓手机
사이버머니	虚拟货币	안면인식	脸部识别
사이버스파이	网络间谍	애플사	苹果公司
사이버테러	网络袭击	업그레이드	升级
산요	三洋	업데이트	更新
샤프	夏普	업로드	上传 / 上载
선저우 10호	神舟十号	에릭슨	爱立信
셋톱박스	机顶盒	오라클	甲骨文
소니	索尼	오프라인	下线 / 离线
소셜 네트워크	社交网络	온라인게임	网络游戏 / 线上游戏
소셜 네트워크 사이트(SNS)	社交网站	온라인쇼핑/인터넷쇼핑	网络购物 / 网上购物
소셜 미디어	社交媒体	온라인학습/온라인강의	网络教学 / 在线教学
소셜 커머스	社交商务	와이파이(Wi-Fi)	无线网络

우주유영	太空漫步 / 太空行走
우주정거장	宇宙空间站 / 空间实验室
우주클럽/스페이스클럽	宇宙俱乐部
운영체제(OS)	操作系统
울트라북	超级本
원격교육	远程教育
원격제어	远程控制
원격진료	远程治疗
원천기술	原创技术
웜바이러스	蠕虫病毒
웨이신	微信
웹사이트 주소(URL)	网址
위성항법장치(GPS)	全球定位系统
위조방지기술	防伪技术
유비쿼터스	无所不在的网络 / 泛在网 / 泛网
유선전화	固定电话
유인우주선	载人飞船
유전자변형식품/유전자재조작식품(GMO)	转基因食品
음란 사이트	色情网站
음성통화 서비스	语音业务
응용프로그램/애플리케이션/앱	应用程序 / 应用软件 / 应用
이동식디스크	移动磁盘
이동통신사업자	移动运营商
이용자	用户
인간게놈프로젝트	人类基因图谱计划 / 人类基因组计划
인터넷뱅킹	网上银行
인터넷 실명제	网络实名制
인터넷보안/사이버안보	网络安全
인터넷피싱	网络钓鱼
인터렉티브 콘텐츠	互动内容
인텔	英特尔
자기부상열차	磁悬浮列车
전산망마비	网络瘫痪
전자 장치/전자 디바이스	电子设备
전자상거래	电子商务
전자우편/이메일	电子邮件
전자책/E-Book	电子书
정보 탈취	骗取信息
정보격차/디지털 디바이드	数字鸿沟
정보기술(IT)	信息技术
정보통신	信息通信
좀비PC	僵尸电脑
중앙처리장치(CPU)	中央处理器
증강현실	增强现实
지멘스	西门子
집적회로(IC)	集成电路
차이나모바일	中国移动
차이나유니콤	中国联通
차이나텔레콤	中国电信
첨단기술	尖端技术
초고속인터넷/브로드밴드	宽带网
칩	芯片
컴맹	电脑盲
컴퓨터 바이러스	电脑病毒
퀄컴	高通公司
큐존(Qzone)	QQ空间
클라우드 컴퓨팅	云计算
클라이언트/전용 애플리케이션	客户端
키보드	键盘
태블릿PC	平板电脑
터치세대/T세대	触屏一代
텅쉰/텐센트	腾讯
테스트베드	测试平台
텔레매틱스	车载信息服务
트로이목마	特洛伊木马 / 木马
트위터	推特

팔로워	粉丝 / 跟随者	하드디스크	硬盘
팟캐스트	播客	하드웨어	硬件
패치관리시스템(PMS)	补丁管理系统	하이테크	高科技
팩시밀리/팩스	传真	해상도	分辨率
페이스북	脸谱 / 脸书	해커	黑客
페이신	飞信	핸드폰 키패드	手机键盘
포맷	格式化	현미경	显微镜
포털사이트	门户网站	홈네트워킹	家庭网络技术
폴더폰	折叠手机	화소/픽셀	像素
프로그램	程序	화이트해커	白客
플라즈마/PDP	等离子	회원가입	注册
플래시메모리	快闪存储器	회원탈퇴	注销
피싱 사이트	钓鱼网站	휴대폰 전자파	手机电磁波 / 手机辐射
피처폰	功能手机	휴렛팩커드(HP)	惠普
필립스	飞利浦		

(경제지) 포브스	福布斯	국제자살예방협회(IASP)	国际自杀预防协会
(경제지) 포춘	财富	국제투명성기구(TI)	透明国际
(국제관계 평론잡지) 포린어페어스	外交事务	국제항공운송협회(IATA)	国际航空运输协会
(시사주간지) 뉴스위크	新闻周刊	그린피스(Greenpeace)	国际绿色和平组织
(시사주간지) 슈피겔	明镜周刊	극단주의	极端主义
(시사주간지) 타임	时代周刊	기조연설	主题演讲
6자회담	六方会谈	꽃제비	花燕子
AFP통신	法新社	나토(NATO)	北约
AP통신	美联社	난민캠프	难民营
A급 전범	甲级战犯	난징대학살	南京大屠杀
G20	二十国集团	노벨상	诺贝尔奖
G8	八国集团	뉴욕타임스	纽约时报
RIA노보스티	俄新社	뉴욕포스트	纽约邮报
YTN	联合电视新闻台	니혼게이자이신문/ 닛케이신문	日本经济新闻
가디언	卫报	닉슨 독트린	尼克松主义
가자지구	加沙地带	다자주의	多边主义
개발도상국	发展中国家	다케시마	竹岛
개성공업단지	开城工业园区	담배규제협약	烟草控制框架公约
거부권/비토권	否决权	대륙붕	大陆架
경제협력개발기구(OECD)	经济合作与发展组织 / 经合组织	댜오위다오	钓鱼岛
고위급회의	高级别会议	데일리메일	每日邮报
공동성명	联合声明 / 共同声明/联合公报	도하개발어젠다(DDA)/ 도하라운드	多哈发展议程 / 多哈回合
공식방문	正式访问	독도	独岛
공적개발원조(ODA)	政府开发援助 / 官方开发援助	동남아국가연합/ 아세안(ASEAN)	东盟
교도통신	共同社	동북공정	东北工程
국경없는의사회	无国界医生组织	동북아시아 평화협력 구상/ 서울 프로세스	东北亚和平合作构想 / 首尔进程
국교수립/수교	建交	동아시아 비전그룹(EAVG)	东亚展望小组
국빈방문	国事访问	동아시아정상회의	东亚峰会
국제노동기구(ILO)	国际劳工组织	로이터통신	路透社
국제무역위원회(ITC)	国际贸易委员会	르몽드	世界报
국제박람회기구(BIE)	国际展览局	물밑협상	幕后协商
국제에너지기구(IEA)	国际能源署	미국 연방수사국(FBI)	美国联邦调查局
국제원자력기구(IAEA)	国际原子能机构		

미국 중앙정보국(CIA)	美国中央情报局	아시아안보회의/ 샹그릴라대화	亚洲安全会议 / 香格里拉对话
배타적경제수역(EEZ)	专属经济区 / 排他性经济水域	아시아유럽회의(ASEM)	亚欧峰会
베이식 국가(BASIC)	基础四国	야스쿠니 신사	靖国神社
별장회동	庄园会晤	양해각서(MOU)	谅解备忘录
북미 제네바기본합의/ 북미 핵기본합의	朝美核框架协议	역내 단일화/역내 통합	地区一体化
북방영토	北方四岛	역내 협력	区域合作
불법조업	非法捕捞	연합뉴스	韩联社
블룸버그	彭博社	영토분쟁	领土纷争
비공식방문	非正式访问	영토주권/영유권	领土主权
비정부기구(NGO)	非政府组织	왕복외교/셔틀외교	穿梭外交
산케이신문	产经新闻	외교각서	外交照会
상하이협력기구(SCO)	上海合作组织	요미우리신문	读卖新闻
샤오캉사회	小康社会	워싱턴포스트	华盛顿邮报
석유수출국기구(OPEC)	石油输出国组织 / 欧佩克	원유 금수	石油禁运
선진국	发达国家	월드비전	世界宣明会
세계관광기구(WTO)	世界旅游组织	위안부	慰安妇
세계무역기구(WTO)	世界贸易组织	유네스코(UNESCO)	联合国教科文组织
세계보건기구(WHO)	世界卫生组织	유럽연합(EU)	欧盟
세계식량계획(WFP)	世界粮食计划署	유럽연합(EU) 통계청/ 유로스타트	欧盟统计局
세계지적재산권기구(WIPO)	世界知识产权组织	유엔개발계획(UNDP)	联合国开发计划署
센카쿠열도	尖阁列岛	유엔난민고등판무관실 (UNHCR)	联合国难民办事处
소프트파워	软实力	유엔사무국	联合国秘书处
스마트파워	巧实力	유엔식량농업기구(FAO)	联合国粮食及农业组织
시진핑–오바마 정상회담	习奥会	유엔아동기금/ 유니세프(UNICEF)	联合国儿童基金会
식량지원	粮食援助	유엔안전보장이사회/ 유엔안보리	联合国安全理事会 / 联合国安理会
신네오콘	新保守主义	유엔에이즈계획(UNAIDS)	联合国艾滋病规划署
신화통신	新华社	유엔 총회	联合国大会
실리외교	务实外交	의장성명	主席声明
실무그룹	工作组	이데올로기	意识形态
실무급회의	工作组会议	이중잣대	双重标准
실무방문	工作访问	인종청소	种族清洗
아랍의 봄	阿拉伯之春		
아시아 패러독스	亚洲悖论		

일괄타결	一揽子解决
일방주의	单边主义
재스민 혁명	茉莉花革命
저개발국가/후진국	欠发达国家
전략적 협력 동반자 관계/ 전략적 협력 파트너십	战略合作伙伴关系
제2차 세계대전	第二次世界大战 / 二战
조직위원회	组织委员会/组委会
종군위안부	随军慰安妇
주최측	东道主
중강국	中等强国
중진국	中等发达国家
지속 가능한 발전	可持续发展
지역주의	区域主义
지정학	地缘政治
초강대국	超级大国
카스트 제도	种姓制度
쿠릴열도	千岛群岛
탈냉전시대/포스트냉전시대	后冷战时代
파이낸셜타임즈	金融时报
패권주의	霸权主义
페르시아만	波斯湾
평화헌법	和平宪法
포괄적정책	一揽子计划
하드파워	硬实力
한겨레신문	韩民族新闻
헤이그 국제사법재판소(ICJ)	海牙国际法庭
협력파트너	合作伙伴
황금 삼각지대/골든 트라이앵글	金三角
황금 초승달지대/골든 크레센트	金新月
회원국	成员国

걸프만전쟁/걸프전	海湾战争
공동경비구역(JSA)	共同警备区
공포의 균형	恐怖平衡
구축함	驱逐舰
국지전	局部战争
군비경쟁	军备竞赛
군사훈련	军事演习
군수산업	军火产业
남북대화	南北韩对话 / 韩朝对话
단거리 미사일	短程导弹
대량살상무기(WMD)	大规模杀伤性武器
대륙간탄도미사일(ICBM)	洲际弹道导弹
도감청	监视监听
도발행위	挑衅行为
미 해군특전단/네이비실	美军海豹突击队
미사일 방어체제/MD 시스템	导弹防御系统
반정부무장세력	反政府武装
반테러	反恐
북방한계선(NLL)	北方界线
비무장지대	非武装地带 / 非军事区
비핵화	无核化
사거리/사정거리	射程
상호불가침조약	互不侵犯条约
생화학무기	生化武器
수뢰	水雷
수소폭탄	氢弹
스커드 미사일	飞毛腿导弹
스텔스 폭격기	隐形轰炸机
시한폭탄	定时炸弹
아세안지역안보포럼(AFR)	东盟地区论坛
알 카에다	基地组织
어뢰	鱼雷
연평도 포격사건	延坪岛炮击事件
연합군사훈련/합동군사훈련	联合军事演习

예비역	预备役	프리즘 게이트	棱镜门
완전하고 검증가능하며 불가역적인 핵폐기(CVID)	完全、可核查、不可逆地弃核	하마스	哈马斯
위키리크스	维基解密	한미주둔군지위협정/SOFA협정	驻韩美军地位协定
유격대/게릴라	游击队	항공모함	航空母舰
을지프리덤가디언 훈련	"乙支焦点透镜"军演	해병대	海军陆战队
이라크 전쟁	伊拉克战争/伊战	핵군축	核裁军
인간폭탄	人体炸弹	핵보유국	拥核国家
잠수함	潜艇	핵억지력	核遏制力
장갑차	装甲车	핵연료봉	核燃料棒
장거리 미사일	远程导弹	핵우산	核保护伞
장거리 폭격기	远程轰炸机	핵잠수함	核潜艇
재래식 무기	常规武器	핵확산금지조약(NPT)	核不扩散条约
전시작전통제권	战时作战指挥权 / 战时作战控制权 / 作战权	헤즈볼라	真主党
전시준비태세	备战状态	헬리콥터	直升机
정전협정	停战协定		
정찰기	侦察机		
지대공 미사일	地对空导弹		
지대지 미사일	地对地导弹		
지대함 미사일	陆基反舰导弹 / 岸舰导弹		
집단자위권	集体自卫权		
천안함 사건	天安号事件		
키리졸브 훈련	"关键决断"军演		
탈레반	塔利班组织		
탱크	坦克		
테러리스트	恐怖分子		
테러리즘	恐怖主义		
테러와의 전쟁	反恐战争		
통미봉남	通美封南		
팀스피리트 훈련	"协作精神"联合军事演习		
패트리어트 미사일	爱国者导弹		
평화안보체제	和平安全机制		
평화유지군(PKO)	维和部队		
표적살해	定点清除		

(스포츠 종목) 사이클	自行车	동메달	铜牌
1위/우승	冠军	등록엑스포	注册类博览会
2위/준우승	亚军	디즈니랜드	迪士尼乐园
3위	季军	디지털음원	数字音乐
K-POP	韩国流行音乐	랜드마크	地标
가십거리	八卦	레미제라블	悲惨世界
감성지수(EQ)	情商	레슬링	摔跤
강남스타일	江南风格 / 江南Style	레저관광	休闲旅游
강릉단오제	江陵端午祭	로맨스영화	言情片 / 爱情片
개막식	开幕仪式 / 开幕式	루이비통	路易威登
개막작	开幕片	루지	无舵雪橇
겨울연가	冬季恋歌	르네상스	文艺复兴
결승전	决赛	리그전	联赛 / 循环赛
공상과학영화/SF영화	科幻片	리듬앤블루스(R&B)	节奏布鲁斯
공식포스터	官方海报	리듬체조	艺术体操
공포영화/호러영화	恐怖片	막장드라마	垃圾电视剧
관광객 송출국	旅游客源国	말춤	骑马舞
관광명소	旅游景点 / 旅游热点	메달	奖牌
관광안내소	旅游咨询网点	명품/사치품	奢侈品
구찌	古奇	무비자	免签证
국제올림픽위원회(IOC)	国际奥林匹克委员会 / 国际奥委会	무술영화	武打片
국제축구연맹(FIFA)	国际足球联合会 / 国际足联	무형문화재	非物质文化遗产
근대5종	现代五项	문화콘텐츠	文化内容
금메달	金牌	뮤지컬	音乐剧
기네스	吉尼斯	뮤지컬영화	音乐片
노르딕 복합	北欧两项	미디어데이	媒体见面会
농구	篮球	미스터리영화	悬疑片
느와르영화	黑色片	미인선발대회	选美大赛
다이빙	跳水	밀레니엄세대	千禧一代
다큐멘터리	记录片	바리스타	咖啡师
당구	台球 / 撞球	바이애슬론	冬季两项
대종상	大钟奖	박람회장	世博园区
동계올림픽	冬季奥林匹克运动会/冬奥会	박스오피스	票房
		배구	排球

배드민턴	羽毛球	스노클링	浮潜
배트맨	蝙蝠侠	스릴러영화	惊悚片
버버리	巴宝莉	스켈레톤	俯式冰橇
범죄영화	犯罪片	스크린쿼터제	屏幕配额制 / 义务上映制度 / 电影配额制
베니스 영화제	威尼斯电影节	스키점프	跳台滑雪
베르사체	范思哲	스파이더맨	蜘蛛侠
베를린 영화제	柏林电影节	스포츠영화	运动片
베스트셀러	畅销书	스피드스케이팅	速度滑冰
복싱	拳击	승마	马术
봅슬레이	雪车	시사회/프리미어	首映式
부정출발	抢跑 / 抢跳	시티투어	城市旅游
붉은 악마	红魔	심판	裁判
비치발리볼	沙滩排球	싱크로나이즈	花样游泳
빌보드(Billboard)	公告牌	싸이	鸟叔PSY
뽀로로	小企鹅波鲁鲁	싹쓸이	扫货
사격	射击	아리랑	阿里郎
사극영화	古装片	아시안게임	亚洲运动会 / 亚运会
사랑이 뭐길래	爱情是什么	아이스하키	冰球
생방송/생중계	现场直播	아이언맨	钢铁侠
샤넬	香奈儿	알파인 스키	高山滑雪
서부영화	西部片	애니메이션영화	动画片/动漫片/卡通片
세계기록유산	世界记忆遗产	애니팡	拼图解密
세계문화유산	世界文化和自然遗产 / 世界文化遗产	액션영화	动作片
세계박람회/엑스포	世界博览会 / 世博会	앵그리버드	愤怒的小鸟
세계일주	环游世界	야구	棒球
세계피겨선수권대회	世界花样滑冰锦标赛	약물검사/도핑테스트	药检
소프트볼	垒球	양궁	射箭
쇼트트랙	短跑道速度滑冰 / 短道速滑	어드벤처영화	冒险片 / 探险片
수구	水球	에너지음료	能量饮料
수영	游泳	에르메스	爱马仕
순위 차트	排行榜	엠블럼	象征图案
슈퍼맨	超人	역도	举重
스노우보드	单板滑雪	연장전	加时赛

연재 만화	连环漫画	종합박람회	综合类博览会
예선경기	预选赛	종합순위	综合排名
오빠부대/아줌마부대/ 삼촌부대	追星族	준결승/4강전	半决赛 / 准决赛 / 四分之一决赛
오심	错判	준준결승/8강전	八分之一决赛
오픈대회	公开赛	찜질방	桑拿房
올림픽 마스코트	奥运吉祥物	철인3종경기/트라이애슬론	铁人三项运动 / 三项铁人赛
올림픽 밸리효과	后奥运会效应	청룡영화상	青龙奖
외래관광객/외국인 관광객	入境游客	체조	体操
요트	帆船	추수감사절	感恩节
월드컵	世界杯足球赛 / 世界杯	추첨행사/추첨이벤트	抽奖活动
월드투어	世界巡演	축구	足球
유도	柔道	축의금	礼金
유스호스텔	青年旅馆 / 青年旅舍	친선경기	友谊赛
유형문화재	物质文化遗产	카누	皮划艇
육상	田径	칸영화제	戛纳电影节
은메달	银牌	캠핑장비	露营装备
음반 산업	唱片产业	코미디영화	喜剧片
음악차트	音乐榜单	콘서트	演唱会
인라인 스케이트	轮滑	크로스컨트리 스키	越野滑雪
인류구전 및 무형문화유산	人类口头和非物质遗产	크리스찬 디올	克里斯汀·迪奥
인스턴트 식품	速食	킥복싱	踢拳
인어아가씨	人鱼小姐	타이틀곡	主打歌
인정엑스포	认可类博览会	탁구	乒乓球
장애인올림픽/패럴림픽	残疾人奥林匹克运动会 / 残奥会	태권도	跆拳道
재난영화	灾难片	테니스	网球
저작권	著作权	테마파크	主题公园
전문박람회	专业类世博会	토너먼트	淘汰赛
전시관	展馆	토크쇼	脱口秀
전쟁영화	战争片	트랜스포머	变形金刚
젊은 베르테르의 슬픔	少年维特的烦恼	트렌스젠더	变性人
조별예선	小组赛	판소리	板索里
조정	赛艇	판타지영화	魔幻片
종묘제례	宗庙祭礼	(문화) 팬/(인터넷) 팔로워/(식품) 당면	粉丝

페라가모	菲拉格慕	(물건) 압수하다	扣押
페어플레이	公平比赛	(사람) 구류하다	扣留
펜디	芬迪	1가구1자녀 정책	独生子女政策 / 一胎政策
펜싱	击剑	20-50클럽	20-50俱乐部
폐막식	闭幕仪式 / 闭幕式	4년제 대학	4年制一般大学 / 4年制大学
포스트모더니즘	后现代主义	가두시위	上街游行
프라다	普拉达	가석방	假释
프리미엄 인스턴트 커피	高品质速溶咖啡	간통죄	通奸罪
프리스타일 스키	自由式滑雪	감성교육	情感教育
프리퀄/비긴즈	前传	감시용 카메라	监控录像机
플래시몹	快闪一族	감정노동자	情绪劳动者
픽사	皮克斯	강간 살해	奸杀
하계올림픽	夏季奥林匹克运动会 / 夏奥会	개미족	蚁族
하키	曲棍球	건어물녀	干物女
할리우드	好莱坞	결혼적령기	适婚年龄
해외여행	出境旅游	계도기간	缓冲期 / 宣传过渡期
핸드볼	手球	계약직	合同工
헬스장/휘트니스센터	健身房	고등교육/대학교육	高等教育
홍보대사	形象代言人	고령화	老龄化
환경보호캠페인/녹색캠페인	绿色活动	골드미스	剩女
황금사자상	金狮奖	군 가산점제	参军加分制度
신곡(단테의 서사시)/히트곡	神曲	금품 편취	盗窃财产
힙합족	嘻哈族	기러기아빠	大雁爸爸
		남겨진 아동/유수아동	留守儿童
		남성우월주의	男子至上主义 / 大男子主义
		남성전업주부	家庭主男
		남아선호/남존여비	重男轻女
		노부부 가정	空巢家庭
		노블레스 오블리주	权责并重 / 贵人行为理应高尚
		노사분규/노사분쟁	劳资纠纷 / 劳资纷争
		노인부양지수	老年人口负担系数
		노조	工会
		뇌물	贿赂
		뇌물공여	行贿

뇌물수뢰	受贿
니트족	尼特族
님비현상	邻避现象
다문화가정	多元文化家庭 / 多文化家庭
다문화사회	多元文化社会
달팽이족	蜗居族
대리운전	酒后代驾
대마초/마리화나	大麻
데릴사위	上门女婿 / 入赘女婿
도덕적해이/모럴해저드	道德败坏 / 道德风险
독거노인	独居老人
독신가정	单身家庭
독신자	独身者
동안	童颜 / 娃娃脸
딩크족	丁克族
뤄훈족	裸婚族
립스틱 효과	口红效应
마찰적 실업	摩擦性失业
마태효과	马太效应
마피아	黑手党
만혼 풍조	晚婚潮
맞벌이 가정	双薪家庭 / 双职工家庭
매춘	卖淫
면직/해직	免职
명문대 콤플렉스	名校情结
명절의 노예	节奴
모조품/짝퉁	山寨
무기징역	无期徒刑
무상급식	免费午餐
무상보육	免费保育
무상의료	免费医疗
문화장벽/문화적 차이	文化隔阂
묻지마살인	无差别杀人 / 无动机杀人
미성년자	未成年人
미제사건	悬案
민며느리	童养媳
민원서비스	民政服务
바자회	义卖活动
반값등록금	半价学费
배임	渎职
법적보호자/양육권자	监护人
베르테르효과	维特效应
베이비붐	婴儿潮 / 生育高峰
베이비푸어	孩奴
복수담임제	双班主任制
부검	尸检
부정입학	入学舞弊
불구속 기소	不拘留起诉
불구속 입건	不拘留立案
빈곤선	贫困线
빈곤퇴치	扶贫
빈부 양극화	贫富分化 / 贫富两极分化
사교육비	课外补习费 / 课外辅导费
사례비/리베이트	好处费
사상자	伤亡者 / 死伤者
사이버 범죄	网络犯罪
사이버 스토커	网络跟踪狂
새마을운동	新村运动
서머타임제	夏时制
선행학습	超前教育
설문조사	问卷调查
성상납/성접대	性贿赂
성추행	猥亵
성희롱	性骚扰
세대차이	代沟
소외계층/취약계층	弱势群体
소자화/저출산 현상	少子化
수색영장	搜查令

스포일러	剧透
시너지효과	协同效应 / 乘数效应
식품안전/먹거리안전	食品安全
신상털기	人肉搜索
실버세대	银发族
실버취업	银发就业
심리상담	心理咨询 / 心理辅导
심리적 방어선	心理防线
싱글족	单身族
알 권리	知情权
약자	弱小者
양극화	两极分化
엄지족	拇指族
엄친딸	白富美
엄친아	高富帅
여론조사	民意调查 / 民调
여성운전자	红粉车族
연령대	年龄段 / 年龄组
연상연하커플	姐弟恋
연쇄 살인	连环谋杀
워킹푸어	穷忙族
원스톱 서비스/패키지 서비스	一站式服务 / 一条龙服务
원정출산	海外生育 / 境外生育
월광족	月光族
웰다잉	善终
웰빙	康乐 / 健康养生
유급휴가	带薪休假
유기징역/징역형	有期徒刑
육아휴직	育儿休假
음란 동영상 및 사진/음란물	淫秽色情视频和图片
음주운전	酒后驾驶
응답자/조사대상자	被调查者 / 受访者
인구보너스	人口红利
인구오너스	人口负债
인구주택총조사/인구센서스	人口普查
인사고과	人事考核
인성교육/전인교육	素质教育
인스턴트식 사랑	速食爱情
인신공격	人身攻击
인신매매	贩卖人口 / 拐卖人口 / 人身买卖
인육캡슐	人肉胶囊
인종차별	种族歧视
인터넷 데이트	网络约会
인터넷 댓글 알바생	网络水军
인터넷 피싱	网络钓鱼
잃어버린 세대	失落的一代 / 失去的一代
임산부 경제	大肚子经济
자아정체성/아이덴티티	自我认同感
자원봉사자	义工 / 志愿工作者
재벌2세	富二代
재택근무	在家办公
재학생	在校生
전관예우	前官礼遇
전문대학	大学专科 / 大专
전자발찌	电子脚铐 / 电子脚链
전화금융사기/보이스피싱	电话诈骗 / 钓鱼电话
절도사건	盗窃案
정직	停职
정크푸드	垃圾食品
제노포비아	仇外
조화로운 사회	和谐社会
종신형	终生监禁
주5일 근무제	五天工作制
주5일 수업제	五天上课制
주민센터	社区服务中心
주취폭력/주폭	酒后暴力
중산층	中产阶层 / 中产阶级
지명수배령	通缉令

지문날인/지문채취	指纹采集
직권남용	滥用职权
직업윤리	职业道德
집단따돌림/왕따	集体排挤 / 集团排斥
집단성폭행	轮奸
집세	房租
집행유예	缓期执行
찌질남	屌丝
찌질녀	女屌丝
차별	歧视
첫사랑 콤플렉스	初恋情结
체포영장	拘捕令
초중고생	中小学生
총기규제	枪支管控 / 控枪
총기살해사건	枪杀案
총파업	大罢工
최저임금제	最低工资制
최종심	终审
추방	驱逐出境
출산율	生育率 / 出生率
출산휴가	产假
취학아동	适龄儿童
취학전아동/미취학아동	学前儿童
층간소음	楼层间噪音
카풀	拼车
캠/웹캠	摄像头
캥거루족	啃老族
코카인	可卡因
콜밴 (서비스)	叫车服务
타임오프제	工作时间免除制度
파더마더 콤플렉스	恋父恋母情结
파면	革职 / 罢免
패륜범죄	逆伦犯罪
패스트패션	快时尚
페미니즘	女权主义
평생학습	终身教育 / 继续教育
폭력서클/폭력조직	帮派
폭주	飙车
표본조사	抽样调查
표절	抄袭
표현의 자유	言论自由
푸드뱅크	食品银行
프리터족	飞特族
하우스푸어	房奴
하한족	哈韩族
학교폭력/학원폭력/교내폭력	校园暴力
학대	虐待
학력 인플레 현상	学历膨胀现象
한부모 가정	单亲家庭
핵가족	小家庭
호신용품	防身工具
혼수	嫁妆
홈대디	奶爸
화려한 싱글/골드 싱글	单身贵族
화학적 거세	化学阉割
휴대전화 소액결제 사기/스미싱	短信诈骗 / 钓鱼短信

(자동차) BMW	宝马	가속페달/액셀러레이터페달	油门踏板/油门
(자동차) GM대우	通用大宇	고가 제품/고급 제품	高端产品 / 高档产品
(자동차) 기아	起亚	고부가가치	高附加值
(자동차) 닛산	日产	고부가가치 산업/하이엔드 산업	高端产业
(자동차) 렉서스	雷克萨斯	고속도로	高速公路
(자동차) 롤스로이스	劳斯莱斯	고속철도	高速铁路
(자동차) 르노	雷诺	공업단지	工业园区
(자동차) 링컨	林肯	공정거래	公平交易
(자동차) 마쯔다	马自达	국산 브랜드/국내 브랜드/토종 브랜드	自主品牌
(자동차) 미쓰비시	三菱	기공식/착공식	动工仪式
(자동차) 벤츠	奔驰	기반시설/인프라	基础设施
(자동차) 볼보	沃尔沃	나노기술	纳米技术
(자동차) 산타페	圣达菲	나이키	耐克公司
(자동차) 쉐보레	雪佛兰	대한항공	大韩航空公司
(자동차) 싼타나	桑塔纳	덤핑	倾销
(자동차) 쌍용	双龙	도시바	东芝
(자동차) 쏘나타	索纳塔	랜딩 기어	起落架
(자동차) 아우디	奥迪	레노버	联想
(자동차) 재규어	捷豹	로열티	专利费
(자동차) 제너럴모터스(GM)	通用	맥도날드	麦当劳
(자동차) 크라이슬러	克莱斯勒	모터쇼	车展
(자동차) 토요타	丰田	무연산업	无烟工业
(자동차) 페라리	法拉利	미들엔드 산업	中端产业
(자동차) 포드	福特	반덤핑	反倾销
(자동차) 포르쉐	保时捷	반제품	半成品
(자동차) 폭스바겐	大众	발광다이오드(LED)	发光二极管
(자동차) 현대	现代	베스트바이	百思买集团
(자동차) 혼다	本田	벽걸이 TV	壁挂式电视机
(자동차) 훙치	红旗	보잉	波音
2차 피해	次生伤害	브랜드 인지도	品牌知名度
3대 보증(수리 · 교환 · 환불)	三包	브레이크	刹车
IT산업	信息技术产业	비관세장벽	非关税壁垒
KFC	肯德基	사양산업	夕阳产业
가격대 성능비	性价比		

산업공동화	产业空心化 / 产业空洞化
산업사슬	产业链
산업스파이	产业间谍
산업이전	产业转移
산업재산권	工业产权
산업클러스터	产业集群
산업혁명	工业革命
상계관세	反补贴税 / 抵消关税
스포츠카	跑车
시스코	思科
실버산업	老龄产业 / 银发产业
아모레	爱茉莉
아시아나	韩国亚洲航空公司 / 韩亚航空公司
아웃소싱	外包
애프터 서비스(A/S)	售后服务
에너지절약 자동차	节能汽车
에어버스	空中客车 / 空客
에어쇼	航空展
엑손모빌	埃克森美孚
여객 수송량	客运量
완성차	整车
완제품	制成品
월마트	沃尔玛
유망산업	朝阳产业
이마트	易买得
인수합병(M&A)	收购合并 / 并购
일본항공(JAL)	日本航空公司
저가 제품	低端产品 / 低档产品
저부가가치 산업/ 로우엔드 산업	低端产业
전기자동차	电动汽车
전일본공수(ANA)	全日空航空公司
주문서	订单
주문자상표부착생산(OEM)	代加工 / 贴牌生产 / 代理生产

준공식	竣工仪式
중화학공업	重化工业
지식재산권	知识产权
창조산업/크레비즈	创意产业
최고경영자(CEO)	首席执行官
축산업	畜产业
치킨게임	懦夫游戏
친환경자동차	环保汽车
컨벤션산업	会展业
컨셉트카	概念车
콘텐츠산업	内容产业
태양광산업	光伏产业
특약점	特约商店
특허	专利
특허풀	专利库
틈새시장	缝隙市场 / 间隙市场
펩시코	百事公司
플래그십 스토어	旗舰店
항공노선/항로	航线
항공편	航班
해상보험	海运保险
현지화	本土化

1차 에너지	一次能源
2차 에너지	二次能源
가스충전소	加气站
가용자원	可支配资源
가채매장량	可采储量
가채년수	可采年数
갤런	加仑
경수로	轻水反应堆
경유/디젤	柴油
경질유	轻质原油
난방	取暖 / 采暖
농축우라늄	浓缩铀
뉴욕상업거래소(NYMEX)	纽约商品交易所
대체에너지	替代能源
두바이유	迪拜油
등유	煤油
매장량	储量
메가와트	兆瓦
메탄가스	沼气
무연휘발유	无铅汽油
바이오디젤	生物柴油
바이오매스	生物质
바이오에너지	生物能源
바이오연료	生物燃料
방사능	放射能 / 辐射能
배럴(bbl)	桶
북해산 브렌트유	北海布伦特原油
서부텍사스산 중질유(WTI)	西德克萨斯中质原油
석유비축량	石油储备量
석유파동/오일쇼크	石油危机
석탄	煤炭
셰일가스	页岩气
수거재활용	回收利用
수력발전소	水力发电站 / 水电站
수소에너지	氢能
시추기술	钻探技术
신규확인매장량	新增探明储量
알루미늄 합금	铝合金
액화석유가스(LPG)	液化石油气
액화천연가스(LNG)	液化天然气
에너지확인매장량	能源探明储量
연구개발(R&D)	研发
연료전지	燃料电池
오일가스	油气
오일달러	石油美元
오일샌드	油砂
오일셰일	油页岩
와트	瓦特
원시매장량	原始储量
원자력발전소	核电站
원자로	核反应堆
유류세	燃油税
유류제품	油品
자동차연비	汽车燃效
자연에너지	自然能源
재래형 에너지/재래식 에너지	常规能源
재생가능에너지/재생에너지	可再生能源
전략적비축	战略储备
전력예비율	电力储备率
정유공장	炼油厂
조력발전소	潮汐发电站
조수에너지	潮汐能
중국석유화공그룹(SINOPEC)/시노펙	中国石油化工集团公司 / 中国石化
중국해양석유총공사(CNOOC)	中国海洋石油总公司 / 中国海油
중유	重油
지능형전력망/스마트그리드	智能电网
지열에너지	地热能

채굴량	开采量
천연가솔린(NGL)	天然气液体
천연가스	天然气
철광석	铁矿石
청정석탄	清洁煤
청정에너지	清洁能源
체르노빌원전사고	切尔诺贝利核事故
추정매장량	预测储量
킬로와트(kW)	千瓦
태양광발전	太阳能光伏发电
태양에너지	太阳能
태양열발전	太阳能光热发电
파력에너지	波浪能
풍력에너지	风能
플루토늄	钚
하이브리드카	混合动力汽车 / 混合动力车
해양에너지	海洋能
핵분열	核裂变
화력발전소	火力发电站 / 火电站
화석연료	化石燃料
휘발유/가솔린	汽油
희토류	稀土

2차 성징	第二性征
3차 흡연	三手烟
B형 간염	乙型肝炎
HIV 감염자	艾滋病病毒感染者
가임여성	育龄妇女
간경화	肝硬化
간접흡연	二手烟
갑상선	甲状腺
갱년기	更年期
거북목 증후군	电脑脖 / 短信脖
거식증	厌食症
건강검진	身体检查 / 体检
결석	结石
결장암	结肠癌
결핵	结核病
고도비만	高度肥胖
고지혈	高血脂
고혈당	高血糖
고혈압	高血压
골다공증	骨质疏松症
골반	骨盆
골수은행	骨髓库
골절	骨折
과체중	超重
관상동맥경화증	冠状动脉性心脏病 / 冠心病
광견병	狂犬病
광우병	疯牛病
교차감염	交叉感染
구제역	口蹄疫
궤양	溃疡
글리코겐	糖原
금단현상	戒断综合征
기관지염	支气管炎
기대수명	预期寿命

기침	咳嗽
나트륨	钠
난자	卵子
난치병	疑难病
녹내장	绿内障 / 青光眼
뇌경색	脑梗塞
뇌막염	脑膜炎
뇌염	脑炎
뇌졸중	脑中风 / 脑卒中
뇌하수체	脑下垂体
늑골/갈비뼈	肋骨
니코틴	尼古丁 / 烟碱
다운증후군	唐氏综合症 / 唐氏综合征
단당류	单糖
단백질	蛋白质
단식	绝食
담석증	胆结石症
당뇨병	糖尿病
대사증후군	新陈代谢综合征
돌연변이	突变
동맥경화	动脉硬化
두개골	头盖骨
레이저 수술	激光手术
리프팅 수술	拉皮手术
말라리아	疟疾
말초동맥질환	外周动脉疾病
메르스(MERS)	中东呼吸综合征
맹장염	阑尾炎
면역시스템	免疫系统
모발 이식	植发
목 보호대	颈托
미네랄	矿物质
밀실공포증/폐소공포증	幽居病
바이러스	病毒

바이오리듬/생체시계	生物钟
발암물질	致癌物质
배아줄기세포	胚胎干细胞
백내장	白内障
백신	疫苗
백일해	百日咳
변종 크로이츠펠트–야콥병/인간 광우병	新型克雅氏症 / 变异型克雅氏症
보건의료서비스	医疗卫生服务
보톡스	肉毒杆菌
불치병	不治之症
불포화지방산	不饱和脂肪酸
비만증	肥胖症
비소	砷
비아그라	伟哥
비전염성 질환	非传染性疾病
비타민	维生素 / 维他命
빈혈	贫血
쁘띠성형	微整形
사이코패스	精神变态者
생식기관	生殖器官
섬모	纤毛
섬유질	纤维质
성도착증 환자	性欲倒错症患者
성조숙증	性早熟
셀룰라이트	脂肪团
소변검사	尿检
소아마비	少儿麻痹
소아성애증	娈童症
수두	水痘
수족구	手足口病
슈퍼박테리아	超级细菌
슈퍼푸드	超级食物
시안화수소산/청산가리	氢氰酸

식중독	食物中毒	일산화탄소	一氧化碳
신경계	神经系统	임플란트	植牙
신종 인플루엔자A(H1N1)/신종플루	甲型H1N1流感	전염병	瘟疫
신진대사	新陈代谢	정자	精子
심근경색	心肌梗死 / 心肌梗塞	제대혈	脐带血
심폐소생술	心肺复苏法	조류독감(AI)	禽流感
심혈관질환	心血管病	주의력결핍과잉행동장애(ADHD)	注意力缺陷多动障碍 / 多动症
아드레날린	肾上腺素	줄기세포	干细胞
아미노산	氨基酸	중증급성호흡기증후군(SARS)/사스	严重急性呼吸综合征 / 非典型肺炎/非典
아토피	异位性皮肤炎 / 特应性皮炎	중추신경계	中枢神经系统
악성종양	恶性肿瘤	지방흡입	抽脂/吸脂
안검 성형	眼睑整形术 / 眼睑整容术	직접흡연	一手烟
알레르기	过敏	척수	脊髓
알츠하이머병	早老性痴呆症 / 阿尔茨海默病	천식	哮喘
알코올 중독	酒精中毒	천연두	天花
암	癌症	체질량지수(BMI)	身体质量指数
약에 대한 내성/약제내성	耐药性	치매	痴呆
엄지족 증후군	短信拇指病	치아 교정	矫正牙齿
에이즈	艾滋病	칼륨	钾
엔도르핀	内啡肽	칼슘	钙
여드름	青春痘	컬러푸드	颜色食品
영양실조	营养不良	코높임 성형	隆鼻
외상후 스트레스 장애(PTSD)/트라우마	创伤后心理压力紧张综合症 / 创伤后压力心理障碍症	코로나 바이러스	冠状病毒
우울증	抑郁症/忧郁症	콜라겐	胶原蛋白
우해면양뇌증/우해면상뇌증(BSE)	牛海绵状脑病	콜레라	霍乱
유독물질	有毒物质	콜레스테롤	胆固醇
유방암	乳腺癌	타미플루	达菲
유해물질	有害物质	탄수화물	碳水化合物
의심사례	疑似病例	탄저병	炭疽病
인슐린	胰岛素	톨루엔	甲苯
인플루엔자	流感	트랜스지방	反式脂肪
일사병	中暑	파킨슨병	帕金森病
		편도선염	扁桃腺炎

포름알데히드	甲醛	항생제	抗生素
포화지방	饱和脂肪	헤로인	海洛因
폴로늄	钋	혈당	血糖
풍진	风疹	혈중알코올농도	血液酒精含量 / 血中酒精含量
프로포폴	异丙酚	호르몬	激素 / 荷尔蒙
피부발진	皮疹	호르몬대체요법	激素替代疗法
합병증	并发症	호흡계	呼吸系统
항바이러스	抗病毒	홍역	麻疹
항산화물질	抗氧化物质	확진사례	确诊病例

강경파/매파	强硬派/鹰派
경선캠프/선거캠프	竞选班子 / 竞选阵营
경제민주화	经济民主化
계엄령	戒严令
공공외교	公共外交
공약	承诺
국교정상화	邦交正常化
국무장관	国务卿
국민의당	国民之党
국민행복기금	国民幸福基金
국정연설/연두교서	国情咨文
국정운영	国家治理
글로벌 거버넌스	全球治理
금권정치	金权政治
급진파	激进派
내분/내홍	内讧
대변인	发言人
대중영합주의/포퓰리즘	大众迎合主义
대통령 선거	大选
더불어민주당	共同民主党
도시계획	城市规划
독재정권	独裁政权 / 专制政权
레임덕	跛脚鸭 / 跛鸭
망명	流亡
무소속의원	无党派议员
무정부주의/아나키즘	无政府主义
바른정당	正党
백악관	白宫
보궐선거	补缺选举
비전	蓝图/愿景
상원/참의원	参议院
새누리당	新国家党
수도 이전	迁都
싱크탱크	智库 / 智囊团
야당	在野党
양원제	两院制
여당	执政党
여소야대	朝小野大
예비선거	预选
온건파/비둘기파	温和派 / 鸽派
유권자	选民
입후보자	候选人
자유한국당	自由韩国党
재보궐선거	再补选举
전국인민대표대회/전인대	全国人民代表大会 / 全国人大
전자정부	电子政务
정경유착	政经勾结 / 官商勾结
정례연설	例行演说
정례회의	例行会议
정상회담	首脑会谈 / 峰会
정의당	正义党
제로섬게임	零和游戏
조세피난처	避税天堂
중간선거	中期选举
중도파	中间派
집안싸움	同室操戈
참정권	参政权
청문회/공청회	听证会
청와대	青瓦台
촛불집회	烛光集会
총선	国会议员选举
쿠데타	军事政变
탈당	退党
퍼스트레이디	第一夫人
풀뿌리 민주주의	基层民主 / 草根民主
하원/중의원	众议院
한나라당	大国家党
한반도신뢰프로세스	韩半岛信任进程

가뭄재해	旱灾
감축의무	减排义务
격렬기상	极端天气
'공동의 차별화된 책임' 원칙	"共同但有区别的责任"原则
공동이행제도	联合履约机制
과불화탄소	全氟化碳
관개용수	灌溉用水
광합성	光合作用
교토의정서	京都议定书
그린벨트	绿化地带
기근	饥荒
기후변화	气候变化
납	铅
녹조	绿潮 / 蓝潮
눈사태	雪崩
다이옥신	二恶英 / 戴奥辛
대기권	大气层
라니냐	拉尼娜
리히터	里氏
메탄	甲烷
무더위/열기	热浪
미세먼지(PM10)	可吸入颗粒物
방사성 세슘	放射性铯
방재	防灾
배출권거래제도	排放权交易机制 / 排放权交易制度
배출량	排放量
부유생물/플랑크톤	浮游生物
분리수거	分类回收 / 分类收集
불화수소산/불산	氢氟酸
불활성 기체	惰性气体
사막화	荒漠化
산사태	山崩
산성비	酸雨
산호초	珊瑚礁
새집증후군	新居综合症 / 装修综合症/新房症候群
수소불화탄소	氢氟化碳
수증기	水蒸气
스모그	雾霾 / 烟雾
식량난	粮荒
쓰레기 소각장	垃圾焚烧厂
아산화질소	氧化氮
엘니뇨	厄尔尼诺
열섬효과	热岛效应
염소가스	氯气
오존층	臭氧层
온실가스	温室气体
온실효과	温室效应
우박	冰雹
유엔기후변화협약	联合国气候变化框架公约
유엔환경계획(UNEP)	联合国环境规划署
육불화황	六氟化硫
이산화탄소	二氧化碳
이상기후	反常气候
적조	赤潮
전자쓰레기	电子垃圾
전자폐기물	电子废物
제트기류	喷射气流
증발	蒸发
지구온난화	全球变暖
지반함몰	地面塌陷
지진해일/쓰나미	海啸
질산	硝酸
청정개발체제(CDM)	清洁发展机制
초미세먼지(PM2.5)	细颗粒物
침수	洪涝

태풍	台风
토네이도	龙卷风
토사류	泥石流
포화상태	饱和状态
폭우	暴雨
한랭기단	冷气团
허리케인	飓风
호우	强降水
황사	沙尘暴
후쿠시마 원전사고	福岛核电站事故

A	
a	아
ai	아이
an	안
ang	앙
ao	아오

B	
ba	바
bai	바이
ban	반
bang	방
bao	바오
bei	베이
ben	번
beng	벙
bi	비
bian	벤
biao	뱌오
bie	베
bin	빈
bing	빙
bo	보
bu	부

C	
ca	차
cai	차이
can	찬
cang	창
cao	차오
ce	처
cen	천
ceng	청
cha	차
chai	차이
chan	찬
chang	창
chao	차오
che	처

chen	천
cheng	청
chi	츠
chong	충
chou	처우
chu	추
chua	촤
chuai	촤이
chuan	촨
chuang	촹
chui	추이
chun	춘
chuo	춰
ci	츠
cong	충
cou	처우
cu	추
cuan	촨
cui	추이
cun	춘
cuo	춰

D	
da	다
dai	다이
dan	단
dang	당
dao	다오
de	더
dei	데이
den	던
deng	덩
di	디
dian	뎬
diao	댜오
die	뎨
ding	딩
diu	듀
dong	둥
dou	더우

du	두
duan	돤
dui	두이
dun	둔
duo	둬

E	
e	어
ei	에이
en	언
eng	엉
er	얼

F	
fa	파
fan	판
fang	팡
fei	페이
fen	펀
feng	펑
fo	포
fou	퍼우
fu	푸

G	
ga	가
gai	가이
gan	간
gang	강
gao	가오
ge	거
gei	게이
gen	건
geng	겅
gong	궁
gou	거우
gu	구
gua	과
guai	과이
guan	관

guang	광		jun	쥔		lo	로
gui	구이					long	룽
gun	군		**K**			lou	러우
guo	궈		ka	카		lu	루
			kai	카이		lü	뤼
H			kan	칸		luan	롼
ha	하		kang	캉		lüe	뤠
hai	하이		kao	카오		lun	룬
han	한		ke	커		luo	뤄
hang	항		ken	컨			
hao	하오		keng	컹		**M**	
he	허		kong	쿵		ma	마
hei	헤이		kou	커우		mai	마이
hen	헌		ku	쿠		man	만
heng	헝		kua	콰		mang	망
hong	훙		kuai	콰이		mao	마오
hou	허우		kuan	콴		me	머
hu	후		kuang	쾅		mei	메이
hua	화		kui	쿠이		men	먼
huai	화이		kun	쿤		meng	멍
huan	환		kuo	쿼		mi	미
huang	황					mian	**몐**
hui	후이		**L**			miao	먀오
hun	훈		la	라		mie	몌
huo	훠		lai	라이		min	민
			lan	란		ming	밍
J			lang	랑		miu	뮤
ji	지		lao	라오		mo	모
jia	자		le	러		mou	머우
jian	젠		lei	레이		mu	무
jiang	장		leng	렁			
jiao	자오		li	리		**N**	
jie	제		lia	랴		na	나
jin	진		lian	롄		nai	나이
jing	징		liang	량		nan	난
jiong	중		liao	랴오		nang	낭
jiu	주		lie	례		nao	나오
ju	쥐		lin	린		ne	너
juan	쥐안		ling	링		nei	네이
jue	줴		liu	류		nen	넌

neng	넝			sen	썬
ni	니	**Q**		seng	썽
nian	녠	qi	치	sha	사
niang	냥	qia	차	shai	사이
niao	냐오	qian	첸	shan	산
nie	녜	qiang	창	shang	상
nin	닌	qiao	차오	shao	사오
ning	닝	qie	체	she	서
niu	뉴	qin	친	shei	세이
nong	눙	qing	칭	shen	선
nou	너우	qiong	충	sheng	성
nu	누	qiu	추	shi	스
nü	뉘	qu	취	shou	서우
nuan	놘	quan	취안	shu	수
nüe	뉘에	que	췌	shua	솨
nun	눈	qun	췬	shuai	솨이
nuo	눠			shuan	솬
		R		shuang	솽
O		ran	란	shui	수이
o	오	rang	랑	shun	순
ou	어우	rao	라오	shuo	숴
		re	러	si	쓰
P		ren	런	song	쑹
pa	파	reng	렁	sou	써우
pai	파이	ri	르	su	쑤
pan	판	rong	룽	suan	쏸
pang	팡	rou	러우	sui	쑤이
pao	파오	ru	루	sun	쑨
pei	페이	ruan	롼	suo	쒀
pen	펀	rui	루이		
peng	펑	run	룬	**T**	
pi	피	ruo	뤄	ta	타
pian	**펜**			tai	타이
piao	퍄오	**S**		tan	탄
pie	폐	sa	싸	tang	탕
pin	핀	sai	싸이	tao	타오
ping	핑	san	싼	te	터
po	포	sang	쌍	teng	텅
pou	퍼우	sao	싸오	ti	티
pu	푸	se	써	tian	톈

tiao	탸오
tie	톄
ting	팅
tong	퉁
tou	터우
tu	투
tuan	퇀
tui	투이
tun	툰
tuo	퉈

W	
wa	와
wai	와이
wan	완
wang	왕
wei	웨이
wen	원
weng	웡
wo	워
wu	우

X	
xi	시
xia	샤
xian	셴
xiang	샹
xiao	샤오
xie	셰
xin	신
xing	싱
xiong	슝
xiu	슈
xu	쉬
xuan	쉬안
xue	쉐
xun	쉰

Y	
ya	야
yai	야이
yan	옌
yang	양
yao	야오
ye	예
yi	이
yin	인
ying	잉
yo	요
yong	융
you	유
yu	위
yuan	위안
yue	웨
yun	윈

Z	
za	짜
zai	짜이
zan	짠
zang	짱
zao	짜오
ze	쩌
zei	쩨이
zen	쩐
zeng	쩡
zha	자
zhai	자이
zhan	잔
zhang	장
zhao	자오
zhe	저
zhei	제이
zhen	전
zheng	정
zhi	즈
zhong	중

zhou	저우
zhu	주
zhua	좌
zhuai	좌이
zhuan	좐
zhuang	좡
zhui	주이
zhun	준
zhuo	줘
zi	쯔
zong	쫑
zou	쩌우
zu	쭈
zuan	쫜
zui	쭈이
zun	쭌
zuo	쮀

*한국 어문 규정의 외래어 표기법 중국어 표기 세칙에 따라 'ㅈ, ㅉ, ㅊ'으로 표기되는 자음 뒤의 'ㅑ, ㅖ, ㅛ, ㅠ'음은 'ㅏ, ㅔ, ㅗ, ㅜ'로 적는다.

중국어

통번역 대공략

중한번역 편

워크북

중국어 통번역 대공략

중한번역 편

가광위 · 송화영 · 이정민 저

워크북

동양북스

차례

제목 :

出口对韩国经济增长贡献度降至新低

◆ 단어(词语)

央行 yāngháng 중앙은행 | 第二季度 dì'èrjìdù 2분기(4~6월) | 贡献度 gòngxiàndù 기여도 | 百分点 bǎifēndiǎn %포인트/%p | 时隔 shígé ~만에 | 负增长 fùzēngzhǎng 마이너스 성장 | 回升 huíshēng 반등하다 | 骤减 zhòujiǎn 급감하다 | 跌破 diēpò (기준 아래로) 떨어지다 | 上半年 shàngbànnián 상반기 | 远低于 yuǎndīyú ~보다 훨씬 낮다 | 欧债危机 Ōuzhàiwēijī 유럽재정위기 | 低迷 dīmí 불황이다 | 预计 yùjì 예측하다 | 预期 yùqī 전망치/예상하다 | 同比 tóngbǐ 전년도 동기 대비 | 苹果 Píngguǒ 애플 | 专利 zhuānlì 특허/특허권 | 诉讼 sùsòng 소송(하다) | 贸易保护主义 màoyìbǎohùzhǔyì 보호무역주의 | 不容乐观 bùrónglèguān 낙관적이지 않다/밝지 않다 | 大韩贸易投资振兴公社 dàhánmàoyìtóuzīzhènxīnggōngshè 대한무역투자진흥공사/코트라(KOTRA) | 出口先行指数 chūkǒuxiānxíngzhǐshù 수출선행지수 | 环比 huánbǐ 전기 대비/직전 대비 | 不确定性 bùquèdìngxìng 불확실성 | 内需 nèixū 내수 | 低迷不振 dīmíbùzhèn 부진하다/불경기이다 | 极其 jíqí 매우/무척 | 恶劣 èliè 나쁘다/열악하다 | 均 jūn 모두

◆ 핵심구문(核心短语)

- **降至** '~까지 떨어지다/~까지 내려가다'라는 뜻으로 여기서 '至'가 없다면 '~'만큼 떨어지는 것이 되므로 반드시 '至'의 유무를 살펴야 한다. '至' 대신 '到'를 쓸 수도 있다.

- **为/仅为/分别为** 여기서 '为'는 '是'의 뜻으로 쓰인 동사로 'wéi'로 발음한다. '仅为'는 '겨우 ~이다/단지 ~이다/고작 ~이다/불과 ~이다'라는 뜻으로 수량이 매우 적음을 나타낸다.
  예) 仅为2% 겨우 2%밖에 안 된다
  '分别为'는 '각각 ~이다'라는 뜻으로 주어가 2개 이상일 때 사용하며 이때 빈어(宾语)는 주어와 호응되는 순서대로 배치된다.
  예) 瑞典今明两年经济增长率将分别为3.9%和3.4% 올해와 내년 스웨덴의 경제성장률은 각각 3.9%와 3.4%에 달할 것이다

- **百分点** 퍼센트(%) 간의 수치변동을 나타내는 단위. '%포인트(%p)'로 번역하며 '百分点' 앞에는 양사 '个'가 수반된다.
  예) 3个百分点 3%포인트

- **时隔** '~만에'라는 뜻으로 시간적 간격을 나타낼 때 사용하며 '时隔' 뒤에 시간사가 수반된다. 예) 时隔2年 2년 만에

- **A低于B/A大于B** 비교구문으로 'A低于B'는 'A가 B보다 낮다'이고, 'A大于B'는 'A가 B보다 크다'이다.

- **同比/环比** 비교구문이다. '同比'는 '전년도 동기 대비/전년 동기 대비/전년비'라는 뜻으로 주어의 기준을 한해 전의 같은 시기와 비교할 때 사용한다. 예를 들어 주어의 기준이 '2012년 7월'일 경우 '2011년 7월'과 비교하는 것이다. '环比'는 '전기 대비/직전 대비'라는 뜻으로 주어의 주기 기준에 따라 번역이 달라진다. 예를 들어 주어의 주기 기준이 분기이면 '전분기 대비', 월이면 '전월 대비'로 번역한다. '同比'와 '环比' 모두 뒤에 '增长/减少/上升/下降' 같은 동사가 수반된다.

- **除了A外，B都** 'A를 제외한 B 모두'라는 뜻이다. 이 구문에서 B 뒤에 '都'가 오면 'A를 제외하고 B만 해당'되는 것이고, B 뒤에 '还/也'가 오면 'A 외에 B도 해당'되는 것이다.
  예) 除了我以外，全班同学都来上课 나를 제외한 반의 나머지 학우들만 수업을 듣는다
  除了我以外，全班同学也来上课 나를 포함한 반의 나머지 학우들 모두가 수업을 듣는다

- **有所** '다소/조금'이라는 뜻으로 뒤에 이음절 형용사나 동사가 수반된다. 예) 有所增加 다소 증가하다

- **极其** '매우/무척'이라는 뜻으로 뒤에 이음절 형용사나 동사가 수반된다. 예) 极其重要 매우 중요하다

- **更加** '더욱/한층'이라는 뜻으로 뒤에 이음절 형용사나 동사가 수반된다. 예) 更加恶化 더욱 악화되다

제목 :

美国再开印钞机

◆ 단어 (词语)

美联储 Měiliánchǔ 미국 연방준비제도(Fed) | 量化宽松政策 liànghuàkuānsōngzhèngcè 양적완화정책 | 如约而至 rúyuē'érzhì 약속대로 오다 | 联邦公开市场委员会 liánbānggōngkāishìchǎngwěiyuánhuì 연방공개시장위원회(FOMC) | 预期通胀率 yùqītōngzhànglǜ 기대인플레이션율 | 超低利率 chāodīlìlǜ 초저금리/초저리 | 扭曲操作 niǔqūcāozuò 오퍼레이션 트위스트 | 至此 zhìcǐ 이로써/여기에 이르다 | 释放 shìfàng 방출하다 | 流动性 liúdòngxìng 유동성 | 零利率 línglìlǜ 제로금리 | 近似 jìnsì 유사하다 | 基础货币 jīchǔhuòbì 본원통화 | 发端 fāduān 발단/비롯되다 | 停滞 tíngzhì 정체하다/침체하다 | 失效 shīxiào 효력을 잃다 | 提振 tízhèn 진작하다 | 意在 yìzài ~에 목적이 있다 | 压低 yādī 낮추다 | 增速 zēngsù 성장속도/증속하다 | 财政悬崖 cáizhèngxuányá 재정절벽 | 拖而未决 tuō'érwèijué 질질 끌며 해결하지 않다 | 看淡 kàndàn 가볍게 보다/좋지 않게 보다 | 成本 chéngběn 원가/비용/코스트 | 印钞机 yìnchāojī 윤전기 | 开启 kāiqǐ 열다/시작하다 | 泛滥 fànlàn 범람하다 | 走弱 zǒuruò 약세/약해지다 | 贬值 biǎnzhí 평가절하되다 | 数据 shùjù 수치/데이터 | 美元指数 měiyuánzhǐshù 달러인덱스 | 下挫 xiàcuò 하락하다 | 关口 guānkǒu 관문 | 走软 zǒuruǎn 약세/약해지다

◆ 핵심구문 (核心短语)

- **在~下** '在~+방위사(方位词)'로 이루어진 구문형식으로 '在~的情况下(~상황 속에서)', '在~的背景下(~배경 속에서)' 등 어떤 조건 속에 있음을 나타낼 때 사용한다. **예)** 水在0℃下结冰
  그 밖에 유사구문으로 '在~上/在~中/在~当中/在~中间/在~之间' 등이 있다.
  '在~上'은 다음과 같이 사용된다.
  ① '在工作上/在学习上/在历史上/在政治上' 등 어떤 분야를 나타낼 때 ② '在桌子上/在市场上/在会议上' 등 공간적 개념을 나타낼 때 ③ '在爱的基础上' 등 조건을 나타낼 때 사용한다.
  '在~中'은 다음과 같이 사용된다.
  ① '在心中/在印象中' 등 내면을 나타낼 때 ② '在比赛中/在奋斗中/在学习中' 등 과정을 나타낼 때 ③ '在同学中/在这些书中' 등 범위를 나타낼 때 사용한다.
  '在~当中'은 다음과 같이 사용된다.
  ① '在这个世界当中'처럼 공간 속을 나타낼 때 ② '在同学当中'처럼 범위를 나타낼 때 사용한다.
  '在~中间'은 공간·범위 혹은 '在我家和学校中间'처럼 양자 간의 중간점을 나타낼 때 사용한다.
  '在~之间'은 '在中国和韩国之间' 같이 양자 간을 나타낼 때 혹은 '在100~200之间'처럼 숫자간 간격을 나타낼 때 사용한다.

- **以A替代B** 'A로 B를 대체하다'라는 뜻으로 여기서 '以'는 '用/拿/把/将'과 용법이 같다

- **向A注入B** 'A에 B를 주입하다'라는 뜻이다. '向'은 개사(介词)로 '向+명사+동사' 형식으로 사용하며 동사는 구체동사와 추상동사 모두 쓸 수 있다. **예)** 向市场注入流动性 / 向市场经济转化
  그 밖에 '走向/跑向/奔向'처럼 '向'이 동사 뒤에 위치하기도 한다. **예)** 怎样走向成功之路

- **所谓** '~이란/소위/이른바'라는 뜻으로 설명이 필요할 때 쓰인다. 설명 부가 용법일 때는 중성사(中性词)이지만, 남의 말을 인용하는 용법일 때는 부정적 태도를 내포한다.
  예) 所谓"两会"是指全国人民代表大会和中国政治协商会议 (중성사) / 这就是你所谓的"友情"吗? (부정적 의미)

- **对于** '~에 대해서'라는 뜻으로 뒤에 동작의 대상이 수반된다. 이 구문은 주어 앞과 뒤에 모두 위치할 수 있다.
  예) 对于我们的学习方法，老师很满意 / 老师对于我们的学习方法很满意
  유사구문으로 '关于'가 있는데 용법에 차이가 있다. '关于'를 부사어(状语)로 사용할 때는 '关于+명사/关于~+的+명사/关于+동사 혹은 절(小句)'의 순서로 주어 앞에만 위치한다. **예)** 关于朝鲜进行核试验的制裁决议，联合国还没决定

- **解决不了** '해결할 수 없다'라는 뜻이다. '~不了'는 가능보어로 동작을 완료할 수 없을 때 사용한다. '~를 할 수 있다'는 '~得了', '~를 할 수 없다'는 '~不了'를 사용한다. **예)** 解决得了 / 解决不了

제목 :

穆迪上调韩国主权评级

◆ 단어 (词语)

国际信用评级机构 guójìxìnyòngpíngjíjīgòu 국제신용평가사 | **穆迪** Mùdí 무디스 | **主权信用评级** zhǔquánxìnyòngpíngjí 국가신용등급 | **一档** yīdàng 한 단계 | **评级展望** píngjízhǎnwàng 등급전망 | **基本面** jīběnmiàn 펀더멘털 | **经济实力** jīngjìshílì 경제력 | **资产负债表** zīchǎnfùzhàibiǎo 대차대조표 | **欧元区** Ōuyuánqū 유로존 | **盈余** yíngyú 잉여 | **负债** fùzhài 부채 | **债券** zhàiquàn 채권 | **溢价** yìjià 프리미엄 | **抵御** dǐyù 막아내다 | **反弹** fǎntán 반등하다 | **劳动生产率** láodòngshēngchǎnlǜ 노동생산성 | **宏观** hóngguān 거시적 | **审慎监管** shěnshènjiānguǎn 건전성 감독 | **风险** fēngxiǎn 위험/리스크 | **外汇储备** wàihuìchǔbèi 외화보유액 | **疲软** píruǎn 피곤하다/부진하다 | **拖累** tuōlěi 연루되다

◆ 핵심구문 (核心短语)

- **将A由B上升至C** 'A를 B에서 C로 상승시키다'라는 뜻으로 '将'은 '把', '由'는 '从', '至'는 '到'로도 쓸 수 있다.
  예) 将资金由国内转移至美国 / 把资金从国内转移到美国

- **基于** '～에 근거하다/～때문에/～을 감안하여'라는 뜻으로 문맥에 따라 용법이 다양하다.
  ① '～에 근거하다(根据)'로 사용할 경우 예) 基于每一个人今天都赞成的观念
  ② '～때문에(由于/因为)'로 사용할 경우 예) 基于反对的人太多
  ③ '～을 감안하다(鉴于)'로 사용할 경우 예) 基于财政困难

- **自～以来** '～이래로/～이후'라는 뜻으로 특정시간부터 지금까지의 시간대를 나타낸다.
  예) 自开幕式以来，参赛者达1万人

◆ 보충연습 (补充练习)

> 国际信用评级机构穆迪公司27日将韩国主权信用评级由"A1"升级到"Aa3"，上调了一级，前景展望稳定。
> "Aa3"为信用评级等级标准中的第四级，这是穆迪历来给韩国评定的最高等级，与中国、日本和沙特阿拉伯等国家列为同级。穆迪今年4月2日将韩国主权信用评级展望从"稳定"上调为"积极"。时隔4个月，现在再次上调韩国信用评级。

국제신용평가사 무디스가 27일 한국 국가신용등급을 기존의 [1]'A1'에서 'Aa3'로 한 단계 상향 조정하고 등급 전망을 '안정적'으로 부여했다.
'Aa3'는 신용평가등급에서 4번째로 높은 등급이다. 이는 무디스가 한국에 부여한 최고 등급으로 현재 중국, 일본, 사우디아라비아 등이 이에 해당한다. 무디스는 올해 4월 2일 한국 국가신용등급 전망을 '안정적'에서 '긍정적'으로 상향 조정한 뒤 4개월 만에 한국 신용등급을 또다시 상향 조정했다.

[1] 중국어 원문의 큰따옴표(" ")를 한국어로 번역할 때 원문 큰따옴표의 용법이 직접화법(발화자가 직접 말한 것)이면 번역도 큰따옴표로, 그 외의 용법이면 작은따옴표로 표기한다.

제목 :

央行时隔三年半首次降息用意几何

◆ 단어 (词语)

存贷款基准利率 cúndàikuǎnjīzhǔnlìlǜ 예금 및 대출 기준금리 | 降息 jiàngxī 금리인하 | 存款准备金率 cúnkuǎnzhǔnbèijīnlǜ 지급준비율 | 组合拳 zǔhéquán 콤비네이션 블로 | 稳增长 wěnzēngzhǎng 안정적 성장 | 突如其来 tūrúqílái 갑작스럽다 | 亚洲开发银行 Yàzhōukāifāyínháng 아시아개발은행(ADB) | 回落 huíluò 반락하다 | 复苏 fùsū 회복(하다)/회생(하다) | 乏力 fálì 힘이 없다/능력이 부족하다 | 一朝一夕 yīzhāoyīxī 하루아침/아주 짧은 시간 | 鉴于 jiànyú ~을 고려하면 | 稳中求进 wěnzhōngqiújìn 온중구진(안정 속 성장) | 基调 jīdiào 기조

◆ 핵심구문 (核心短语)

- 自~起 '~부터'라는 뜻으로 시간의 출발점을 나타낸다. '~'부분에 시간적 기준이 들어가며 '自' 대신 '从'을 쓸 수 있다.
  예) 自昨天起，我不再为昨天忧心

- 处于~范围 '~한 범위에 있다'라는 뜻이다. '处于' 뒤에 '状态/情况/地位/劣势/之中' 등이 수반된다.
  예) 中国很多珍稀动植物都处于濒临状态

- 为A提供B 'A에게 B를 제공하다'라는 뜻이다. 여기서 개사(介词) '为'는 A라는 행위대상에 B라는 일이 진행될 때 사용한다. 유사구문으로 '为A带来B/给A提供B/给A带来B'가 있다.

- 从国内看 '국내적으로 (볼 때)/대내적으로 (볼 때)'라는 뜻으로 여기서 '从~看'은 '~면에서 보다'라는 뜻의 구문이다.

- 鉴于 '~을 고려하면'이라는 뜻으로 유사구문으로 '出于~的考虑/考虑到'가 있다.

- 把A放在B位置 'A를 B에 놓다'라는 뜻으로 B 뒤에 '位置' 외에도 '上/方面' 등의 기타 성분이 수반된다.
  예) 把人民放在心中的最高位置 / 把工作重点放在预防上 / 把更大力量放在扩内需、促消费方面

- 不但A，还B 'A뿐만 아니라 B이다/A는 물론 B이다'라는 뜻으로, '不但'은 주로 '而且/并且/也/还'와 호응한다.

제목 :

中日韩自由贸易区

◆ 단어 **(词语)**

峰会 fēnghuì 정상회담 | 关税 guānshuì 관세 | 厂商 chǎngshāng 제조업체 | 福利 fúlì 복지 | 柬埔寨 Jiǎnpǔzhài 캄보디아 | 金边 Jīnbiān 프놈펜 | 东亚 DōngYà 동아시아 | 领导人 lǐngdǎorén 지도자 | 系列 xìliè 계열/시리즈 | 会晤 huìwù 만나다 | 谈判 tánpàn 협상(하다) | 研究小组 yánjiūxiǎozǔ 연구팀 | 模型 móxíng 모형/모델 | 测算 cèsuàn 추산하다 | 问卷调查 wènjuàndiàochá 설문조사 | 反馈 fǎnkuì 피드백 | 七成 qīchéng 70% | 趋同 qūtóng 동일화되다 | 电子产品 diànzǐchǎnpǐn 전자제품 | 加工贸易 jiāgōngmàoyì 가공무역 | 初级产品 chūjíchǎnpǐn 1차 상품 | 半成品 bànchéngpǐn 반제품 | 制成品 zhìchéngpǐn 완제품

◆ 핵심구문 **(核心短语)**

- **是~的** '~이다/~것이다'라는 뜻으로 이미 완료된 동작의 시간 · 장소 · 방식 · 대상 등을 강조할 때 사용한다. 예) 这本书是我去年买的

- **由~构成** '~로 구성되다'라는 뜻으로 여기서 '由'는 개사(介词)로 동작의 주체(施动者)를 명확히 나타낸다. '由~组成'도 같은 구문이다. 예) 每一个水分子是由两个氢原子和一个氧原子构成的 / 韩国是由单一民族组成的国家

- **被** '~에게 당하다'라는 뜻으로 피동문에 쓰인다. 이때 주어는 피동자가 되고 '被' 뒤에 수반되는 주체가 동작의 능동자가 된다.
  예) 我弄丢了一支笔 → 那支笔被我弄丢了 '那支笔'가 피동자, '我'는 능동자이다. '被' 뒤의 능동자는 생략 가능하다.
  예) 我被骂了一顿 원문의 '自由贸易区内关税和其他贸易限制将被取消'도 능동자가 생략되었다.
  주의해야 할 점은 '被'는 앞에 다른 부사어(状语)가 있는 경우를 제외하고 동사 하나만 쓸 수 없고 '被+능동자+동사+기타 성분'으로 구성된다. 예) 美国士兵被恐怖分子捆了起来 / 今天忘带伞了，被雨淋了

- **降低** '내려가다/낮추다'라는 뜻으로 주로 빈어(宾语)가 수반되는 타동사로 사용한다.
  예) 降低成本 / 降低生活标准
  반면 '下降'은 '내려가다'라는 같은 뜻의 동사이지만 자동사로 사용한다.
  예) 生活水平下降 (O) / 免疫力下降 (O) / 下降成本 (X) / 下降生活标准 (X)
  '降低'와 '下降'은 의미는 같으나, 용법이 다른 만큼 주의해서 사용해야 한다.

- **最为** '가장 ~하다'라는 뜻으로 뒤에 이음절 형용사나 동사가 수반된다. 단음절 형용사나 동사는 사용할 수 없다.
  예) 最为明显 / 最为重要 / 最为搞笑

- **作为** 여러 가지 용법이 있다.
  ① '행위'라는 뜻의 명사로 쓰인다. 예) 他的这种作为危害了集体的荣誉
  ② '성과를 발휘하다'라는 뜻의 동사로 쓰인다. 예) 在事业上无所作为
  ③ '~로 삼다'라는 뜻의 동사로 쓰이며 대개 '把'와 함께 사용한다. 예) 政府要把坚持发展作为第一要务
  ④ '~의 신분(자격)으로서'라는 뜻의 개사(介词)로 쓰인다. 예) 作为国家干部，我们要把人民的利益放在第一位

- **七成** '7할', 즉 '70%'를 뜻한다. '五成'은 '50%', '五成半/五成五'는 '55%'를 뜻한다.

- **从A转变为B** 'A에서 B로 전환되다'라는 뜻으로 '从'대신 '由'를 쓸 수도 있다. '转变'은 발전 방향에 대한 근본적인 변화를 말하며 주로 사상 · 정세 · 상황 등에 사용한다. 예) 中国从贸易大国转变为贸易强国

- **集中于~上** '~에 집중하다'라는 뜻으로 이런 형식의 구문 뒤에는 '上'과 같은 방위사(方位词)가 수반되어야 한다.

- **是否** '~인지 아닌지'라는 뜻으로 '是不是'와 같은 구문이다.

제목 :

韩国实行网络实名制5年后面临存废抉择

◆ 단어 (词语)

审视 shěnshì 자세히 살펴보다 | 存废 cúnfèi 존폐 | 网民 wǎngmín 네티즌/누리꾼 | 民意调查 mínyìdiàochá 여론조사 | 辱骂 rǔmà 욕설을 퍼붓다 | 垃圾 lājī 쓰레기/스팸 | 信息 xìnxī 정보/메시지 | 人肉搜索 rénròusōusuǒ 신상털기 | 唤起 huànqǐ 불러일으키다 | 影视 yǐngshì 영화와 텔레비전/영상 | 不堪 bùkān 감당할 수 없다 | 谣言 yáoyán 유언비어 | 造谣 zào yáo 헛소문을 내다 | 质疑 zhìyí 질의하다/의문을 제기하다 | 泄露 xièlòu 누설하다 | 门户网站 ménhùwǎngzhàn 포털사이트 | 跟帖 gēntiě 댓글 | 表明 biǎomíng 표명하다 | 用户 yònghù 이용자 | 广播通信委员会 guǎngbōtōngxìnwěiyuánhuì 방송통신위원회 | 外泄 wàixiè 밖으로 누출되다 | 社交网站 shèjiāowǎngzhàn 소셜 네트워크 사이트 | 赛我网 Sàiwǒwǎng 싸이월드 | 黑客 hēikè 해커 | 窃取 qièqǔ 훔치다 | 废除 fèichú 폐지하다 | 分阶段 fēnjiēduàn 단계적으로 | 推特 Tuītè 트위터

◆ 핵심구문 (核心短语)

- **随着** '~에 따라서'라는 뜻의 개사(**介词**)로 뒤에 명사형 혹은 절(**小句**)이 수반된다.
  - **예)** 随着时间的推移 / 随着科技的迅猛发展 / 随着年龄的增长 / 随着全球变暖/ 随着海水进一步酸化

- **引人** '사람의 ~을 끌다'라는 뜻으로 단독으로 사용하지 않고 뒤에 주로 '**瞩目/注目/关注**' 등이 수반된다.

- **因A而B** 'A 때문에 B하다'라는 뜻으로 '**由于A，因此B/因为A，所以B**'의 축약형 구문이다.
  - **예)** 韩国共有915人因前往国外未归而推迟服兵役

- **不堪** 여러 가지 용법이 있다.
  - ① '감당할 수 없다'라는 뜻의 동사로 쓰인다. **예)** 不堪一击 한 번의 공격이나 충격에도 견딜 수 없다
  - ② '~할 수 없다'라는 뜻의 동사로 쓰인다. **예)** 不堪设想 (결과가 나쁘거나 위험해서) 상상조차 할 수 없다
  - ③ '몹시 심하다'라는 뜻의 형용사로 쓰인다. **예)** 痛苦不堪 몹시 고통스럽다

- **一旦** 두 가지 용법이 있다.
  - ① '일단 ~하면'이라는 뜻의 부사로 쓰인다. 주로 '**一旦A，就B**'의 구문형식으로 쓰인다.
    - **예)** 一旦战争爆发，就会有许多人流离失所 / 但历史的教训绝对不能遗忘，因为一旦遗忘，历史就可能重演
  - ② '하루아침/삽시간'이라는 뜻의 명사로 쓰인다.
    - **예)** 毁于一旦 하루아침에 무너지다

제목 :

苹果与三星的战争

◆ 단어 (词语)

加州 Jiāzhōu 캘리포니아주 | 圣何塞 Shènghésāi 산호세 | 侵权 qīnquán 권리를 침해하다 | 赔偿 péicháng 배상하다 | 不服 bùfú 불복하다 | 上诉 shàngsù 상소하다 | 审判 shěnpàn 재판하다 | 里程碑 lǐchéngbēi 이정표 | 不止 bùzhǐ 그치지 않다 | 智能手机 zhìnéngshǒujī 스마트폰 | 平板电脑 píngbǎndiànnǎo 태블릿PC | 争夺战 zhēngduózhàn 쟁탈전 | 纵观 zòngguān 전반적으로 살펴보다 | 移动电子设备 yídòngdiànzǐshèbèi 모바일 디바이스 | 操作系统 cāozuòxìtǒng 운영체제/운영시스템 | 谷歌 Gǔgē 구글 | 安卓 Ānzhuó 안드로이드 | 微软 Wēiruǎn 마이크로소프트 | 竞技 jìngjì 기량을 겨루다 | 市场份额 shìchǎngfèn'é 시장점유율 | 两军对垒 liǎngjūnduìlěi 양군이 대치하다 | 半壁江山 bànbìjiāngshān (국토의) 절반 | 佼佼者 jiǎojiǎozhě 출중한 사람 | 失利 shīlì 지다/실패하다 | 剿杀 jiǎoshā 소멸시키다 | 颇有 pōyǒu 상당히 많이 있다 | 枪打出头鸟 qiāngdǎchūtóuniǎo 모난 돌이 정 맞는다 | 制造商 zhìzàoshāng 제조업체 | 合作伙伴 hézuòhuǒbàn 협력파트너 | 芯片 xīnpiàn 칩 | 由来已久 yóuláiyǐjiǔ 유래가 깊다 | 乔布斯 Qiáobùsī (스티브) 잡스 | 暗讽 ànfěng 은밀히 비난하다 | 剽窃 piāoqiè 표절하다 | 开源式 kāiyuánshì 개방형 | 生产商 shēngchǎnshāng 생산업체 | 销售 xiāoshòu 판매(하다) | 坐视 zuòshì 좌시하다 | 风头 fēngtou 정세/위력 | 玩味 wánwèi 음미하다 | 升级 shēngjí 업그레이드하다/승급하다 | 全新 quánxīn 참신하다 | 阻击 zǔjī 차단하다 | 围剿 wéijiǎo 포위하여 토벌하다 | 专利费 zhuānlìfèi 로열티 | 原创 yuánchuàng 처음으로 만들다 | 抄袭 chāoxí 표절하다 | 业内人士 yènèirénshì 업계인사 | 未雨绸缪 wèiyǔchóumóu 사전에 방비하다 | 交锋 jiāofēng 겨루다/교전하다 | 敲响 qiāoxiǎng 두드려 울리다 | 警钟 jǐngzhōng 경종 | 亦步亦趋 yìbùyìqū 맹목적으로 남을 따르다 | 硝烟 xiāoyān 초연 | 站稳脚跟 zhànwěnjiǎogēn 입지를 굳히다

◆ 핵심구문 (核心短语)

- **不止** ① '끊임없다'라는 뜻일 때는 이음절 동사 뒤에 위치한다. **예)** 流血不止 / 大笑不止
  ② '~에 그치지 않다'라는 뜻의 동사로 쓰일 때는 그 범주를 벗어났음을 의미한다. 뒤에 수량사가 자주 수반된다.
  예) 他恐怕不止六十岁了

- **就~而言** '~로 말하자면/(~의 입장)에서 말하자면'이라는 뜻으로 '~'에 동작의 대상이나 논점의 대상이 온다. 여기서 '就'는 개사(介词)로 '对'와 용법이 같다. '对~而言/就~来说'도 같은 구문이다. **예)** 就中国而言，风险投资还处于起步阶段

- **虽然A，但B** '虽然'은 '但是/可是/却是'와 호응해서 사용한다. **예)** 小明虽然考了第一，但是他一点也不骄傲
  주의해야 할 점은 '虽然'이 후속절에 사용될 때는 반드시 주어 앞에 위치해야 하며, 선행절에 '但是/可是/却是'를 쓰면 안 된다. **예)** 金先生尚无回信，虽然我已经打了三次电话
  '虽'는 '虽然'과 같지만 주어 뒤에 위치한다. **예)** 事情虽小，意义却很大
  유사구문으로 가정양보문(假设句)인 '即使'가 있다. '即使'은 주로 '也/还'와 호응해서 사용된다. 단, '即使'는 아직 실현되지 않은 일이나 사실과 상반되는 일을 말할 때 사용한다. **예)** 即使你当时在场，恐怕也没有别的办法

- **颇有** '상당히 많이 있다'라는 뜻으로 뒤에 이음절 명사가 수반된다. **예)** 颇有道理 / 颇有价值

- **由~制造** '~가 제조하다'라는 뜻이다. '由'는 개사(介词)로 동작의 주체를 강조한다.
  예) iPhone和iPad所使用的芯片以前大部分由三星制造

- **开始** '시작하다'라는 뜻으로 단독으로 쓰이거나 동사를 빈어(宾语)로 수반한다. **예)** 新的一年就开始了(동사 단독) / 开始上课(동빈구조)
  중국어의 동빈(动宾)구조는 다음과 같다.
  ① 동사+명사 **예)** 学习汉语 ② 동사+형용사 **예)** 感到紧张 ③ 동사+동사 **예)** 开始上课 ④ 동사+절(小句) **예)** 希望你学好汉语
  그 밖에 ③과 같은 동빈구조를 가지는 동사로 '进行'이 있다. '进行' 뒤에는 이음절 동사가 수반된다. **예)** 对历史进行研究 / 就北核问题进行探讨

- **有了** '있게 되다/나타나다/생기다'라는 뜻으로 '有' 뒤에 '了'가 수반되어 발생·출현을 의미한다. **예)** 台湾海峡形势有了很大变化

- **要么A，要么B** '~하든지, 아니면 ~하든지'라는 뜻으로 두 가지 이상을 나열하여 선택할 때 사용한다. **예)** 要么爱，要么死

- **在** 원문에서 '一直在未雨绸缪'의 '在'는 현재진행형을 나타낸다. 그 밖에 동작의 진행을 나타내는 시제어로 '正/在/正在/着'가 있다.
  ① 正/在/正在+동사 ② 正/在/正在+동사+着 ③ 正/在/正在+동사+~呢 ④ 正/在/正在+동사+着+~呢
  단, 현재진행형일 때는 동사 뒤에 '了'가 수반될 수 없다. 그리고 '正', '在', '正在'는 용법이 다소 다르다. '正'은 시간적 진행을, '在'는 상태의 지속을, '正在'는 시간과 상태의 지속을 동시에 나타내는 경향이 있다. '在'는 반복 진행되거나 장기간 지속되는 것을 나타내는 반면 '正'과 '正在'는 그렇지 않다. **예)** 一直在考虑 (O)/ 一直正在考虑 (X)

제목 :

社交网络现状分析

◆ 단어 (词语)

社交网络 shèjiāowǎngluò 소셜 네트워크/SNS | 马克·扎克伯格 Mǎkè·Zhākèbógé 마크 저커버그 | 上市 shàngshì 상장되다/출시되다 | 迄今为止 qìjīnwéizhǐ 지금까지 | 互动 hùdòng 상호 작용을 하다 | 沟通 gōutōng 소통하다/커뮤니케이션 | 社交媒体 shèjiāoméitǐ 소셜 미디어 | 波涛汹涌 bōtāoxiōngyǒng 파도가 거세다 | 蓬勃 péngbó 왕성하다 | 翻天覆地 fāntiānfùdì 큰 변화가 일어나다 | 多种多样 duōzhǒngduōyàng 다양하다 | 博客 bókè 블로그 | 论坛 lùntán 포럼 | 播客 bōkè 팟캐스트 | 微博 wēibó 마이크로블로그/웨이보 | 社区 shèqū 지역사회/커뮤니티 | QQ空间 QQkōngjiān 큐존(Qzone) | 平台 píngtái 플랫폼/무대 | 汪洋 wāngyáng 끝없이 넓은 | 如鱼得水 rúyúdéshuǐ 물 만난 물고기 | 应用 yìngyòng 응용(하다)/응용 프로그램/애플리케이션 | 频率 pínlǜ 빈도/주파수 | 按钮 ànniǔ 버튼/스위치 | 提供商 tígòngshāng 제공업체 | 龙头 lóngtóu 리더/두목 | 新浪 Xīnlàng 시나닷컴 | 腾讯 Téngxùn 텅쉰/텐센트

◆ 핵심구문 (核心短语)

- 借助于 '～의 도움을 받다/～의 힘을 빌리다'라는 뜻으로 원형은 '借助'이다. 유사구문으로 '凭借/依靠'가 있다.

- 迄今为止 '지금까지'라는 뜻으로 구어체로 '到目前为止'가 있다.

- 呈现～趋势 '～추세를 나타내다/～흐름을 보이다'라는 뜻으로 '呈现'은 '呈/呈现出'로 '趋势'는 '势头/之势'로도 쓸 수 있다.
  예) 呈现逐步下降趋势

- 表达 '(자신의 사상이나 감정을) 나타내다/표현하다'라는 뜻으로 주로 말이나 언어로 생각이나 감정을 표현할 때 사용한다. 반면 '表现'은 주로 행동이나 태도로 생각이나 감정을 표현할 때 사용한다.
  예) 他表达歉意 그는 사의를 표했다
  电影演员们常常用摩擦眼睛的手势表现人物的伪善 영화배우들은 눈을 비비는 동작으로 인물의 위선을 표현하곤 한다.

- 一个又一个 '하나하나/연이어'라는 뜻으로 어떤 사물이 한 번으로 그치지 않고 계속 이어지는 상황을 나타낸다.
  예) 人生就是一个又一个的选择 인생은 선택의 연속이다.

제목 :

"网络钓鱼"频现打击加大 网民应注意信息保护

◆ 단어 (词语)

网络钓鱼 wǎngluòdiàoyú 인터넷 피싱 | 诈骗 zhàpiàn 속이다 | 电子邮件 diànzǐyóujiàn 전자우편/이메일 | 伪造 wěizào 위조하다 | 站点 zhàndiǎn 웹사이트 | 账户 zhànghù 계좌 | 伪装 wěizhuāng 위장하다 | 网上银行 wǎngshàngyínháng 인터넷 뱅킹 | 在线 zàixiàn 온라인 | 零售商 língshòushāng 소매업체/유통업체 | 品牌 pǐnpái 브랜드 | 骗取 piànqǔ 사취하다 | 盗窃 dàoqiè 절도하다 | 治理 zhìlǐ 정화하다 | 艾瑞咨询 Àiruìzīxún 아이리서치(iResearch) | 网上支付 wǎngshàngzhīfù 온라인 결제 | 增幅 zēngfú 증가폭 | 中国互联网络信息中心 Zhōngguóhùliánwǎngluòxìnzhōngxīn 중국 인터넷정보센터(CNNIC) | 病毒 bìngdú 바이러스 | 木马 mùmǎ 목마/트로이목마 | 账号 zhànghào 계좌번호/아이디 | 欺诈 qīzhà 사기 치다 | 传真 chuánzhēn 팩스 | 软件 ruǎnjiàn 소프트웨어 | 上当 shàngdàng 속다 | 网购 wǎnggòu 온라인 쇼핑 | 输入 shūrù 입력하다 | 核实 héshí 확인하다 | 网址 wǎngzhǐ 웹사이트 주소 | 准确无误 zhǔnquèwúwù 정확하여 틀림없다 | 安装 ānzhuāng 설치하다 | 及时 jíshí 즉시/제때 | 杀毒软件 shādúruǎnjiàn 백신 프로그램

◆ 핵심구문 (核心短语)

- **成为** '∼이 되다'라는 뜻의 동사로 '∼으로 자리 잡다/∼으로 부상하다/∼으로 성장하다' 등으로 번역할 수 있다.
  - 예) 中国成为世界第一贸易大国 중국이 세계 최대 수출국이 되다/최대 수출국으로 자리 잡다
  - 80后逐渐成为奢侈品消费的主力军 바링허우(80년대 출생)가 명품소비의 주축으로 부상하고 있다
  - "鸟叔"凭借神曲《江南Style》，成为国际歌手 싸이가 히트곡 강남스타일에 힘입어 국제 가수로 성장하다

- **是指** '∼을 가리키다'라는 뜻으로 어떤 대상을 가리키거나 어떤 의미를 나타낼 때 사용한다. 유사구문으로 **指的是/主要指/意味着**'가 있다.
  - 예) 东海是指什么地方? / 垃圾食品是指仅仅提供一些热量，别无其它营养素的食物

- **把A作为B** 'A를 B로 삼다/A를 B로 여기다'라는 뜻으로 유사구문으로 '把A当作B/把A看成B/把A视为B'가 있다. '把'대신 '将'을 쓸 수도 있다.
  - 예) 中国明年将扩内需作为经济发展的战略基点

- **与∼相比** '∼와 비교하다'라는 뜻의 비교구문으로 문장 맨 앞 혹은 중간에 위치할 수 있다.
  - 예) 与前两个季度相比，湖北人在第三季度更舍得花钱 / 因为中国的人均GDP与欧美等发达国家相比还有至少50年의 差距

- **从A到B再到C** 'A에서부터 B, 그리고 C까지'라는 뜻으로 나타내고자 하는 범위를 세 단계로 나눠 언급할 때 사용한다. 나타내고자 하는 범위가 두 단계일 때는 '从A到B'를 사용한다.
  - 예) 电子礼品卡可供选择的商品很多，从智能手机、品牌包、钢笔到高档酒店健身券

- **加大∼力度** '∼(역량)을 강화하다'라는 뜻이다.
  - 예) 美国加大打击网络恐怖活动的力度 미국이 사이버 테러 소탕 역량을 강화하다
  - 加大对企业财务的监管力度 기업 재무에 대한 관리감독을 강화하다

제목 :

2013年全球恐爆粮荒 粮食供需逼临界点

◆ 단어 (词语)

粮荒 liánghuāng 식량난 | 热浪 rèlàng 폭염 | 旱灾 hànzāi 가뭄재해 | 反常气候 fǎnchángqìhòu 이상기후 | 乌克兰 Wūkèlán 우크라이나 | 联合国 liánhéguó 유엔(UN) | 入不敷出 rùbùfūchū 수입보다 지출이 많다 | 好比 hǎobǐ 마치 ~와 같다 | 角力 juélì 힘을 겨루다 | 仅够 jǐngòu 간신히 ~할 정도다 | 用作 yòngzuò ~로 쓰다 | 生物燃料 shēngwùránliào 바이오연료 | 连带 liándài 서로 관련되다 | 翻番 fānfān 배로 늘다 | 升幅 shēngfú 상승폭 | 小麦 xiǎomài 밀 | 迫近 pòjìn 임박하다 | 地球政策研究中心 dìqiúzhèngcèyánjiūzhōngxīn 지구정책연구소(EPI) | 供需 gōngxū 수급 | 临界点 línjièdiǎn 임계점 | 牲畜 shēngchù 가축 | 稻米 dàomǐ 쌀 | 倍增 bèizēng 배로 증가하다 | 饥荒 jīhuang 기근 | 地缘政治 dìyuánzhèngzhì 지정학 | 全球变暖 quánqiúbiànnuǎn 지구온난화 | 波幅 bōfú 변동폭 | 联合国粮食及农业组织 liánhéguóliángshijínóngyèzǔzhī 유엔식량농업기구(FAO) | 期货 qīhuò 선물(先物)

◆ 핵심구문 (核心短语)

- **受~影响** '~의 영향을 받다'라는 뜻으로 '受+영향을 주는 주체+影响' 형식으로 사용한다. '深受~影响'은 '~의 영향을 크게 받다'라는 뜻이다. 예) 受遗传的影响 / 深受儒家文化的影响

- **恐** ① '아마도'라는 뜻의 부사로 부정적인 결과를 염려할 때 사용한다. 예) 日本年末恐爆发大规模传染病
  ② '두려워하다/놀래주다/위협하다'라는 뜻의 동사로 주로 '恐怖/恐惧/恐慌/恐吓'처럼 다른 어휘와 결합해 사용한다.

- **以A为B** 'A를 B로 하다'라는 뜻으로 '以A为核心/以A为例/以A为主/以A为首/以A为契机' 등 다양한 형식으로 사용한다.
  예) 以提高质量为核心 / 以欧洲发达国家为例 / 新一轮以韩剧和偶像组合为主的"韩流"来到中国 / 以习近平为首的新一届领导班子 / 中国以举办奥运会为契机成为国际性文化大国

- **翻了~番** '수량이 ~배로 늘다'라는 뜻으로 '~'에 들어가는 숫자를 2의 제곱 승에 넣어 계산하면 된다.
  예) 翻一番 2배가 되다 / 翻两番 4배가 되다 / 翻三番 8배가 되다

제목 :

中韩都应珍惜20年来的不易

◆ 단어 (词语)

建交 jiànjiāo 국교를 수립하다 | 平壤 Píngrǎng 평양 | 二战 Èrzhàn 제2차 세계대전 | 贫乏 pínfá 부족하다 | 荒敝 huāngbì 황폐하다 | 人均国民收入 rénjūnguómínshōurù 1인당 국민소득 | 中等强国 zhōngděngqiángguó 중강국 | 软实力 ruǎnshílì 소프트파워 | 优越感 yōuyuègǎn 우월감 | 显微镜 xiǎnwēijìng 현미경 | 放大镜 fàngdàjìng 돋보기 | 近邻 jìnlín 이웃 나라 | 求同存异 qiútóngcúnyì 구동존이(같은 점을 추구하되 차이점을 인정하다) | 浴血奋战 yùxuèfènzhàn 처절하게 싸우다 | 抗击 kàngjī 저항하며 반격하다 | 反叛 fǎnpàn 모반하다 | 尽到责任 jìndàozérèn 책임을 다하다 | 撤兵 chèbīng 철군하다 | 驻守 zhùshǒu 주둔하여 지키다 | 切忌 qièjì 절대 삼가다 | 短视 duǎnshì 근시안적이다 | 有机可乘 yǒujīkěchéng 비집고 들어갈 틈이 있다 | 呵护 hēhù 보호하다 | 源远流长 yuányuǎnliúcháng 아득히 멀고 오래다

◆ 핵심구문 (核心短语)

- **了解/理解** 둘 다 '이해하다'라는 뜻이지만 '了解'는 상황(情况)을 정확히 이해하는 것을 나타내고 '理解'는 심정(心情)을 헤아리는 것을 나타낸다. 이 밖에 '了解'는 '조사하다/알아내다(打听)'라는 뜻도 있다.
  예) 我不了解具体情况 / 只有我能理解他的心情 / 据记者了解，央行决定维持基准利率不变

- **从A趋向B** '从'은 '~부터/~을 기점으로'라는 뜻의 개사(介词)이고 '趋向'은 '(어떤 방향으로) 나아가다'라는 뜻의 동사다. 어떤 상황이나 추세가 A에서 B로 전개되고 있음을 나타낸다.
  예) 市场心态还会从谨慎趋向乐观

- **应~邀请** '~의 초청에 응하다'라는 뜻이다.
  예) 应中国国家主席邀请，韩国总统将访问中国

- **掌握/把握** 둘 다 '파악하다'라는 뜻이지만 용법이 다소 다르다.
  '掌握'는 '장악하다/숙달하다/파악하다'라는 뜻으로 '政权/技术/语言/情况/命运' 등과 주로 호응한다.
  '把握'는 주로 추상적인 것을 파악할 때 사용한다. ① '포착하다/꽉 움켜쥐다/파악하다/장악하다'라는 뜻의 동사로 '机会/时机/本质/武器' 등과 주로 호응한다. ② '(성공에 대한) 자신/가망'이라는 뜻의 명사로 사용되기도 한다.
  예) 我很有把握可以在七月瘦到52公斤

- **从长远角度来看** '장기적으로 보면/장기적으로 볼 때'라는 뜻이다. 여기서 '从~来看'은 '~에서 보면'이라는 뜻으로 주로 어떤 시각/입장/관점에서 볼 때 사용한다.
  예) 从长期来看 / 从中期来看 / 从短期来看

제목 :

巴以，流血越多仇越深

◆ 단어(词语)

以色列 Yǐsèliè 이스라엘 | 加沙地带 Jiāshādìdài 가자지구 | 防务之柱 fángwùzhīzhù 방어 기둥 | 哈马斯 hāmǎsī 하마스 | 定点清除 dìngdiǎnqīngchú 표적살해 | 征召 zhēngzhào 소집하다 | 预备役 yùbèiyì 예비역 | 巴勒斯坦 Bālèsītǎn 팔레스타인 | 沉寂 chénjì 고요하다 | 老路 lǎolù 옛길/낡은 방법 | 鹰派 yīngpài 강경파 | 叙利亚 Xùlìyà 시리아 | 巴沙尔 Bāshā'ěr 바샤르 (알 아사드) | 磨难 mónàn 고난 | 摇摇欲坠 yáoyáoyùzhuì 정세가 위태롭다 | 伊朗 Yīlǎng 이란 | 黎巴嫩 Líbānèn 레바논 | 真主党 zhēnzhǔdǎng 헤즈볼라 | 波斯湾 Bōsīwān 페르시아만/걸프만 | 推翻 tuīfān 전복시키다 | 分崩离析 fēnbēnglíxī 뿔뿔이 흩어지다 | 伊斯兰教 yīsīlánjiào 이슬람교 | 奥巴马 Àobāmǎ (버락) 오바마 | 无暇顾及 wúxiáqùjí 돌볼 겨를이 없다 | 堪称 kānchēng ~라고 할 만하다 | 天赐良机 tiāncìliángjī 하늘이 내려준 기회 | 巴以 BāYǐ 팔레스타인과 이스라엘 | 积年 jīnián 오랜 세월 | 圣经 shèngjīng 성경 | 古兰经 gǔlánjīng 코란 | 记载 jìzai 기재(하다) | 犹太人 yóutàirén 유대인 | 戈兰高地 Gēlángāodì 골란고원 | 生长 shēngzhǎng 자라다 | 吊瓶 diàopíng 링거 | 角铁 jiǎotiě 꺾쇠/앵글 | 啃 kěn 뜯어 먹다 | 折损 zhésǔn 손상되다 | 人体炸弹 réntǐzhàdàn 인간폭탄

◆ 핵심구문(核心短语)

- **对A发动B** 'A에게 B를 일으키다'라는 뜻으로 B에 주로 '**战争/打击/攻击/袭击**' 등이 수반된다.
  예) 十年前，美国对伊拉克发动了战争 / 很多专家纷纷猜测朝鲜有可能在什么时间对韩国发动军事袭击

- **接着** ① '이어서'라는 뜻의 부사로 동작이 이어서 발생할 때 사용한다. 예) 窗帘首先着了火，接着被单也着火了
  ② '뒤따르다'라는 뜻의 동사다. 예) 生活就是一个七天接着一个七天

- **被认为** '~로 여기다'라는 뜻의 피동문이다. 유사구문으로 '**被视为/被看成/被当作**'가 있다.

- **得以** '~할 수 있다'라는 뜻의 조동사로 기회를 빌려서 혹은 무엇에 힘입어 어떤 일을 할 수 있을 때 사용한다. '**得以**'만 단독으로 사용할 수 없고 뒤에 이음절 동사가 수반된다.
  예) 由于老师的帮助，我们得以成功 / 该问题几经长时间的讨论才得以解决

- **源于** '~에서 비롯되다'라는 뜻의 동사로 근원·기원·출처를 나타낼 때 사용한다. 유사구문으로 '**来源于/源自(于)**'가 있다.

- **越A，越B** 'A하면 할수록 B하다'라는 뜻으로 여기서 '**越A**'는 '**越B**'의 전제조건이다. A가 변화하는 것에 따라 B가 변화하는 것을 나타낼 때 사용한다. 주의할 점은 A와 B 앞에 오는 주어가 동일하지 않을 경우, 특히 주어가 긴 문장에서는 '**越B**' 앞에 '**就**'를 넣어야 한다. 하지만 주어가 짧은 경우에는 '**就**'를 생략해도 된다.
  예) 吸烟年龄越早，身体受到的危害就越大 / 他越这样，我越讨厌他

제목 :

朝鲜半岛和平稳定须标本兼治

◆ 단어 (词语)

重启 chóngqǐ 재개하다 | 六方会谈 liùfānghuìtán 6자회담 | 显而易见 xiǎn'éryìjiàn 분명하다 | 双边 shuāngbiān 쌍방 | 签署 qiānshǔ 체결하다 | 挑衅行为 tiǎoxìnxíngwéi 도발행위 | 克制 kèzhì 자제하다 | 着眼大局 zhuóyǎndàjú 대국적으로 생각하다 | 信守 xìnshǒu 성실히 지키다 | 框架 kuàngjià 프레임 | 标本兼治 biāoběnjiānzhì 근본적인 것과 표면적인 것을 모두 해결하다 | 无核化 wúhéhuà 비핵화 | 和平安全机制 hépíng'ānquánjīzhì 평화안보체제 | 缔造 dìzào 창건하다 | 机制 jīzhì 체제/메커니즘 | 不容 bùróng 허락하지 않다 | 长治久安 chángzhìjiǔ'ān 장기적인 사회안정

◆ 핵심구문 (核心短语)

· 尽管A，但B '비록 A지만 B이다'라는 뜻으로 선행절과 후속절이 전환(**转折**)관계일 때 사용하는 접속사(**连词**) 구문이다. '**尽管**'은 후속절의 '**但是/可是/然而/还/也**' 등과 호응한다.

· 如果A，就B '만약 A라면 B이다'라는 뜻으로 가정문 접속사 구문이다. '**如果**'는 후속절의 '**那么/就/便/则**' 등과 호응하며 이때 '**如果**'는 생략할 수 있다. '**如果**'는 주로 문장 맨 앞에 위치하지만 주어 뒤에 위치할 수도 있다. 그리고 '**如果**'가 이끄는 절(**小句**)끝에 '**~的话**'를 덧붙일 수 있다. '**如果**'의 유사어로 '**要是/假如**' 등이 있다.
  예) 如果你上课时认真听讲了，就一定会做这道数学题 / 你如果现在不马上消毒，伤口就一定会发炎 / 如果当时他能够悬崖勒马的话，就不会走到今天了

· 让 여러 가지 용법이 있는데 여기서는 사역동사의 용법만 살펴보겠다. 사역동사일 때는 '~에게 ~하도록 하다'라는 뜻으로 겸어문에서 첫 번째 동사(사역동사) 뒤에 나오는 주체가 두 번째 동사의 주어 역할을 한다.
  예) 他的话让我十分生气 ('我'가 '让'의 빈어(**宾语**)이면서 '**十分生气**'의 주어 역할을 한다.)
  그 밖에 사역용법의 동사로는 '**使/叫/请/令/派/逼/促使/命令/强迫/要求/发动**' 등이 있다.

· 只 여러 가지 용법이 있는데 여기서는 부사적 용법만 살펴보겠다. 부사 '只'는 크게 두 가지 용법이 있다.
  ① '단지/오직/다만'이라는 뜻으로 동사 앞에 위치한다. **예)** 他们只花23万元就买到了别墅
  ② '오직 ~밖에 없다/오직~만이'라는 뜻으로 명사 앞에 위치해 사물의 수량이나 종류를 제한한다. '只' 뒤에 '**有/是**' 등의 동사가 있는 것과 같다. **예)** 路上只我一个人 / 只你一个人去，行吗？

제목 :

伊拉克战争后遗症值得警惕

◆ 단어 (词语)

伊拉克 Yīlākè 이라크 | **连环** liánhuán 연쇄/연재 | **死伤** sǐshāng 사상/사상자 | **血腥** xuèxīng 피비린내 | **基地组织** jīdìzǔzhī 알 카에다 | **反政府武装** fǎnzhèngfǔwǔzhuāng 반정부무장세력 | **萨达姆** Sàdámǔ 사담 (후세인) | **撤军** chèjūn 철군하다 | **卷土重来** juǎntǔchónglái 권토중래하다 | **极端主义** jíduānzhǔyì 극단주의 | **西亚** Xīyà 서아시아 | **北非** Běifēi 북아프리카 | **也门** Yěmén 예멘 | **攻城略地** gōngchénglüèdì 공격해 점령하다 | **孤注一掷** gūzhùyīzhì 올인하다/승부수를 던지다 | **样板** yàngbǎn 본보기 | **时至今日** shízhìjīnrì 지금에 이르러 | **隐患** yǐnhuàn 우환 | **战争后遗症** zhànzhēnghòuyízhèng 전쟁 후유증 | **环环相扣** huánhuánxiāngkòu 밀접하게 연결되어 있다

◆ 핵심구문 (核心短语)

- **乃至** '더 나아가/심지어'라는 뜻의 접속사이며 '乃至于'로 쓰기도 한다.
  예) 北韩拥核对中国乃至东北亚构成威胁

- **前/后** '在~前/在~后'에서 '在'가 생략된 구문으로 '~하기 전/~한 후'라는 뜻이다.
  예) 美国发动伊拉克战争前 / 2003年美国发动伊拉克战争后

- **倒是** '오히려/의외로'라는 뜻의 부사로 일반적인 상황과 상반된 일이 발생했을 때 사용한다.

- **为了** '~을 위하여'라는 뜻의 개사(介词)로 목적을 나타낸다. '为'도 거의 비슷한 용법이지만 다소 다르게 사용되기 때문에 주의해야 한다. 둘 다 동작의 목적·동기를 나타낼 때 사용할 수 있고 모두 명사를 수반할 수 있다. 그러나 '为了'는 강조의 의미가 있어 주로 주어 앞에 오며 동사를 수반할 수 있는 반면 '为'는 일반적으로 술어(谓语) 앞에 오며 동사를 수반하지 못한다.
  예) 我为了你买了蛋糕 (O) / 我为你买了蛋糕 (O) / 我为了考上大学努力学习 (O) / 我为考上大学努力学习 (X)

- **不仅A，也B** 'A뿐만 아니라 B이다'라는 뜻의 접속사(连词) 구문이다.

- **以服务于** '~을 위해 이바지하다'라는 뜻으로 헌신을 하는 대상이 '于' 뒤에 수반된다. '以'는 여기서 접속사로 목적이나 결과를 나타낸다.
  예) 加强对疫情的检测力度，以服务于畜牧业的发展

제목 :

韩国丽水世博会落下帷幕

◆ 단어 (词语)

世界博览会 shìjièbólǎnhuì 세계박람회/엑스포 | 组委会 zǔwěihuì 조직위원회/조직위 | 世博园区 shìbóyuánqū 박람회장 | 闭幕仪式 bìmùyíshì 폐막식 | 联合国秘书长 liánhéguómìshūzhǎng 유엔 사무총장 | 潘基文 Pānjīwén 반기문 | 国际展览局 guójìzhǎnlǎnjú 국제박람회기구(BIE) | 火车头 huǒchētóu 기관차/견인차 | 可持续发展 kěchíxùfāzhǎn 지속 가능한 발전 | 丽水宣言 Lìshuǐxuānyán 여수선언 | 海啸 hǎixiào 쓰나미 | 大田世博会 Dàtiánshìbóhuì 대전세계박람회/대전엑스포 | 生机勃勃的海洋与海岸 shēngjībóbódehǎiyángyǔhǎi'àn 살아있는 바다, 숨 쉬는 연안 | 展馆 zhǎnguǎn 전시관 | 人次 réncì 연인원/명 | 基础设施 jīchǔshèshī 기반시설/인프라

◆ 핵심구문 (核心短语)

- **为期** '～을 기한으로 하다'라는 뜻으로 뒤에 시일이 온다. 주로 방문 · 여행 · 대회 · 회의 등이 진행되는 기간을 나타낼 때 사용한다.
  - 예) 韩国总统朴槿惠对中国进行为期三天的访问

- **落下帷幕** '막을 내리다/폐막하다'라는 뜻으로 '闭幕'라고도 한다. '막을 올리다/개막하다'는 '拉开帷幕/开幕'라고 한다.

- **有望** '가능성이 있다'라는 뜻으로 긍정적 · 희망적인 상황이 일어날 것으로 예측될 때 사용한다.
  - 예) 2030年印尼有望成为世界经济七强之一 (O) / 韩国国内生产总值有望降至1% (X)

- **为A作出B努力** 'A를 위해 B의 노력을 하다'라는 뜻으로 B에 주로 노력의 성질 혹은 정도가 온다.
  - 예) 中方呼吁日本为对话处理有关问题作出切实努力
  - 我们愿同联合国加强交流合作，为促进非洲及世界和平与发展作出更多努力

- **取得成功** '성공을 거두다'라는 뜻으로 아무런 차질 없이 성공을 거뒀을 때 '成功' 앞에 '圆满'을 첨가한다.

- **以～为契机** '～을 계기로'라는 뜻으로 어떤 동기 혹은 기회를 계기로 어떤 일을 하게 되는 것을 나타낼 때 사용한다.
  - 예) 安倍欲以朴槿惠上台为契机着手恢复日韩关系

- **继～之后** '～에 이어'라는 뜻으로 어떤 일이 순서대로 이어서 발생하거나 혹은 어떤 것을 순서대로 나열해 언급할 때 사용하며 1개 이상의 기준이 온다.
  - 예) 继韩国后，日本也爆发禽流感疫情
  - 中国将超过德国，成为继美国和日本之后的世界第三大汽车市场

제목 :

韩国媒体高度评价伦敦奥运会及韩国取得的成绩

◆ 단어 (词语)

盛宴 shèngyàn 큰 잔치 | 伦敦奥运会 Lúndūn'àoyùnhuì 런던올림픽 | 韩联社 Hánliánshè 연합뉴스 | 主办城市 zhǔbànchéngshì 개최도시 | 巴西 Bāxī 브라질 | 里约热内卢 Lǐyuērènèilú 리우데자네이루 | 教练 jiàoliàn 감독/코치 | 综合排名 zōnghépáimíng 종합순위 | 男足国奥队 nánzúguó'àoduì 올림픽 남자축구대표팀 | 铜牌争夺赛 tóngpáizhēngduósài 동메달 결정전 | 夙敌 sùdí 숙적 | 奖牌 jiǎngpái 메달 | 引人瞩目 yǐnrénzhǔmù 이목을 끌다 | 击剑 jījiàn 펜싱 | 体操 tǐcāo 체조 | 一一 yīyī 하나하나 | 壁垒 bìlěi 장벽 | 金牌 jīnpái 금메달 | 堂堂正正 tángtángzhèngzhèng 정정당당하다

◆ 핵심구문 (核心短语)

- 给予 '주다'라는 뜻의 동사로 뒤에 이음절 행위 명사가 수반된다. 예) 给予帮助 / 给予支持

- 被~所 '中日韩自由贸易区'에서 '被'의 용법에 대하여 언급한 바 있다. 여기서는 '被~所'에 대해서 살펴보겠다.
   ① '所'가 쓰이면 피동의 뜻이 더욱 명확해진다. 이때 동사는 다른 성분을 수반하지 않는다. 예) 我们都被老师的话所感动
   ② 이음절 동사 앞에서는 '所'가 생략되나 단음절 동사가 수반될 때는 생략이 불가능하다. 예) 大多数伟人都死后才被世人所知
   ③ '被~所'에서 '被'를 '为(wéi)'로도 쓸 수 있다. 예) 健康一直为大家所关注

- 仿佛 '마치 ~인 것 같다'라는 뜻의 부사와 '비슷하다'라는 뜻의 형용사로 쓰인다.
   예) 他干起活来仿佛不知道什么是疲倦 (부사)
   　　他的模样还和十年前相仿佛 (형용사)

- 向/向着 '~을 향하여'라는 뜻의 개사(介词)로 동작의 방향을 나타낸다. 유사한 개사로 '对/朝'가 있다.

- 地 조사 '地'와 '的'의 용법에 대하여 살펴보자.
   '地'는 '부사어(状语)+地+동사' 순서로 쓰인다.
   ① 시간·장소·대상·범위·목적·정도 등을 제한할 때 사용한다. 예) 妈妈的心被这件事深深地刺痛了
   ② 동작자 혹은 동작을 묘사할 때 사용한다. 예) 今天女儿高高兴兴地去了幼儿园
   '的'는 '관형어(定语)+的+명사' 순서로 쓰인다. 예) 前面的路口，向左转就到学校了 / 一直向着北斗星的方向走，就能找到家了
   단. 중심어 역할을 하는 명사 앞에 친족이나 소속 기관이 올 때 '的'가 생략된다. 예) 我父亲 / 我们公司

- 却 '~이기는 하지만'이라는 뜻의 부사로 선행절과 후속절의 전환(转折)관계를 나타낼 때 쓰인다. '但是/可是/不过/然而/而'과 같이 쓰이기도 한다. 예) 本来想要早上班，但是却因闹钟没响而迟到了

제목 :

《江南Style》 为何这么火?

◆ 단어(词语)

神曲 shénqǔ 신곡(단테의 서사시)/히트곡 | 层出不穷 céngchūbùqióng 끊임없이 나타나다 | 榜单 bǎngdān 차트/리스트 | 欧美 ŌuMěi 구미(欧美) | 骑马舞 qímǎwǔ 말춤 | 范儿 fàn'ér 스타일 | 朴载相 Piáozàixiāng 박재상 | 伯克利大学 Bókèlìdàxué 버클리대학 | 节奏 jiézòu 리듬 | 风靡 fēngmǐ 풍미하다 | 排行榜 páihángbǎng 순위 차트 | 点击 diǎnjī 클릭하다 | 上传 shàngchuán 업로드하다 | 视频 shìpín 동영상 | 粉丝 fěnsī 당면/팬 | 神话组合 Shénhuàzǔhé (아이돌그룹) 신화 | 张东健 Zhāngdōngjiàn 장동건 | 金秀路 Jīnxiùlù 김수로 | 布兰妮 Bùlánnī 브리트니 (스피어스) | 脱口秀 tuōkǒuxiù 토크쇼 | 名气大震 míngqìdàzhèn 명성을 떨치다 | 售罄 shòuqìng 매진되다 | 代言 dàiyán 대변하다/광고모델을 하다 | 百度 Bǎidù 바이두(百度) | 贴吧 Tiēbā 톄바(贴吧·바이두의 커뮤니티 서비스) | 爆红 bàohóng 폭발적인 인기가 있다 | 拌饭 bànfàn 비빔밥 | 土里土气 tǔlitǔqì 촌스럽다 | 亮点 liàngdiǎn 하이라이트

◆ 핵심구문(核心短语)

- **登上首位** '1위에 오르다/1위를 차지하다'라는 뜻으로 유사구문으로 '**名列第一/排在第一(位)/位居榜首/登上第一宝座/获得第一名**' 등이 있다.

- **毕业/毕业于** '졸업하다'라는 뜻의 동사다. '**毕业**'는 뒤에 빈어(宾语)가 올 수 없지만 '**毕业于**'는 뒤에 빈어를 수반한다.
  - **예) 大学毕业后的一年最为关键** (O) / **他毕业于耶鲁大学** (O) / **他毕业耶鲁大学** (X)

- **向~学习** '~에게 배우다/~에게 본받다'라는 뜻으로 이와 유사구문으로 '**跟~学习**'가 있다.

- **在接受采访时** '인터뷰 할 때/인터뷰에서'라는 뜻이다. '**在接受~(的)采访时**'는 '~와의 인터뷰에서'라는 뜻으로 '**接受+媒体/记者/电视台/杂志+(的)采访**'의 형식으로 쓴다.

제목 :

韩暴力犯罪频发 八成民众慨叹社会越发恐怖

◆ 단어 (词语)

刊登 kāndēng 게재하다 | 标题 biāotí 표제 | 不寒而栗 bùhán'érlì 몹시 두려워하다 | 受访者 shòufǎngzhě 응답자 | 堕落 duòluò 타락하다 | 水原市 Shuǐyuánshì 수원시 | 奸杀 jiānshā 강간 살해하다 | 屡见报端 lǚjiànbàoduān 신문지상에 자주 보이다 | 恐惧 kǒngjù 겁먹다 | 多元文化社会 duōyuánwénhuàshèhuì 다문화 사회 | 防身工具 fángshēngōngjù 호신용품 | 做样子 zuòyàngzi 모양새를 내다 | 酒后暴力 jiǔhòubàolì 주취폭력 | 慨叹 kǎitàn 개탄하다 | 闲逛 xiánguàng 한가로이 돌아다니다 | 满口 mǎnkǒu 말끝마다 | 痴迷 chīmí 푹 빠지다 | 渲染 xuànrǎn 과장하다 | 滋生 zīshēng 번식하다/일으키다

◆ 핵심구문 (核心短语)

- **越来越~** '갈수록 ~하다'라는 뜻으로 시간 변화에 따른 정도의 증가를 나타낸다. 뒤에 형용사가 오며 동사는 올 수 없다. 유사어지만 동사와도 호응하는 단어로는 '日益/日趋/日渐' 등이 있다.
  - 예) 越来越多 (O) / 越来越低 (O) / 越来越增加 (X) / 越来越减少 (X) / 日益增加 (O) / 日益减少 (O) / 日趋增加 (O) / 日趋减少 (O)

- **针对A进行B调查** 'A를 대상으로 B를 조사하다'라는 뜻으로 유사구문으로 '对A进行B调查/以A为对象，进行B调查'가 있다.
  - 예) 韩国农村经济研究院针对韩国500名青少年进行饮食现状的问卷调查
    韩国农村经济研究院对韩国500名青少年进行饮食现状的问卷调查
    韩国农村经济研究院以韩国500名青少年为对象，进行饮食现状的问卷调查

제목 :

韩大学欲推"半价学费"不容易

◆ 단어 (词语)

欲推 yùtuī 추진하려 하다 | 评述 píngshù 논평(하다) | 经合组织 jīnghézǔzhī 경제협력개발기구(OECD) | 远远 yuǎnyuǎn 멀리/훨씬 | 人均 rénjūn 1인당 평균 | 年平均 niánpíngjūn 연 평균 | 相对而言 xiāngduì'éryán 상대적으로 | 可想而知 kěxiǎng'érzhī 가히 짐작할 수 있다 | 苦不堪言 kǔbùkānyán 고통을 말로 다 표현할 수 없다 | 课外补习费 kèwàibǔxífèi 사교육비 | 血本 xuèběn 본전 | 筹集 chóují 마련하다 | 房租 fángzū 집세 | 举债 jǔzhài 돈을 빌리다 | 贷款 dàikuǎn 대출(하다) | 数额 shù'é 액수 | 前一年 qiányīnián 전년 | 借款 jièkuǎn 돈을 빌리다 | 半价学费 bànjiàxuéfèi 반값등록금 | 候选人 hòuxuǎnrén 후보자 | 免费午餐 miǎnfèiwǔcān 무상급식

◆ 핵심구문 (核心短语)

- **承受不住** '감당하지 못하다'라는 뜻으로 여기서 '**不住**'는 가능보어이다. 가능보어 역할을 하는 '**不住**'는 동사 뒤에 쓰여 동작을 실현할 수 없거나 동작의 불안정 혹은 불확실함을 나타낸다. 예) 停不住 / 熬不住 / 拿不住 / 站不住 / 坚持不住

- **又/再/还/也** '또/다시'라는 뜻으로 모두 빈도와 중복을 나타내는 부사이나 용법이 다소 다르다.
  - '**又**' ① 동작이나 상태가 반복되어 일어남을 나타낸다. 예) 我今天又来了 / 喝了又喝
  - ② 동작의 주체가 중복되었음을 나타낸다. 예) 他又来了 / 怎么又是你?
  - ③ 앞뒤 문장의 역접을 강조한다. 예) 你刚说怕胖就又吃东西，到底想不想减肥?
  - '**再**' ① '다시'라는 뜻으로 미래에 중복되는 동작이나 상태를 나타낸다. 예) 我明天再来
  - ② '~한 후'라는 뜻으로 한 동작이 끝난 후 다른 동작이 이어지는 것을 나타낸다. 예) 下完课再去
  - ③ '다시'라는 뜻으로 계속의 의미를 나타낸다. 예) 我不想再干家务了
  - ④ '만약 다시 ~한다면'이라는 뜻으로 가정을 나타낸다. 예) 朝鲜再核试，一定会被国际社会所孤立
  - ⑤ '설사 ~한다 해도'라는 뜻으로 '**也**'와 '**还是**' 등과 호응한다. 예) 天资聪慧的孩子再不怎么努力，也差不到哪里去
  - '**还**' ① '또/다시'라는 뜻으로 미래에 중복되는 동작이나 상태를 나타낸다. 예) 我明天还来
  - ② '여전히'라는 뜻을 나타낸다. 예) 她还那么漂亮
  - ③ '그 밖에'라는 뜻을 나타낸다. 예) 我除了学汉语还学英语
  - '**也**' ① '~도'라는 뜻으로 두 가지 동작이나 상태가 중복됨을 나타낸다. 예) 他也迟到了
  - ② '~하더라도'라는 뜻으로 가정의 성립 여부에 상관없이 결과가 같음을 나타낸다. 예) 虽然你不说，我也知道

- **给** ① '주다'라는 뜻의 동사로 '**给**+간접목적어+직접목적어' 순서로 쓰인다. 예) 老师给我一本书
  - ② 동작이나 태도를 상대방에서 가할 때 쓰인다. 예) 给他一记耳光
  - ③ '허용하다'라는 뜻의 동사로 쓰인다. '**让**', '**叫**'의 용법과 유사하다. 예) 看着小蝴蝶，别给飞了
  - ④ '**为**'의 의미로 쓰이며 '**给**' 뒤에 동작의 대상이 온다. 예) 给大家帮忙 / 把门给我关上
  - ⑤ '**被**'의 의미로 쓰여 당함을 나타낸다. 예) 房子给火烧掉了
  - ⑥ '공급하다'라는 뜻일 때는 'jǐ'로 발음한다. 예) 自给自足

제목 :

韩国连续8年自杀率第一 性犯罪和贫困是主因

◆ 단어(词语)

世界卫生组织 shìjièwèishēngzǔzhī 세계보건기구(WHO) | 国际自杀预防协会 guójìzìshāyùfángxiéhuì 국제자살예방협회(IASP) | 世界预防自杀日 shìjièyùfángzìshārì 세계자살예방의 날 | 成员国 chéngyuánguó 회원국 | 居高不下 jūgāobùxià 고공행진 | 抑郁症 yìyùzhèng 우울증 | 压垮 yākuǎ 눌려서 무너지다 | 心理防线 xīnlǐfángxiàn 심리적 방어선 | 稻草 dàocǎo 볏짚 | 常年 chángnián 장기간 | 探讨 tàntǎo 연구 토론하다 | 化学阉割 huàxuéyāngē 화학적 거세 | 积病 jībìng 오래된 병 | 可见一斑 kějiànyībān 일부를 통해 전체를 짐작할 수 있다 | 折射 zhéshè 반영하다 | 冰冻三尺非一日之寒 bīngdòngsānchǐfēiyīrìzhīhán 오랜 시간 동안 누적된 결과이다 | 报以 bàoyǐ 주다 | 近邻 jìnlín 가까운 이웃

◆ 핵심구문(核心短语)

- **就** 여러 가지 용법이 있다.
  ① 수량의 많고 적음을 나타낸다. '就'를 약하게 발음하고 주어를 강하게 발음할 때 수량이 많다는 것을 의미한다. 이때 동사는 생략 가능하다. 원문 '仅2010年韩国一年的自杀人数就达15566人'에서 '就'는 자살자 수가 많다는 것을 강조한다.
    예) 考上的人不少，我们班就考上了30多人
    이와 반대로 '就'를 강하게 읽으면 수량이 적다는 것을 뜻한다. 예) 我就有一个小小的问题
  ② 시간이 이르거나 짧은 것을 강조할 때 쓰인다. 예) 你怎么七点就来了 (时间早) / 你怎么一会儿就买到了 (时间短)
  ③ 나이가 어린 것을 강조할 때 쓰인다. 예) 我女儿不到一岁就会说话了
  이와 비슷한 용법으로 쓰이는 '才'와 '都'도 함께 살펴보자. '才'도 여러 가지 용법이 있다.
  ① 시간이 이르거나 늦은 것을 강조한다. '才'가 시간사 앞에 놓이면 시간이 이른 것을 '才'가 시간사 뒤에 놓이면 시간이 늦음을 나타낸다. 예) 才八点, 你怎么就上班了 (时间早) / 八点才上课 (时间晚)
  ② 시간이 짧거나 긴 것을 강조한다. 예) 烫发才一周就没效果了 (时间短) / 我排了半天队才买到 (时间长)
  ③ 나이가 적고 많음을 강조한다. 예) 才20岁了, 就生了孩子 (年龄小) / 那个孩子一直到五岁才会说话 (年龄大)
  ④ 수량이 적고 많음을 강조한다. '才'가 수량사 앞에 놓이면 수량이 적은 것을 '才'가 수량사 뒤에 놓이면 수량이 많음을 나타낸다.
    예) 才一件毛衣, 不够穿的 (数量少) / 我打了十多个电话, 才跟他打通了电话 (数量多)
  이번에는 '都'의 용법을 살펴보자.
  ① 시간이 늦었음을 강조한다. 예) 都晚上12点了, 老公还没回家
  ② 시간이 길었음을 강조한다. 예) 都半年了, 他还没还钱
  ③ 나이가 많음을 강조한다. 예) 他都40岁了, 还没结婚
  ④ 수량이 많음을 강조한다. 예) 都六百字了, 不用再写了

- **将A描述成B** 'A를 B로 묘사하다'라는 뜻이다. 예) 该报文章中将被告人描述成一个罪魁祸首

- **除此之外** '이외에도/이 밖에'라는 뜻이다. '除了~外/除了~以外/除了~而外' 등으로 사용되며 '了'는 생략 가능하다.

제목 :

韩媒称韩国正式跻身"发达国家"行列

◆ 단어 (词语)

跻身 jīshēn 들어서다 | 20-50俱乐部 èrlíngwǔlíngjùlèbù 20-50클럽 | 例行 lìxíng 관례대로 행하다 | 意大利 Yìdàlì 이탈리아 | 跨过 kuàguò 뛰어넘다 | 两德 liǎngdé 동독과 서독 | 诺贝尔经济学奖 nuòbèi'ěrjīngjìxuéjiǎng 노벨경제학상 | 得主 dézhǔ 수상자 | 芝加哥大学 Zhījiāgēdàxué 시카고대학 | 罗伯特·卢卡斯 Luóbótè·Lúkǎsī 로버트 루카스 | 社论 shèlùn 사설 | 加拿大 Jiānádà 캐나다 | 澳大利亚 Àodàlìyà 호주 | 俄罗斯 Éluósī 러시아 | 购买力评估 gòumǎilìpínggū 구매력평가(PPP) | 跨入 kuàrù 들어서다 | 衡量 héngliáng 가늠하다 | 划分 huàfēn 나누다

◆ 핵심구문 (核心短语)

- 于 개사(介词)로 여러 가지 용법이 있다.
  ① '在'의 용법으로 쓰인다. 예) 生于首尔 / 生于1978年
  ② '向'의 용법으로 쓰인다. 예) 问道于盲
  ③ '给'의 용법으로 쓰인다. 예) 嫁祸于人
  ④ '自/从'의 용법으로 쓰인다. 예) 青出于蓝
  ⑤ '对'의 용법으로 쓰인다. 예) 不满足于现状
  ⑥ 비교문의 용법으로 쓰인다. 예) 重于泰山

- 而 여러 가지 용법이 있다. 여기서는 순접과 역접의 용법만 살펴보겠다.
  ① 순접일 때는 '~고/~하면서'라는 뜻이다. 병렬관계의 형용사를 연결하거나 동사나 동사구(动词词组)를 연결하여 연이어지는 동작이나 점진적 관계를 나타낸다. 예) 大而强 / 学而时习之
  ② 역접일 때는 '~지만/~나'라는 뜻으로 형용사와 동사를 연결하며 명사는 연결할 수 없다. 절(小句)를 연결할 때는 후속절 첫머리에만 사용한다. 예) 你买的西瓜大而不甜 / 首尔已经春暖花开，而哈尔滨还是天寒地冻

- 比 '比'를 사용하는 비교급에 대해서 살펴보자.
  ① 'A 比 B + (차이를 나타내는) 형용사' 예) 我比她漂亮
  ② 'A 比 B + (차이를 나타내는) 형용사 + (수량이나 정도를 나타내는) 보충설명' 예) 我比他高三公分 / 我骑自行车骑得比你快多了
  ③ 'A 比 B + 비교를 나타내는 부사 + (차이를 나타내는) 형용사' 예) 今天比昨天更冷
  주의해야 할 점은 비교를 나타내는 부사로 '更/还' 등을 써야지 '很/非常/十分' 등의 정도부사는 쓸 수 없다.
  예) 你的汉语比我更好 (O) / 你的汉语比我很好 (X)
  ④ 부정문은 '不比'나 '没有'를 쓴다. 예) 我不比你高 (O) / 我比你不高 (X) / 我个子没有你高 (O)

- 称不上 '~라고 부를 수 없다'라는 뜻으로 자격에 못 미침을 의미한다. 예) 不能为社会解决问题的企业称不上伟大

- 以~为准 '~을 기준으로'라는 뜻으로 '以~为标准'으로 쓰기도 한다. 예) 他只是强调: "一切以官方消息为准。"

제목 :

结婚为何越来越晚

◆ 단어(词语)

京畿道 Jīngjīdào 경기도 | 家庭与妇女研究所 jiātíngyǔfùnǚyánjiūsuǒ 가족여성연구원 | 显著 xiǎnzhù 현저하다 | 日本厚生劳动省 Rìběnhòushēngláodòngshěng 일본 후생노동성 | 走俏 zǒuqiào 잘 팔리다 | 年龄段 niánlíngduàn 연령대 | 息息相关 xīxīxiāngguān 관계가 매우 밀접하다 | 奢侈品 shēchǐpǐn 사치품/명품 | 适婚 shìhūn 결혼적령기 | 稀缺资源 xīquēzīyuán 희소자원 | 人口普查 rénkǒupǔchá 인구센서스 | 伴随 bànsuí 수반하다 | 新生代 xīnshēngdài 신세대

◆ 핵심구문(核心短语)

- **先前** '종전/이전'이라는 뜻의 명사다. **예)** 他比先前胖多了 주의해야 할 점은 동사 뒤에서 시간을 나타낼 수 없다는 것이다.
  예) 喝酒先前要吃饭 (X)

- **会** 조동사(能愿动词)로 여러 가지 뜻이 있다.
  ① ～을 할 수 있다. **예)** 她会弹钢琴
  ② ～을 잘하다. **예)** 他很会说话
  ③ ～할 것이다/～할 가능성이 있다. **예)** 朝鲜半岛不会发生战争
  그 밖의 조동사를 살펴보자.
  ① 희망을 나타내는 조동사 **예)** 要/想/愿/愿意/情愿/肯/敢
  ② 가능을 나타내는 조동사 **예)** 可能/能/能够/可以/可/会
  ③ 필요를 나타내는 조동사 **예)** 应该/应/该/应当/得

- **了** 여러 가지 용법이 있다.
  ① '동사+了'는 발생 · 완료를 나타낸다.
  ② '문장 끝(句尾)+了'는 발생 · 완료 · 변화 · 지속을 나타낸다. **예)** 春天了 (변화) / 下了五个小时雨了 (지속)
  ③ 아직 동작이 발생하지 않았지만 곧 어떤 상황이 전개될 경우 '就～了/要～了/快～了'의 형식으로 쓰인다. **예)** 明天就结婚了
  ④ '동사+了'에서 '了'가 '掉'의 의미를 나타내기도 한다. **예)** 你把自行车卖了吗?
  그 밖에 '了'를 쓸 수 없는 경우를 살펴보자.
  ① '동사+보어' 중간에 쓸 수 없다. **예)** 听懂了 (O) / 听了懂 (X)
  ② 일상적으로 되풀이되는 단일 동작일 경우 쓸 수 없다. **예)** 我每次吃了饭就喝可乐 (O) / 我每天吃了饭 (X)
  ③ '동사+동사2'의 형식일 때 중간에 쓸 수 없다. **예)** 答应了比赛 (X) / 开始了讨论 (X)
  ④ 동사구나 절을 목적어로 취할 때 쓸 수 없다. **예)** 我同意去美国 (O) / 我同意了去美国 (X)
  ⑤ '没'와 함께 쓸 수 없다. **예)** 去年, 我没去中国 (O) / 去年, 我没去了中国 (X)

제목 :

校园暴力：花季之伤

◆ 단어 (词语)

花季 huājì 꽃다운 나이/사춘기｜大邱市 Dàqiūshì 대구시｜校园暴力 xiàoyuánbàolì 학교폭력｜举国 jǔguó 전국｜首尔 Shǒu'ěr 서울｜在校生 zàixiàoshēng 재학생｜文部科学省 wénbùkēxuéshěng 문부과학성｜欺凌 qīlíng 괴롭히다｜披露 pīlù 밝히다｜忧心 yōuxīn 걱정하다｜未成年人 wèichéngniánrén 미성년자｜残酷 cánkù 참혹하다｜创伤 chuāngshāng 상처｜平复 píngfù 회복되다｜根除 gēnchú 근절하다｜旨在 zhǐzài ～에 목적이 있다｜双班主任制 shuāngbānzhǔrènzhì 복수담임제｜严惩 yánchéng 엄중히 처벌하다｜停职 tíngzhí 정직시키다｜免职 miǎnzhí 면직하다｜革职 gézhí 파면하다｜隐瞒 yǐnmán 숨기다｜陶冶 táoyě 수양하다｜性情 xìngqíng 성격｜实效性 shíxiàoxìng 실효성｜刚性 gāngxìng 강한｜柔性 róuxìng 부드러운｜生来 shēnglái 태어날 때부터｜特意 tèyì 특별히｜金鱼 jīnyú 금붕어｜幼儿园 yòu'éryuán 유치원｜轮流 lúnliú 교대로 ～하다｜饲养 sìyǎng 기르다｜细致 xìzhì 세심하다｜弱小 ruòxiǎo 유약하다｜体会 tǐhuì 체득하다｜弱小者 ruòxiǎozhě 약자｜玛丽·高登 Mǎlì·Gāodēng 메리 고든｜感化 gǎnhuà 감화하다｜好斗 hàodòu 싸움을 좋아하다｜重任 zhòngrèn 중임｜体悟 tǐwù 깨닫다｜关爱 guān'ài 관심을 갖고 돌보다｜忍耐 rěnnài 참다｜安置 ānzhì 배치하다｜金属探测器 jīnshǔtàncèqì 금속탐지기｜摄像头 shèxiàngtóu 카메라｜常驻警察 chángzhùjǐngchá 상주경찰｜硬性 yìngxìng 강압적/경직된｜内心世界 nèixīnshìjiè 내면세계｜塑造 sùzào 빚어서 만들다｜悉心 xīxīn 온 마음으로｜呵护 hēhù 보호하다

◆ 핵심구문 (核心短语)

- **上下/左右** '상하'와 '좌우'라는 뜻의 명사. 여기서는 수량사 뒤에 쓰이는 용법만 살펴보겠다. '**上下**'와 '**左右**'가 수량사 뒤에 위치하면 '내외/안팎/쯤/가량'이라는 뜻을 가진다. 일반적으로 '**左右**'가 더 많이 쓰인다. '**上下**'는 주로 연령·무게 등과 호응하며 시간·거리와는 호응할 수 없다.
  - 예) 三十岁上下 (O) / 一百斤上下 (O) / 1000件上下 (O) / 十点上下 (X) / 三百米上下 (O)
  - 그러나 '**左右**'는 이런 제한이 없다. 예) 五个月左右 (O) / 二十岁左右 (O) / 十点左右 (O)
  - 이와 유사 단어로 '**前后**'가 있다. '**前后**'는 '시점(**时点**)+**前后**' 혹은 '명사+**前后**'의 형태로 쓰인다. 예) 春节前后 / 放假前后

- **旨在** '～에 목적이 있다'라는 뜻으로 '**目的在于**'로도 쓸 수 있다

- **通过** ① '통과하다/지나가다'라는 뜻의 동사로 쓰인다. 예) 通过隧道时，不得超车
  - ② '(의안 등이) 채택되다/통과하다'라는 뜻의 동사로 쓰인다. 예) 联合国大会16日投票通过有关叙利亚问题决议
  - ③ '동의나 비준을 얻다'라는 뜻의 동사로 쓰인다. 예) 这么重要的事情必须通过领导
  - ④ '～을 통해서'라는 뜻의 개사(**介词**)로 쓰인다. 예) 通过学习，我们可以得到什么?

- **从~开始** '～에서 시작하다/～부터'라는 뜻으로 유사구문으로 '**从~起**'가 있다. 예) 从小开始 / 从零开始 / 从现在起 / 从2013年起

- **送** ① '보내다/배달하다'라는 뜻으로 쓰인다. 예) 送货
  - ② '증정하다/주다'라는 뜻으로 쓰이며 이때 형식은 '**送**+간접목적어+직접목적어'이다. 예) 他送了我三本书
  - ③ '배웅하다'라는 뜻으로 쓰인다. 예) 别送，请留步

- **把** 把자문(**把字句**)을 사용할 때 주의할 점이 있다.
  - ① '**把**' 뒤에 오는 것은 특정한 것이어야 하며, 대상물은 화자와 청자가 모두 알고 있는 것이어야 한다.
    - 예) 请把那本书给我看看 (O) / 我把一本书买了 (X)
  - ② 동사가 단독으로 쓰이면 안 된다. 동사를 중첩시키거나 '**了/着**'를 붙여서 써야 한다. 혹은 간접목적어나 보어가 수반되어야 한다.
    - 예) 我把这本书看看 (O) / 我把这本书还给你 (O) / 我把这本书看 (X)
  - ③ 부정사가 개사 '**把**' 앞에 와야 한다. 예) 我没有把这本书看完

- **只有A，才B** 'A해야만 B하다'라는 뜻으로 'A'가 유일한 조건임을 나타낸다. 예) 只有现在好好学习，长大才能成为有用之才
  - 이와 유사한 '**只要A，就B**'는 'A하기만 하면 B한다'라는 뜻이다. 예) 只要认真读书就能有好的前途

제목 :

全球航空市场重心东移

◆ 단어(词语)

东移 dōngyí 동쪽으로 움직이다 | 稳居 wěnjū 안정적으로 차지하다 | 霸主 bàzhǔ 맹주 | 客流 kèliú 승객의 이동 | 物流 wùliú 물류 | 望尘莫及 wàngchénmòjí 매우 뒤처지다 | 标志性 biāozhìxìng 상징성 | 亚太地区 YàTàidìqū 아시아 태평양지역/아태지역 | 一路 yīlù 함께/일제히 | 国际航空运输协会 guójìhángkōngyùnshūxiéhuì 국제항공운송협회(IATA) | 航线 hángxiàn 항로 | 客运量 kèyùnliàng 여객 수송량 | 首席执行官 shǒuxízhíxíngguān 최고경영자(CEO) | 汤彦麟 Tāngyànlín (토니) 타일러 | 反差 fǎnchā 대비 | 前所未有 qiánsuǒwèiyǒu 역사상 유례가 없다 | 航班 hángbān 항공편 | 西班牙航空 Xībānyáhángkōng 이베리아항공 | 匈牙利航空 Xiōngyálìhángkōng 말레브헝가리항공 | 停业 tíngyè 휴업하다 | 捷克 Jiékè 체코 | 波兰航空 Bōlánhángkōng LOT 폴란드항공 | 爱尔兰航空 Ài'ěrlánhángkōng 에어링구스 | 葡萄牙航空 Pútáoyáhángkōng 탑포르투갈 | 注资 zhùzī 증자하다 | 巨头 jùtóu 거두 | 空客 Kōngkè 에어버스 | 波音 Bōyīn 보잉 | 倾斜 qīngxié 기울다/편향되다 | 恩德斯 Ēndésī (토마스) 엔더스 | 新加坡航空展 Xīnjiāpōhángkōngzhǎn 싱가포르 에어쇼 | 订单 dìngdān 주문서 | 风向标 fēngxiàngbiāo 풍향계 | 支点 zhīdiǎn 지렛목/거점

◆ 핵심구문(核心短语)

- **不/没** '不'는 '〜아니다/〜않다'라는 뜻으로 동사 · 형용사 · 부사 앞에 위치해 부정문을 만든다. **예)** 我不是中国人
  '没'는 '아니다/없다'라는 뜻으로 '有'를 부정할 때 사용한다. **예)** 没有发生大的变化
  ① '不+형용사'일 때는 성질을 부정한다. **예)** 这本书不好
  '没+형용사'일 때는 변화를 부정한다. **예)** 病还没好
  ② '不+동사+보어'일 때는 가정임을 나타낸다. **예)** 不吃饱可不行啊 / 不学会这一招，我就不走了
  '没+동사+보어'일 때는 동작이 아직 발생하지 않았거나 결과가 나타나지 않음을 나타낸다.
  예) 没吃饱 / 没洗干净 / 没听明白

- **无论A还是B，都C** 'A나 B를 막론하고 C하다'라는 뜻으로 '无论'은 후속절의 '都/也'와 호응한다.
  예) 无论是现在还是将来，我都会去疼你，去爱你

- **在** 여러 가지 용법이 있으나 여기서는 '发生在'에 쓰인 개사(介词) 용법만 살펴보겠다. '동사+在'의 형태로 출현 · 소실 · 동작의 발생 시간이나 장소를 나타낸다. **예)** 延坪岛炮击事件发生在2010年 / 发生在身边的感人故事

- **从~出发** '〜에서 출발하다'라는 뜻으로 원래 기점에서 다른 지역으로 이동 혹은 어떤 한 측면에서 착안했음을 나타낸다.
  예) 从亚太地区出发 / 一切都从人民的利益出发

- **自此** '여기서부터/이제부터'라는 뜻으로 시간 · 공간을 가리킨다. '从此'로도 쓸 수 있다. **예)** 全市境内干线公路收费自此终结

- **将A向B倾斜** 'A를 B로 집중시키다/기울어지게 하다'라는 뜻으로 '将'은 把자문의 용법으로 쓰였다. **예)** 将新增财力着力向教育倾斜

제목 :

我们应该向韩国汽车学习什么

◆ 단어(词语)

步履艰难 bùlǚjiānnán 일의 진행이 더디고 어렵다 | 杀出一条血路 shāchūyītiáoxuèlù 혈로를 뚫다 | 不要说 bùyàoshuō ~은 말할 나위도 없다 | 鲜见 xiǎnjiàn 보기 드물다 | 现代起亚汽车 XiàndàiQǐyàqìchē 현대·기아차 | 艳羡 yànxiàn 대단히 부러워하다 | 不问自明 bùwènzìmíng 묻지 않아도 저절로 안다 | 轨迹 guǐjì 발자취 | 早恋 zǎoliàn 이른 나이에 연애하다 | 相亲 xiāngqīn 서로 친근하다/맞선을 보다 | 销量 xiāoliàng 매출량 | 折扣 zhékòu 할인 | 索纳塔 Suǒnàtǎ 쏘나타 | 售后服务 shòuhòufúwù 애프터 서비스(A/S) | 上浮 shàngfú 떠오르다/(가격·금리·월급 등이) 오르다 | 力求 lìqiú 온갖 노력을 다하다 | 精品 jīngpǐn 명품/최고급품 | 丝毫 sīháo 조금도 | 小瞧 xiǎoqiáo 얕보다 | 奋发图强 fènfātúqiáng 강성해지려고 노력하다 | 喘不过气 chuǎnbùguòqì 숨을 헐떡이다 | 横空出世 héngkōngchūshì 매우 특출하다 | 雪上加霜 xuěshàngjiāshuāng 설상가상/엎친 데 덮친 격이다 | 永恒 yǒnghéng 영원하다 | 侧重 cèzhòng 편중되다 | 否则 fǒuzé 그렇지 않으면 | 土生土长 tǔshēngtǔzhǎng 현지에서 나고 자라다 | 难觅 nánmì 찾기 어렵다 | 踪迹 zōngjì 종적

◆ 핵심구문(核心短语)

- **受~欢迎** '~의 환영을 받다/~의 각광을 받다'라는 뜻으로 '**受**+환영하는(각광하는) 주체+**的**+**欢迎**'의 형식으로 쓴다. 유사구문으로 '**受~青睐/受~追捧/受~喜爱**'이 있다. 정도가 더 강함을 나타내려면 '**受**' 대신 '**很受/备受/深受**'를 쓰면 된다.
  예) 很受人们的欢迎 / 备受爱美人士的追捧 / 深受消费者的喜爱

- **起~作用** '~의 역할을 하다/~한 작용을 하다'라는 뜻으로 '**起**+역할(작용)의 성질 혹은 정도+**作用**'의 형식으로 쓴다. '역할(작용)'을 받는 대상은 주로 '**为/给/对**'와 호응하여 '**起**' 앞에 위치한다. 유사구문으로 '**起到~作用/发挥~作用**'이 있다.
  예) 习近平访非将对拓展中非关系起重要推动作用 / 让冠军起到榜样的作用 / 媒体的监督就可以发挥很大作用

- **经历/经验** 둘 다 '경험(하다)'이란 뜻으로 명사나 동사로 쓰인다. 하지만 다소 차이점이 있다. '**经历**'는 좋은 경험과 나쁜 경험에 모두 사용하며 '**经验**'은 주로 좋은 경험에 사용한다.
  예) 经历过风浪 / 人们对朴槿惠投去更多的关注，其中一个主要原因是其特殊的家世与大落大起的人生经历 / 上述国家的成功经验值得我们参考

- **非要** '아무튼/어쨌든'이란 뜻의 부사다. 주로 '**不可**'와 호응하여 '반드시 ~해야 한다'라는 뜻으로 사용한다.
  예) 朋友非要我陪她逛街 / 买基金非要去银行开户不可吗?

- **得喘不过气来** '~하기에 숨이 막힐 정도이다/숨 쉴 수 없을 정도로 ~이다'라는 뜻의 정도보어 구문이다.
  예) 我忙得喘不过气来 / 我已经被压力压得喘不过气来了

제목 :

油价近期难以大涨

◆ 단어 (词语)

禁运 jìnyùn 수출입을 금지하다 | 综观 zōngguān 종합하여 보다 | 猛跌 měngdiē 급락하다 | 跌幅 diēfú 하락폭 | 纽约商品交易所 Niǔyuēshāngpǐnjiāoyìsuǒ 뉴욕상업거래소(NYMEX) | 交货 jiāohuò 물품을 인도하다 | 轻质原油 qīngzhìyuányóu 경질유 | 收于 shōuyú (유가 · 주가 등이) ~로 마감되다 | 桶 tǒng 배럴 | 北海布伦特原油 Běihǎibùlúntèyuányóu 북해산 브렌트유 | 走低 zǒudī 하락하다 | 走势 zǒushì 동향 | 涨幅 zhǎngfú 상승폭 | 救助 jiùzhù 구조하다 | 利好 lìhǎo 호재 | 新兴市场 xīnxīngshìchǎng 신흥시장 | 金砖国家 jīnzhuānguójiā 브릭스 국가 | 晴雨表 qíngyǔbiǎo 바로미터/척도 | 疲弱 píruò 허약하다 | 供求 gōngqiú 수급 | 国际能源署 guójìnéngyuánshǔ 국제에너지기구(IEA) | 石油输出国组织 shíyóushūchūguózǔzhī 석유수출국기구(OPEC) | 沙特 Shātè 사우디아라비아 | 库存量 kùcúnliàng 재고량 | 自给 zìjǐ 자급하다 | 走强 zǒuqiáng 상승하다 | 风险溢价 fēngxiǎnyìjià 위험 프리미엄 | 利比亚 Lìbǐyà 리비아 | 趋稳 qūwěn 안정적인 추세에 접어들다 | 埃及 Āijí 이집트 | 当选 dāngxuǎn 당선되다 | 重归 chóngguī 다시 돌아가다 | 涨势 zhǎngshì 오름세 | 拉锯 lājù 톱질하다/밀고 당기다 | 变故 biàngù 변고

◆ 핵심구문 (核心短语)

- 创下 '세우다/기록하다'라는 뜻의 동사로 주로 '历史纪录/新纪录/最高纪录/最低纪录/最高点/最低点/新高/新低/高位/低位' 등이 빈어(宾语)로 호응한다.
  ① '创下' 대신 '创/创造'로도 쓸 수 있다. 예) 韩国PM2.5浓度创最高纪录
  ② '创下+A以来(的)+B纪录'의 형식으로 쓸 수 있으며 'A이후 B기록을 세우다'라는 뜻이다.
     예) 10年期美国国债收益率已创下1790年以来的最低纪录
  ③ '打破纪录 기록을 깨다', '再创纪录/刷新纪录 기록을 경신하다'는 형식으로도 쓴다.
     예) 澳大利亚2013年的平均气温打破纪录

- 收于~ '(유가 · 주가 등이) ~로 장이 마감되다/~로 거래를 마치다'라는 뜻의 동사로 유사구문으로는 '以~收盘/以~报收'가 있다.
     예) 收于每桶77.69美元/以每桶77.69美元收盘/以每桶77.69美元报收 (유가) / 苹果公司股价延续了前一交易日的跌势，当日收盘下跌2.67%，收于每股392.05美元 (주가) / 道琼斯指数则上涨0.36%，收于14578.54点 (주가지수)

제목 :

中国将稀土“武器化”

◆ 단어 (词语)

稀土 xītǔ 희토류 | 导弹 dǎodàn 미사일 | 信息通信 xìnxītōngxìn 정보통신 | 全国人大 quánguóréndà 전국인민대표대회 | 储量 chǔliàng 매장량 | 开采 kāicǎi 채굴하다 | 维他命 wéitāmìng 비타민 | 高科技 gāokējì 첨단기술/하이테크 | 流失 liúshī 유실되다 | 议案 yì'àn 의안 | 建议 jiànyì 건의(하다)/제안(하다) | 销售 xiāoshòu 판매(하다) | 获取 huòqǔ 얻다 | 已故 yǐgù 이미 세상을 떠나다 | 购得 gòudé 구입하다 | 高精尖 gāojīngjiān 첨단적인 | 研发 yánfā 연구 개발하다

◆ 핵심구문 (核心短语)

- **将~武器化** '~을 무기화하다'라는 뜻으로 **将**은 **把**의 용법과 같다. **化**는 여러 가지 용법이 있는데 여기서는 어떤 성질이나 상태로 변함을 나타내는 용법만 살펴보겠다.
  ① '형용사+**化**'의 형식으로 타동사로 쓰인다. 예) 日本美化侵略战争
  ② '명사/형용사/동사+**化**'의 형식으로 자동사로 쓰인다. 예) 武器化 / 硬化 / 老化
  ③ '**化**가 일부 동사와 결합할 때는 뒤에 '동사+**化**+**为/成/到**'의 형식으로 쓰인다. 예) 国营企业转化为民营企业
  ④ '명사/형용사/동사+**化**+명사'의 형식으로 또 다른 명사를 만든다. 예) 氧化铝 (산화알루미늄)

- **被A看作B** 'A에 의해 B로 여겨지다/A가 B로 여기다'라는 뜻이다. 반면 '**将A看作B**'는 'A를 B로 여기다'라는 뜻이다.
  예) 将一切看作是机会

- **向~流失** '~로 유실되다'라는 뜻이다.
  예) 低端加工制造业订单正在加速向外流失

- **以此** '이로써/이를 가지고'라는 뜻으로 '**以**'는 '**用/拿**', '**此**'는 '**这/这个**'의 용법과 같다. 그 밖에 '**因此**'의 의미로 쓰이기도 한다.

- **所** 여러 가지 용법이 있으나 여기서는 '**为**+명사+**所**+동사' 형식의 용법만 살펴보겠다. 이는 피동을 나타내며 '(명사)에 의해 (동사)되다'는 뜻이다. 이때 '**为**'는 wéi로 읽어야 한다.
  예) 中国出口稀土的70%为韩国和日本所购得

제목 :

艾滋病是可以防控的

◆ 단어 (词语)

艾滋病 àizībìng 에이즈 | 防控 fángkòng 예방 통제하다 | 截至 jiézhì ~현재/~까지 | 存活 cúnhuó 생존하다 | 世界艾滋病日 shìjiè'àizībìngrì 세계 에이즈의 날 | 迈进 màijìn 나아가다 | 可防可控 kěfángkěkòng 예방과 통제가 가능하다 | 抗病毒 kàngbìngdú 항바이러스 | 病情 bìngqíng 병세 | 瘟疫 wēnyì 전염병 | 不治之症 bùzhìzhīzhèng 불치병 | 卫生部疾控局 wèishēngbùjíkòngjú 위생부 질병예방통제관리국 | 糖尿病 tángniàobìng 당뇨병 | 高血压 gāoxuèyā 고혈압 | 治愈 zhìyù 완치하다 | 服药 fúyào 약을 복용하다 | 检测 jiǎncè 검사하다 | 确诊 quèzhěn 확진하다 | 就医 jiùyī 진찰받다 | 可耻 kěchǐ 수치스럽다 | 歧视 qíshì 차별하다 | 邻里 línlǐ 이웃 | 疏远 shūyuǎn 멀다 | 莫名其妙 mòmíngqímiào 영문을 알 수 없다 | 及早 jízǎo 일찌감치

◆ 핵심구문 (核心短语)

- **像~一样** '~와 같다/~처럼'이란 뜻으로 주로 예를 들 때 많이 사용한다. 유사구문으로 '跟~一样'이 있다.
  예) 我爱你, 就像你爱我一样 / 你爱我跟我爱你一样就好了

- **到~去** '到'는 여러 가지 용법이 있지만 여기서는 개사(介词)로 쓰였다. '~으로/~에'라는 뜻의 개사로 쓰일 때는 반드시 장소를 나타내는 빈어(宾语)만 수반된다. 예) 你到哪儿去? / 到定点机构去检测

- **差了很多** '상당한 차이가 있다'라는 뜻으로 정도보어 용법이다. 정도보어는 동사나 형용사 뒤에 쓰여 동작이나 상태의 정도를 나타내는 문장성분이다.
  ① '동사+得+보어'의 형식으로 이미 나타난 상황에서 쓰며 중간에 '了'를 쓸 수 없다. 보어로 형용사·대명사·동사를 쓸 수 있다. 예) 她长得很漂亮 / 他汉语说得怎么样? / 老师讲得很有道理
  ② '동사+个+보어'의 형식으로 동사 뒤에 '了'를 쓸 수 있다. 예) 希望你玩个痛快 / 跨国部队把索马里海盗打了个落花流水
  ③ '동사+빈어(宾语)+동사+得+보어'의 형식일 때 부사어(状语)는 중복되는 동사 앞에 쓴다. 예) 她说汉语已经说得很好
     이때 빈어 앞의 동사는 생략 가능하다. 예) 她汉语已经说得很好
  ④ '동사+보어+了'의 형식으로 쓴다. 예) 累死了 / 气坏了 / 好极了
  ⑤ 정도보어를 쓸 때 몇 가지 주의해야 할 점이 있다.
     첫째, 부정사(否定词)는 '得' 뒤에 온다. 예) 她汉语说得不好
     둘째, 정도보어를 쓰는 구문은 문장의 중심이 보어에 있기 때문에 술어(谓语) 앞에 묘사성 부사어나 정도부사를 쓰지 않는다.
     예) 他拼命地跑得很快 (X) / 我很难过得流下了泪 (X)
     셋째, 把자문의 정도보어에는 부정문을 쓸 수 없다.
     예) 小猫把花瓶摔得粉碎 (O) / 小猫没把花瓶摔得粉碎 (O) / 小猫把花瓶没摔得粉碎 (X) / 小猫把花瓶摔得没粉碎 (X)

- **并** 여러 가지 용법이 있으나 여기서는 '그리고/또한'이라는 뜻의 접속사(连词) 용법만 살펴보겠다. 주로 이음절 동사 두 개를 병렬하거나 하나의 동작 주체가 두 개의 동작을 할 때 후속절 동사 앞에서 사용한다.
  예) 国务院常务会议讨论并通过《文化产业振兴规划》 / 中国加强了对稀土盲目开采的治理, 并计划建立稀土研究实验室

- **所有~都** '所有'는 '소유'라는 뜻의 명사, '소유하다'라는 뜻의 동사, '모든'이라는 뜻의 형용사로 쓰인다. '所有'가 명사 앞에 위치하면 형용사 용법으로 쓰인 것으로 이럴 때는 습관적으로 부사 '都'가 수반된다. 이와 마찬가지로 '每'도 명사 앞에 위치하면 습관적으로 부사 '都'가 수반된다.
  예) 所有问题都有解决之道 / 我每天都跑步

- **来得及** '늦지 않다'라는 뜻으로 가능보어 용법이다. '~得及'는 '~할 시간이 있다'는 뜻으로 시간상 여유가 있다는 것을 나타낸다. 반대말은 '来不及'이다.

제목 : ______________________________

警惕"三手烟"的温柔一刀 最大受害者是儿童

◆ 단어 (词语)

耳熟能详 ěrshúnéngxiáng 귀에 익어서 자세히 말할 수 있다 | 三手烟 sānshǒuyān 3차 흡연 | 知之甚少 zhīzhīshèn shǎo 아는 것이 매우 적다 | 哈佛癌症中心 Hāfó'áizhèngzhōngxīn 하버드 암센터 | 熄灭 xīmiè 꺼지다 | 若干 ruògān 약간 | 烟雾 yānwù 연기/안개 | 残留 cánliú 남아 있다 | 有毒物质 yǒudúwùzhì 유독물질 | 受害者 shòuhàizhě 피해자 | 氢氰酸 qīngqíngsuān 시안화수소산/청산가리 | 丁烷 dīngwán 부탄 | 甲苯 jiǎběn 톨루엔 | 砷 shēn 비소 | 铅 qiān 납 | 一氧化碳 yīyǎnghuàtàn 일산화탄소 | 放射性元素 fàngshèxìngyuánsù 방사성원소 | 钋 pō 폴로늄 | 致癌 zhì'ái 암을 유발하다 | 婴幼儿 yīngyòu'ér 영유아 | 足以 zúyǐ ~하기에 족하다 | 呼吸系统 hūxīxìtǒng 호흡계 | 颗粒 kēlì 과립/입자 | 纤毛 xiānmáo 섬모 | 肺功能 fèigōngnéng 폐기능 | 咳嗽 késou 기침하다 | 哮喘 xiàochuǎn 천식 | 支气管炎 zhīqìguǎnyán 기관지염 | 神经系统 shénjīngxìtǒng 신경계 | 智力 zhìlì 지능 | 阅读能力 yuèdúnénglì 읽기 능력 | 尼古丁 nígǔdīng 니코틴 | 烟草控制框架公约 yāncǎokòngzhìkuàngjiàgōngyuē 담배규제협약 | 禁用 jìnyòng 사용을 금하다 | 茶座 cházuò 찻집

◆ 핵심구문 (核心短语)

• 毫无 '조금도 ~이 없다'라는 뜻의 동사로 단독으로 사용할 수 없고 뒤에 이음절 명사가 수반된다.
  예) 毫无意义 / 毫无疑问
  유사구문인 '毫不'는 '조금도 ~하지 않다'라는 뜻의 부사로 단독으로 사용할 수 없고 뒤에 이음절 동사나 이음절 형용사가 수반된다. 예) 毫不动摇 / 毫不犹豫

제목 :

世卫组织报告认为非传染性疾病是21世纪的主要威胁

◆ 단어 (词语)

日内瓦 Rìnèiwǎ 제네바 | 预期寿命 yùqīshòumìng 기대수명 | 非传染性疾病 fēichuánrǎnxìngjíbìng 비전염성 질환 | 监控 jiānkòng 모니터링하다 | 传染性疾病 chuánrǎnxìngjíbìng 전염성 질환 | 相比之下 xiāngbǐzhīxià 비교해 보면 | 列举 lièjǔ 열거하다 | 排列 páiliè 배열하다 | 依次 yīcì 순서에 따라 | 心血管病 xīnxuèguǎnbìng 심혈관병 | 癌症 áizhèng 암 | 高血糖 gāoxuètáng 고혈당 | 高血脂 gāoxuèzhī 고지혈 | 肥胖症 féipàngzhèng 비만증 | 诱发 yòufā 유발하다 | 发展中国家 fāzhǎnzhōngguójiā 개발도상국 | 欠发达国家 qiànfādáguójiā 후진국/저개발국가 | 超重 chāozhòng 규정 무게를 초과하다 | 罹患 líhuàn 병이 들다 | 联合国大会 liánhéguódàhuì 유엔(UN) 총회 | 纽约 Niǔyuē 뉴욕 | 高级别会议 gāojíbiéhuìyì 고위급 회의

◆ 핵심구문 (核心短语)

- **包括** '포함하다'라는 뜻으로 '包括~在内/包括在~里面'의 형식으로 쓰기도 한다.
  - **예)** 相关数据包括人类预期寿命、死亡率、医疗卫生服务体系等方面 / 韩国政府还将为包括韩国开发银行在内的多家国有金融机构提供1.3万亿韩元的资金 / 课本费是不包括在学费里面的

- **建立起** '세우다/형성하다'라는 뜻으로 '동사+보어'의 형식으로 쓰였다. '起'의 용법에 대해서 살펴보자.
  - ① 동작이 아래에서 위로 행해짐을 나타낸다. **예)** 捡起身边的垃圾 / 拿起小刀
  - ② 어떤 동작이 일어남(출현함/발생함)을 나타낸다. **예)** 建立起自己的销售渠道
  - ③ '从/由/自/打'와 결합해 어떤 동작이 시작됨을 나타낸다. **예)** 怀孕从哪一天算起?
  - ④ '说/谈/问/提/回忆' 등의 동사 뒤에 쓰여 '~에 대해' 라는 의미를 나타낸다. **예)** 韩日首脑谈起历史问题 / 他打电话问起你
  - ⑤ '동사+得/不+起'의 형식으로 가능이나 불가능을 나타낸다. **예)** 买得起 / 买不起

- **依次为** '(어떤 기준에 따라) ~순이다'라는 뜻으로 여기서 '**依次**'는 '순서에 따라'라는 뜻의 부사다.
  - **예)** 中国省域经济综合竞争力排名依次为广东、江苏、上海

- **死于** '~로 죽다'라는 뜻으로 사망 원인 · 장소 · 시간이 뒤에 쓰인다.
  - **예)** 死于非传染性疾病 / 郭美美发微博"我很好，造谣者毙！"回应死于澳门传言 / 孙中山死于1925年3月12日

- **要求** '요구(하다)'라는 뜻으로 명사나 동사로 쓰인다. 이때 '要'는 4성이 아닌 1성으로 읽는다. 문장에서 요구 대상이 나오면 크게 두 가지 형식으로 쓸 수 있다.
  - ① '주체+**要求**+요구 대상+요구 내용' **예)** 中方要求日本正视历史
  - ② '주체+向+요구 대상+**要求**+요구 내용' **예)** 非盟向发达国家要求每年提供670亿美元作为污染补偿

제목 :

极端天气为何越来越多?

◆ 단어(词语)

极端天气 jíduāntiānqì 격렬기상 | 苏拉 Sūlā 사올라 | 达维 Dáwéi 담레이 | 海葵 Hǎikuí 말미잘/하이쿠이(태풍명) | 百年一遇 bǎiniányīyù 매우 보기 드문 일 | 川渝 ChuānYú 촨위(川渝·쓰촨과 충칭) | 巴基斯坦 Bājīsītǎn 파키스탄 | 龙卷风 lóngjuǎnfēng 토네이도 | 速率 sùlǜ 속도 | 饱和状态 bǎohézhuàngtài 포화상태 | 强降水 qiángjiàngshuǐ 호우 | 洪涝 hónglào 침수 | 南北半球 nánběibànqiú 남반구와 북반구 | 水深火热 shuǐshēnhuǒrè 극심한 고통 | 山崩 shānbēng 산사태 | 滑坡 huápō 사태(沙汰)가 나다 | 泥石流 níshíliú 토사류 | 薄弱 bóruò 취약하다 | 灾情 zāiqíng 재해상황 | 逃生 táoshēng 목숨을 건지다 | 防灾 fángzāi 방재 | 减灾 jiǎnzāi 자연재해를 줄이다

◆ 핵심구문(核心短语)

- **达到** '이르다/달성하다'라는 뜻의 동사다. 예) 达到国际标准 / 达到目的
  이와 유사한 동사로 '到达'가 있다. '到达'는 '(장소에) 도착하다/도달하다'라는 뜻이다. 예) 到达仁川机场
  주의할 점은 '达到'는 주로 상황을 나타내는 빈어(宾语)와, '到达'는 주로 구체적인 장소를 나타내는 빈어와 호응한다

- **达不到** '도달할 수 없다'라는 뜻으로 가능보어 용법이다. 가능보어란 동작의 가능과 불가능을 나타내는 문장성분이다.
  ① '동사+得/不+보어'의 형식으로 동작의 결과나 향후 추세의 실현 가능성을 나타낼 때 쓴다. 이때 보어는 결과보어나 방향보어를 쓴다. 예) 听得见 / 买得到 / 治得好 / 拿不起来 / 记不住
  ② '동사/형용사+得/不+了(liǎo)'의 형식으로 어떤 변화·성질·정도의 예측을 나타낼 때 쓴다. 부정형식으로 많이 쓰인다.
    예) 去不了 / 忘不了 / 大不了
  ③ '동사+得/不得'의 형식으로 '得'는 '能够/可以'를, '不得'는 '不能够/不可以'를 의미한다. 부정형식으로 많이 쓰인다.
    예) 去不得 / 舍不得
  ④ 가능보어를 쓸 수 없는 몇 가지 경우가 있다.
    첫째, 把자문과 被자문(피동문)에서 쓸 수 없다.
    예) 出门前，你把作业做得完 (X)
    둘째, 문장에 '不能'이 있으면 쓸 수 없다. 조동사 '能'과 함께 쓸 수는 있지만 '不能'과는 함께 쓸 수 없다.
    예) 新闻联播的内容我不能全听得懂 (X)
    셋째, 묘사성 부사어(状语)가 있을 때 쓸 수 없다. 예) 我拼命地做得完这项工作 (X)
    넷째, 가능보어는 일반적으로 미완성의 동작이나 임시적 변화의 상황을 나타낼 때 쓰이기에 변화를 나타내는 어기조사 '了'는 쓸 수 있지만 동사나 보어 뒤에 완성의 의미인 '了'를 쓸 수 없다. 예) 去不了了 (이제는) 못 가게 되었다 (O) / 昨晚突然头疼，所以看不了电影了 어제 머리가 갑자기 아파서 영화를 보지 못 했다 (X)

- **做好** '해내다/해두다'라는 뜻으로 결과보어 용법이다. 결과보어란 동작이나 변화의 결과가 어떻게 되는지를 나타내는 문장성분이다.
  ① '동사+보어'의 형식으로 동작의 발생이나 결과의 출현을 나타낸다. 예) 吃饱了 / 洗干净 / 听明白
  ② '동사+보어' 사이에 동태조사는 쓸 수 없다. 단, 결과보어 뒤에 동태조사를 붙일 때 '了/过'는 가능하지만 '着'는 쓸 수 없다.
    예) 打碎了 (O) / 打了碎 (X) / 救活了 (O) / 救了活 (X)
  ③ 부정문은 '没+동사+보어'의 형식으로 쓴다. 동작의 발생이나 결과가 나타나지 않았을 때 사용한다. 예) 没洗干净 / 没听明白
    그러나 어떤 상황을 가정하는 조건문일 때는 '不+동사+보어'의 형식으로 쓴다. 예) 你不学会这一招，我就不走了

- **学会** '습득하다'라는 뜻으로 배워서 알게 되었음을 의미한다. '学会'도 결과보어 용법이다.

제목 :

气候变化的原因

◆ 단어 (词语)

气候变化 qìhòubiànhuà 기후변화 | 何以 héyǐ 어찌하여/무엇으로 | 煤炭 méitàn 석탄 | 化石燃料 huàshíránliào 화석연료 | 燃烧 ránshāo 연소하다 | 二氧化碳 èryǎnghuàtàn 이산화탄소(CO_2) | 温室效应 wēnshìxiàoyìng 온실효과 | 畜牧业 xùmùyè 목축업 | 少许 shǎoxǔ 약간의 | 缓慢 huǎnmàn 느리다 | 大气层 dàqìcéng 대기권 | 罩住 zhàozhù 씌우다 | 采伐 cǎifá 벌목하다 | 天棚 tiānpéng 천장 | 笼罩 lǒngzhào 뒤덮다 | 热能 rènéng 열에너지/열량 | 京都议定书 Jīngdūyìdìngshū 교토의정서 | 涵盖 hángài 포괄하다 | 甲烷 jiǎwán 메탄(CH_4) | 氧化氮 yǎnghuàdàn 아산화질소(N_2O) | 氢氟化碳 qīngfúhuàtàn 수소불화탄소(HFCs) | 全氟化碳 quánfúhuàtàn 과불화탄소(PFCs) | 六氟化硫 liùfúhuàliú 육불화황(SF_6) | 仓库 cāngkù 창고

◆ 핵심구문 (核心短语)

- **导致** '야기하다/초래하다'라는 뜻의 동사로 안 좋은 결과를 야기할 때 주로 사용한다. 유사어로 '**造成**'이 있다.
  예) 战争导致生活方式的大变化 / 据央视报道, 四川雅安7.0级地震已造成102人死亡, 3000余人受伤

중국어

통번역 대공략

중한번역 편

워크북

외국어 출판 40년의 신뢰
외국어 전문 출판 그룹
동양북스가 만드는 책은 다릅니다.

40년의 쉼 없는 노력과 도전으로 책 만들기에 최선을 다해온 동양북스는
오늘도 미래의 가치에 투자하고 있습니다.
대한민국의 내일을 생각하는 도전 정신과 믿음으로 최선을 다하겠습니다.

동양북스

동양북스 추천 교재

회화 코스북

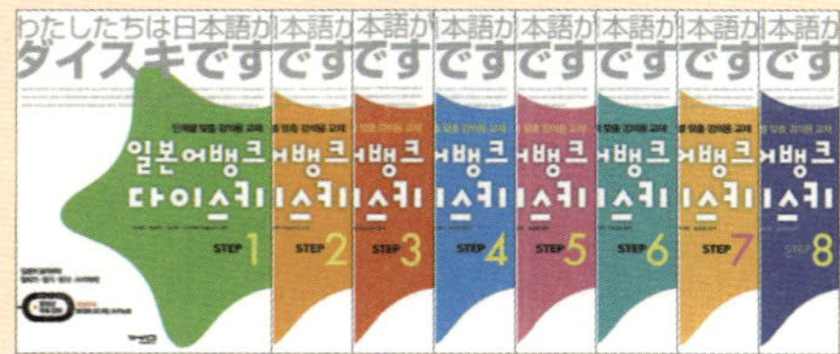

일본어뱅크 다이스키
STEP 1 · 2 · 3 · 4 · 5 · 6 · 7 · 8

일본어뱅크
좋아요 일본어 1 · 2 · 3 · 4 · 5 · 6

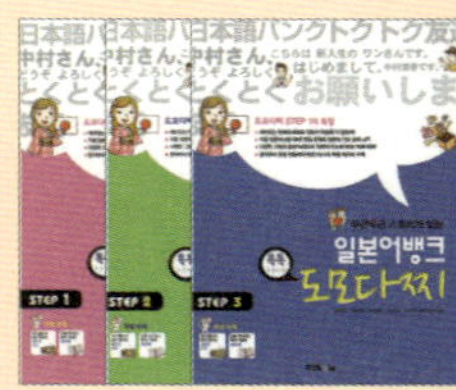

일본어뱅크 도모다찌
STEP 1 · 2 · 3

분야서

일본어뱅크
좋아요 일본어 독해 STEP 1 · 2

일본어뱅크
일본어 작문 초급

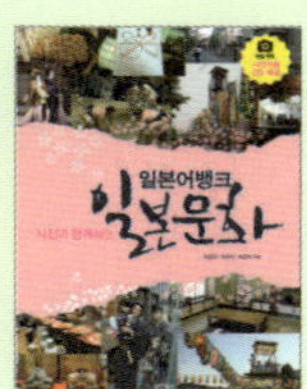

일본어뱅크
사진과 함께하는
일본 문화

일본어뱅크
항공 서비스 일본어

가장 쉬운 독학
일본어 현지회화

수험서

일취월장 JPT
독해 · 청해

일취월장 JPT
실전 모의고사 500 · 700

일단 합격하고 오겠습니다
JLPT 일본어능력시험
N1 · N2 · N3 · N4 · N5

일단 합격하고 오겠습니다
JLPT 일본어능력시험
실전모의고사 N1 · N2 · N3 · N4/5

단어 · 한자

특허받은
일본어 한자 암기박사

일본어 상용한자 2136
이거 하나면 끝!

일본어뱅크
좋아요 일본어 한자

가장 쉬운 독학
일본어 단어장

일단 합격하고 오겠습니다
JLPT 일본어능력시험
단어장 N1 · N2 · N3

중고급 학습

첫걸음 끝내고 보는
프랑스어
중고급의 모든 것

첫걸음 끝내고 보는
스페인어
중고급의 모든 것

첫걸음 끝내고 보는
독일어
중고급의 모든 것

첫걸음 끝내고 보는
태국어
중고급의 모든 것

첫걸음 끝내고 보는
베트남어
중고급의 모든 것

단어장

버전업! 가장 쉬운
프랑스어 단어장

버전업! 가장 쉬운
스페인어 단어장

버전업! 가장 쉬운
독일어 단어장

가장 쉬운 독학
베트남어 단어장

여행 회화

       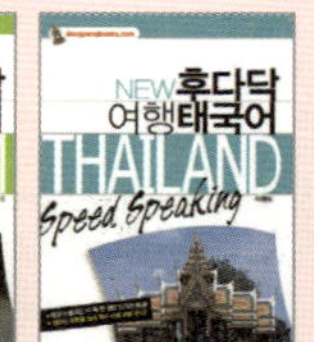

NEW 후다닥
여행 중국어

NEW 후다닥
여행 일본어

NEW 후다닥
여행 영어

NEW 후다닥
여행 독일어

NEW 후다닥
여행 프랑스어

NEW 후다닥
여행 스페인어

NEW 후다닥
여행 베트남어

NEW 후다닥
여행 태국어

수험서 · 교재

한 권으로 끝내는 DELE
어휘 · 쓰기 · 관용구편 (B2~C1)

수능 기초 베트남어
한 권이면 끝!

버전업!
스마트 프랑스어

일단 합격하고 오겠습니다
독일어능력시험
A1 · A2 · B1 · B2